和聪明的投资者一起学习投资

手把手教你读财报2

18节课看透银行业

一学就会的银行股财报阅读指南
将银行股纳入能力圈的绝佳助手

唐 朝◎著

中国经济出版社
CHINA ECONOMIC PUBLISHING HOUSE
北 京

图书在版编目（CIP）数据

手把手教你读财报．2，18 节课看透银行业／唐朝著．
北京：中国经济出版社，2017.1
ISBN 978－7－5136－4559－1

Ⅰ．①手…　Ⅱ．①唐…　Ⅲ．①银行—会计报表—基本知识　Ⅳ．①F231.5　②F830.42

中国版本图书馆 CIP 数据核字（2016）第 319581 号

责任编辑　燕丽丽
责任审读　贺　静
责任印制　巢新强
封面设计　任燕飞

出版发行　中国经济出版社
印 刷 者　北京力信诚印刷有限公司
经 销 者　各地新华书店
开　　本　710mm×1000mm　1/16
印　　张　18
字　　数　210 千字
版　　次　2017 年 1 月第 1 版
印　　次　2019 年 5 月第 6 次
定　　价　56.00 元
广告经营许可证　京西工商广字第 8179 号

中国经济出版社　**网址** www.economyph.com　**社址** 北京市西城区百万庄北街 3 号　**邮编** 100037
本版图书如存在印装质量问题，请与本社发行中心联系调换（联系电话：010－68330607）

序

工匠精神话唐朝

提起唐朝，人们会想到“强汉盛唐”“远迈汉唐”这样的豪迈词语，因为在人们心目中，那是一个强盛开放、昌明繁荣的时代。

这里提到的唐朝，是个笔名。他是财经网站上的知名大咖，他是在投资的道路上经历坎坷之后，终于实现了财务自由的人。他在自己投资之余，热心于回答各类问题，以至于忽然一日心血来潮，将其集结成书，名为《手把手教你读财报》，将原本枯燥的财务报表，春风化雨般地娓娓道来，解决了股市投资人遇到的疑问。

他能将味同嚼蜡的内容变得生动有趣。虽然是用中文解析中文，却也可以说是再一次的“翻译”。这种“中翻中”的手法虽不至于前无古人，但作为财经书籍并不多见。这本书受到市场热捧的程度令人吃惊，以至于成为一本“现象级”的财经书，也令“手把手”一词成为“爆款”，仿者甚众。

号称是“聪明的投资者都在这里”的雪球财经，被人称为“中国财经第一社区”，能人辈出，成名成家、著书立说者不下数十人，但冷眼旁观，默默估算，唐朝这一本书的版税所得，应该超过其他所有人图书版税之总和。可谓一骑绝尘，令人望尘兴叹。

老唐无意间成为畅销书作家，此次再接再厉完成的《手把手教你读财报2——18节课看透银行业》，专门解读了银行这个行业。

中国股市中银行类股票，从五大行、股份制银行到城商行，数目占中国上市公司比例虽然不大，但该行业的利润、市值等指标在整个证券市场却具有举足轻重的地位。2008年全球金融危机，引发整个世界垮掉的起因恰是源自于美国金融业的坏账。欧美银行业坏账连环爆发，至今不绝，使投资者对于银行业充满畏惧，也令过去十五年飞速成长的中国银行业遭受到与欧美银行业一样的低估值待遇。

出事的欧美银行股跌得只剩下零头，相形之下，“完美得多”的中国银行业竟然境遇相仿。正是应了股市那句谚语：“所谓熊市就是，出事的跌，没出事的、估计你要出事，也跌！”

面对中国银行业的这种低估，到底是“陷阱”还是“馅饼”，广大投资者心存疑虑。而疑虑的根本原因是心中没底，唐朝的这本新书正可以帮助投资者摸摸底。

通过18个章节的条分缕析，新书对于银行进行了全貌概括、业务解析。关于银行业的来龙去脉，可谓一气呵成。这本书已经超越了仅仅谈论投资的范围，不仅可以作为银行股投资人的参考必备，甚至可以作为银行业从业人员的学习读本。

唐朝用了近乎一年的时间打磨这部作品，为此专门阅读了六十多本有关银行的专著。这样如海绵般如饥似渴地勤奋学习，使得并非专业出身的他，已经成为业内专家。读者有机会用数十元换取一年青春时光，如果读书同时还伴随着投资上的回报，这样，无论怎么算，都是投资人的福音。

近一两年，“工匠精神”一词日渐风靡。人们讨论德国工业4.0、日本千年老店，将这些成就归结于工匠精神。所谓的工匠精神，就是用时光去打磨一件心爱的东西。在一个快节奏、碎片化的时代，心无旁骛、专心致志是很不容易的，因为总有一件事情令人分心，总有一个意外猝不及防，让人偏离初心，渐行渐远，忘却本来的目标。

此外，工匠精神还意味着极有可能在相当长的一段时间里，没有经济效益，也就是不赚钱，至于以后赚不赚钱，也不确定。

因此，如果不是出于热爱，就不会有坚持，就不可能达到忘我的工匠精神境界。

巴菲特曾说："有钱的好处在于，我可以有选择的自由。"二十年前读到这句话，神往不已。令人欣喜的是，经过多年的努力，现在的人们终于有了些物质上的积累，令那些有"热爱"的人可以有选择的自由。当人们不再被贫瘠的经济基础所困，他们内心的工匠精神就开始迸发出火焰，给社会增添光彩，唐朝的这本书可以说是这种历史必然的体现。

新年来了，如果我有一次机会可以许下一个心愿，我希望，再给中国一点时间、一点耐心，人们会看到那些具有工匠精神的人如何渐渐胜出，看到祖国如何重回"远迈汉唐"的美好时代。

杨天南

北京金石致远投资管理有限公司 CEO

阅读提示

本书以工商银行（SH. 601398）2015 年财报为例，系统讲解了阅读银行股财报的方法及阅读重点。文中节选了部分工商银行财报内容，但因篇幅所限，并未全文刊出。因此，笔者建议读者在阅读本书时，按照书中第二课提示的地址，下载一份工商银行 2015 年度财务报告，对照阅读。

为保持表述的完整性，全书大约有 5% ~10% 的内容与 2015 年出版的《手把手教你读财报》重复，读者可以在没读过上一本的情况下，独立阅读本书。当然，若有上一本的基础，读起来会更轻松一些。

中央财经大学中国银行业研究中心主任、著名经济学家郭田勇教授审读了本书的部分内容，在此表示衷心的感谢！

目　录

前 言

这是一本投资者写给投资者的书；

这是一本银行股财务报告的阅读说明书；

这是一本银行股投资者必备的工具书；

这是一本人人都能看懂的银行业学习指南。

在多年投资银行股的过程中，老唐不断发现问题，不断解决问题，最终在书柜里留下了超过60本与银行业知识相关的书籍。

这60多本书大致可以分为三类：第一类，面向银行业从业人员的各类培训教材，如面向普通员工、银行财会人员、客户经理、信贷员、支行行长的；第二类，面向专家学者的理论书籍，如探讨银行业风险经营的、探讨银行业改革或转型的、探讨银行业如何面对互联网金融的、探讨数字时代银行业新模式的、探讨如何加强银行业监管的、探讨货币创造与经济结构的，等等；第三类，面向券商研究员，主要探讨银行业各类估值方法，以及对多家银行数据和指标进行对比分析的。

第三类算是和投资者沾边儿，其中比较好的有现任央行副行长潘功胜的《上市银行价值分析》、杰恩·德米内的《银行估值与价值管理——存贷款定价、绩效评估和风险管理》、王胜春等编著的《中国上市银行年报分析》。前两本侧重谈银行的各类估值方式、影响银行利润增长和估值变化的各种因素，全面且专业，缺点是模型和公式太多。尤其是杰恩·德米内教授的著作，坦率地说，500 多页的图书，至少有1/3 老唐是跳着读过去的。后一本，每年所有银行年报出完以后，都会出新版，不仅对每家银行的数据做出统计，还会从多个不同角度，对同业数据进行专题对比。

然而，这中间有个断层。

作为投资者，翻开常常厚达三四百页的银行股年度财务报告时，你会发现大量显著区别于普通企业的表述方式。面对全新的生意模式，晦涩的专业术语，各种数据之间的关系也显得扑朔迷离，让人感到云山雾罩。这时候，想解开疑惑，翻第一类书，你会发现很少有涉及，即便有，也是散落在数本乃至数十本不同业务类型中；第二类书，直接以这些术语和数据作为基础，丢出来一串串复杂的数学模型和公式，默认读者都是金融专家；第三类书则侧重对这些数据的估算和对比。

然而，天哪，他们看上去很厉害的样子，但究竟在说些什么呢？不知道，我还是装死算了！投资者就这样被迫离开，或者索性进入以PE、PB、ROE 等简单数据为投资依据的阶段。

老唐想补上这个断层，于是有了这本书。

这本书只有不到 20% 的部分涉及银行估值和不同银行间的对比，另外超过 80% 的笔墨用于解释银行业务模式、各种专业术语所代表的意义以及它们之间的相互影响。写作的目的是让一位没有财会基础、对银行业一无所知的普通投资者，通过 18 节课的学习，拿起一份银行股财报，可以愉快地读下去，最终明白这份财报阐述的银行经营情况，明白银行在战略战术上做了哪些调整以及为什么如此调整，明白银行真实资产质量比报表数字更好还是更差，明白银行的实际经营利润比报表数字更高还是更低，明白财报里埋着哪些潜在利好或利空因素……

全书共十八课。第一课谈银行业基础知识；第二至第十二课详细介绍银行资产负债表科目及数字背后的含义；第十三至十五课谈利润表及关键财务指标；第十六至十八课谈选择银行股的定性、定量及估值方法。

在十八课末尾，老唐还总结了拿到一份银行财报后的阅读流程：先读哪里，后读哪里，哪里可以不管，每部分的阅读方法对应本书的第几课。初学者照着流程走即可。

坦率地说，这本书没有什么全新的创造，只是将现有知识按照投资者阅读和理解银行业和银行财报的需要，分门别类整理，并运用老唐简单粗暴、通俗易懂的叙事风格，使任何具备初中以上语文水平、加减乘除数学水平的读者，只需付出少许耐心（第三课和第九课略难），就可以依靠每天1小时的投入，在18天内达到顺畅阅读银行财报的水平。

18小时入门一个行业，在未来30年里，使自己有能力去面对这个可能带来财富百倍增长的机会（预计每10年周期里能产生一次4到5倍的机会），这就是老唐对自己写这本书的期望上限。

至于下限，起码让读者在围观“银粉”“银黑”大战的时候，能看懂双方的核心观点，知道哪些人是真的“有料”，哪些人是半罐子。再进一步，甚至还可以在他们打得火热之时，点评两句，展示一下个人风采。

能达到吗？等您读完来评价。谢谢。

唐朝

2016年10月

第一课　银行业基础

银行业的特点

工商银行 VS 伊利股份

翻开一家银行的资产负债表，你会很轻易地发现它和一般企业明显不同。例如，拿中国工商银行 2015 年度财务报告来看，其资产结构可以简化为如图 1－1 所示（数字已四舍五入，下同）。

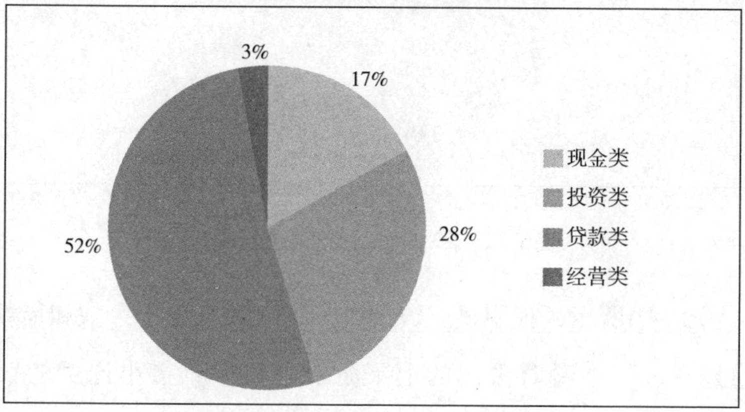

图 1－1　2015 年工商银行资产结构

图1-1中的现金类包括了现金及存放中央银行款项、存放同业及其他金融机构款项、拆出资金等三项科目；投资类包括了以公允价值计量且变动计入当期损益的金融资产、衍生金融资产、买入返售金融资产、可供出售金融资产、持有至到期投资、应收款项类投资、长期股权投资、贵金属等八项科目；贷款类指客户贷款及垫款；剩余的固定资产、在建工程等归入经营类。

通过图1-1可以看出，工商银行名下资产，超过一半份额由贷款构成。如果考虑到部分应收款项类投资和买入返售金融资产，实际也是由贷款化装而来的（后面谈），那么贷款真实占比则更高。除贷款外，对外投资和现金类占据了另外的近半壁江山。至于银行本身经营所需固定资产（类似房产设备等），占比非常小。

资产不会从天而降，任何一笔资产都必定有资金来源支持。银行弄这么多资产，钱从哪儿来的呢？这就需要看资产负债表的负债及权益部分了。

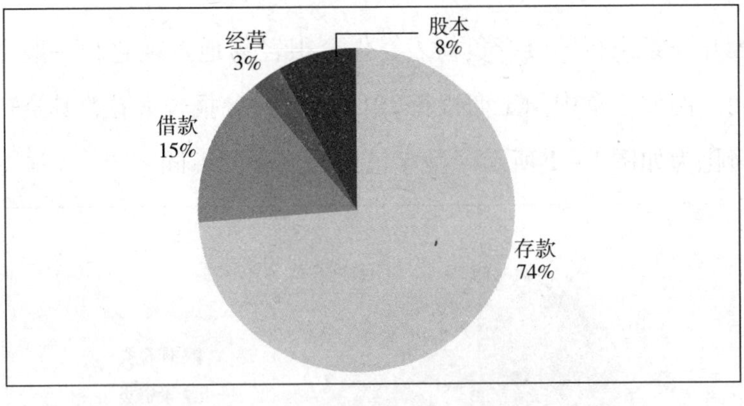

图1-2　2015年工商银行资金来源

如图1-2所示，很明显，银行资金近九成来源于存款和借款，另有少量经营过程中暂时占用的上下游资金，只有很小比例的钱（约8%）是股东出的本钱。

随意找一份普通企业的财务报表来对照查看，如拿伊利股份来说，同样将资产配置和资金来源做成饼状图，如图 1－3、图 1－4 所示。

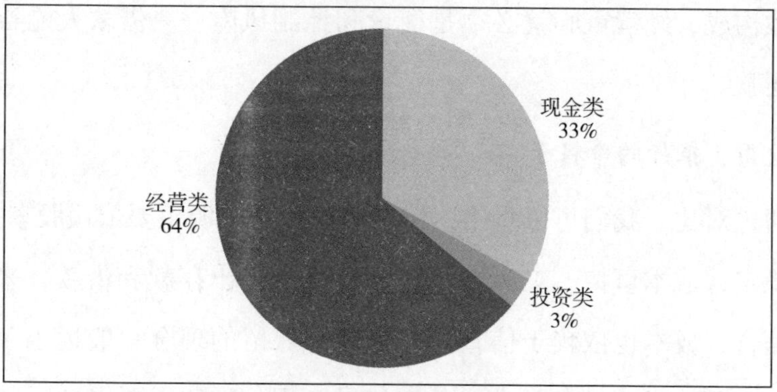

图 1－3　2015 年伊利股份资产结构

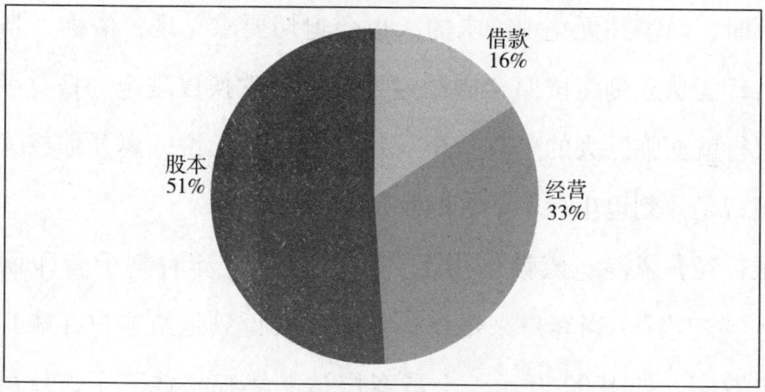

图 1－4　2015 年伊利股份资金来源

对比可以发现，伊利股份和工商银行资产负债结构的不同体现在以下三个方面。

（1）资产配置：伊利股份资产配置为制造或销售服务，以土地、厂房、设备、存货为主；工商银行以贷款和投资为主。

（2）资金来源：伊利股份以股东投入为主，借款和经营中占用他人资金为辅；工商银行以吸收存款和向他人借款为主，股东投入占比很小。

（3）经营重心：伊利股份资产主要为生产销售服务，经营重心是考虑自己的产品和服务是否被需要；工商银行资产主要由发放给客户的贷款构成，经营重心就必须是衡量和控制风险——借款人能否按时足额还款。

信用：银行的命根子

通过对比，我们可以看出，伊利股份资金来源主要依赖股东投入，来源稳定，成本可控。工商银行资金主要来源于存款和借款，来源依赖于信誉，成本也依赖于信誉。由于银行保留的现金一般远小于吸收的存款，而放贷及投资形成的资产如果变现，往往需要缓冲时间和恰当的时机，所以银行一旦被怀疑无法兑现，很可能就真的会无法兑现。因为那时，原本并无兑现需求的人也会迫切要求兑现，俗称“挤兑”，而银行却无法立刻将按照合同约定发放的贷款换成现金。挤兑一旦出现，银行就面临巨大的生存危机。从这个意义上说，离开债权人的信任，银行是片刻也生存不下去的。

银行经营风险，依赖信用生存，然而银行却时刻干着印刷“伪钞”的“勾当”。当客户来银行借款时，银行只是给客户在账户里记录一个数字，如1000万元，于是客户马上就有“钱”了，就可以动用这1000万元去买布买丝、开矿造船了。这个时候，存款人户头里的钱少了吗？没有。银行给客户发放贷款，并没有导致任何存款人的资金减少，就让接受贷款的客户账户里多了一笔钱，魔术般地创造了一笔钱。

那么银行是不是可以不停地写数字而后买下整个世界呢？梦想是美好的，现实是残酷的。银行监管机构规定了银行增加存款时，必须按照一定比例上缴以备提取。这部分强制缴纳的钱叫“法定存款准备金”，这个缴纳比例叫“法定存款准备金率”。这个手段，限制了银行生产“伪钞”的总量。法定存款准备金具体按照什么比例缴纳，在我国由中国人民银行（一般简称“央行”“人行”，或戏称“央妈”）制定。

银行的“印钞”戏法

银行是如何创造“伪钞”的？是不是像电影里那样，搞一块电板，然后秘密开工印刷一张张的钞票呢？当然不是。我们用一个极度简化的例子来观察一下银行和贷款户共同创造“伪钞”的过程。

从一张存单开始

为简单起见，先做两个假设：假设1，全国只有一家银行，叫工商银行；假设2，央行规定的法定存款准备金率是20%。（截至2016年上半年，人民币存款法定准备金率的实际标准为：大型金融机构16.5%，中小金融机构为13%；外币存款则一律为5%。）

起初，伊利股份拿着1000万元存进工商银行。工商银行将20%的存款准备金合计200万元交给央行。此时，万科需要贷款800万元，与银行谈判后成交。于是，工商银行的资产负债表就发生了如下变化。

资产		负债	
万科公司贷款	800万	吸收伊利公司存款	1000万
存放央行	200万		
资产合计	1000万	负债合计	1000万

接着，假设万科公司贷款是为了支付中铁二局建筑款项，800万元付给了中铁二局。中铁二局的银行账户上增加800万元存款，工商银行依然需要按照20%的存款准备金率缴纳160万元给央行，然后顺手批准了乐视网申请的640万元贷款。于是，资产负债表继续发生如下变化。

资产		负债	
万科公司贷款	800 万	吸收伊利公司存款	1000 万
存放央行 1	200 万		
乐视网贷款	640 万	吸收中铁二局存款	800 万
存放央行 2	160 万		
资产合计	1800 万	负债合计	1800 万

继续假设，如乐视网收到贷款以后，用 640 万元签约范冰冰拍了一则广告。范冰冰的账户上收到这笔钱以后，工商银行缴纳 20% 存款准备金计 128 万元以后，将剩余资金 512 万元贷给了东方财富公司，资产负债变化情况如下。

资产		负债	
万科公司贷款	800 万	存款 1　伊利公司存款	1000 万
存放央行 1	200 万		
乐视网贷款	640 万	存款 2　中铁二局存款	800 万
存放央行 2	160 万		
东方财富贷款	512 万	存款 3　范冰冰存款	640 万
存放央行 3	128 万		
资产合计	2440 万	负债合计	2440 万

东方财富拿到贷款后，用于购买浪潮信息的服务器……资产负债表继续演变。

资产		负债	
万科公司贷款	800 万	存款 1　伊利公司存款	1000 万
存放央行 1	200 万		
乐视网贷款	640 万	存款 2　中铁二局存款	800 万
存放央行 2	160 万		
东方财富贷款	512 万	存款 3　范冰冰存款	640 万
存放央行 3	128 万		
某公司贷款	409. 6 万	存款 4　浪潮信息	512 万
存放央行 4	102. 4 万		
资产合计	2952 万	负债合计	2952 万

这个游戏可以一直这么走下去，最终你会发现表的左边，工商银行手头的现金、存放央行的总额加上放出去的贷款合计会高达5000万元。而负债总额，也就是表的右边，这些公司或个人拥有的存款总额也会高达5000万元。

货币乘数

这期间银行股东从自己腰包里拿钱出来了吗？没有，一分也没有，一切的源头就是伊利公司存进来的那1000万元。在存款总额变成5000万元的过程中，银行和申请贷款的客户共同给整个社会创造了4000万元货币。这个从1000万元变成5000万元的比例，就被称为“货币乘数”。货币乘数=1/存款准备金率。

用1000万元变出5000万元，是不是很像“印假钞”啊！通常新闻媒体里说的“开印钞机”“放水”什么的，描述的主要就是这个过程。不是真的拿纸和油墨印刷了一些纸币出来，而是银行通过借贷活动创造了货币。只不过一般谈论“放水”，源头指央行，也就是用中国人民银行替代本案例中的伊利股份。

央行有“枪杆子”保护的“法定特权”，可以直接印刷1000万元现金，投入市场购买任何它需要的商品、服务或者资产，启动上面案例所讲的社会货币总量扩张过程。本案例之所以用伊利而不用央行，是想强调：没有央行参与，银行体系本身就能生产出货币，只要有借贷需求，并且法定存款准备金率小于100%即可。这种小于100%的法定存款准备金率制度，称作“部分准备金制”。

截至2016年上半年，我国法定准备金要求，是以每月的10日、20日及月底最后一天的存款为基数，乘以法定存款准备金率，得出应缴纳的法定准备金额度（千元以下四舍五入）。以10日为基数算出的额度，适用于15日至24日，依此类推。日间可以透支，日终结算不可透支。自2016年7月15日起，人民币存款准备金的考核基数由考核期末一般存款时点数，调整为考核期内一般存款日终余额的算术平均值。也就是说，不再以某一天的基数为计算依据，改以10天存款的算术平均数为准，给了银行调剂和周转的空间，属于政策松绑。这部分法定准备金，央行付利息，目前标准为年息1.62%。

货币创造中的漏损

从上面案例我们还可以发现，即使伊利股份投入的初始1000万元不变，若央行降低或者提高法定存款准备金率（简称“降准”“提准”），比如从20%降低为18%或者提高为22%，整个银行体系能创造出来的货币总量也会跟着改变。“降准”“提准”是央行最常见的宏观调控手段。若是央行不改变准备金率，直接扮演伊利股份的角色投放货币，就是另一种宏观调控手段了，一般被称为“量化宽松”，我们在新闻里经常听到的英文缩写QE，就是指这个。

扩展知识

货币总量有三个层次的概念，分别定义为M0、M1和M2。M0指流通中的现金，也就是整个银行体系之外的企业和个人拥有的现金总量；M1指M0加上单位在银行的活期存款；M2指M1加上单位的定期存款、个人各项存款及证券客户保证金。央行调控货币总量，主要针对M2，即广义上的“钱”。

上面描述的是理想状况：所有人手上都不持有现钞，银行也将缴纳准备金之外的钱全部放贷。现实生活中，可能范冰冰收到640万元以后，会留10万元现金去消费，只存630万元进银行。银行按照630万元基数缴纳20%存款准备金以后，也可能留10万元现金在出纳的保险柜里，只贷出494万元（而不是表格里的512万元），由此引发的连锁反应，会导致银行创造的货币总量达不到5000万元，这种情况也被称之为“现金漏出”或者“现金漏损”。现金漏损会降低银行创造货币的能力。①

由于现实体系中并非只有一家银行，所以工商银行存在和其他银行结算的需要。如同企业和个人之间的结算通过企业和个人在银行的账户里保留存款来完成一样，银行和银行之间的结算通过银行在央行所开账户里保留的存款来完成。出于交易和结算的需要，银行在规定的准备金之外，还需额外保留一部分钱，这些钱被称为“超额准备金”，超额准备金的多寡由银行自主决定。存在央行的超额准备金，央行也付利息，但很低，目前标准是年利率0.72%。超额准备金加上银行各处网点机构保险柜（库）里存放的现金，组成银行的“超额备付金”（或简称“备付金”）。

超额准备金利率低，现金则完全无收益，所以，在保证正常支付结算的前提下，如何尽可能减少备付金数量，是银行管理能力的体现之一。截至2015年末，银行业超额备付金占存款总额的比例（称“超额备付金率”或简称“备付率”）为2.1%，比2014年底下降0.55个百分点。一般来说，规模越大的银行备付率越低，规模越小的银行备付率越高。大型银行约1.5%，而城商行普遍约4%。道理也简单，大行支付系统庞大，很多支付可以在行内对冲。同时，大行信用高，临时筹款能力强，有能力保持较低的备付率。

总结上述内容，老唐想让大家初步感知到银行业的核心特点是：

---

① 事实上，如果没有监管部门的存贷比限制（贷款/存款≤75%），银行甚至不需要伊利或央行参与，在没有现金漏损的假设条件下，通过直接给万科公司发放一笔贷款，在资产端记录对万科公司发放贷款800万元，同时在负债端记录吸收万科公司存款800万元，就能推动资产负债表的变化，创造出新的货币。这部分略复杂，且与投资关系不大，此处略过。

(1) 银行经营风险；(2) 银行依赖信用生存；(3) 银行是合法的“伪钞印刷厂”。

我国银行业概况

空有其名

在《人民银行法》和《商业银行法》颁布实施以前，我国的银行空有其名，实际上就是政府的“钱袋子”，只是个出纳角色，并非依赖信誉经营风险的金融机构。其主要功能仅在于尽可能低成本乃至负成本（存款利率低于通货膨胀率）吸收居民储蓄，然后补贴政府和国有企业。《中国统计年鉴》数据显示，这种负成本最严重的情况出现在1994年，真实存款利率（名义存款利率－通货膨胀率）为－10.72%。而当年国有企业贷款享受零利差，即国企平均贷款利率＝居民名义存款利率。

这种情况下，银行的经营水平可想而知。工商银行2006年申请上市的招股说明书披露数据显示，在1999年1月1日以前首次发放、截至上市前尚未到期或者尚未归还的贷款，不良贷款率高达50.66%。更夸张的是2004年数据，不良贷款率为73.97%。

工商银行如此，其他银行也好不到哪儿去。据《金融研究》2005年第12期刊登的央行调查报告《国有商业银行账面不良贷款、调整因素和严重程度：1994—2004》数据，截至2000年末，国有商业银行账面总体不良贷款率高达29.18%，如果加回政策性剥离不良贷款的因素，不良贷款率实际数据为55.11%，不良贷款余额超过3.68万亿元。要知道，2008年，在全球金融危机的猛烈冲击下，我国银行业的不良贷款率也只有2.42%；而截至2015年底，我国银行业贷款总量是2000年的约15倍，不良贷款余额尚不足2万亿元。

那完全是一个搞到贷款就等于获利的时代、一个借钱的人没有认真想过偿还的时代——当然，央行调查数据也承认，不良贷款中仅有约20%是银行经营因素造成的，其他部分主要由政策性因素导致。

银行业规范经营的时代

有了整个金融系统濒临崩溃的经验，政府终于明白了国民经济正常运营需要信用基础，而信用基础首先就需要约束政府，约束政府不能随意借钱，不能随意“赖账”。当然，除此之外，政府还需要打击假币，并保证司法力量可以协助银行与借款人之间的贷/还款协议依法履行。

只有在以法律形式禁止了央行对政府的透支，禁止了央行直接认购、包销国债及其他各级政府债券，禁止了央行向各级政府及政府部门发放贷款，禁止了央行对银行以外的机构或个人直接提供贷款，等等之后，中国人民银行才转变为真正意义上的中央银行，我国的商业银行体系开始建立。

通过1999年国家建立的四大资产管理公司（长城、信达、华融、东方），对口承接了银行担任出纳时无规则发放的烂账，银行实现了凤凰涅槃。伴随着2003年4月28日，银行业专门的监督管理机构——中国银行业监督管理委员会（简称“银监会”）成立，以及2005年至2010年间，四大国有银行的陆续上市，银行业规范经营时代来临了。

这种背景下，我国银行业出现了爆发式增长。截至2016年上半年，总资产规模超过212万亿元，净资产超过16万亿元。拥有各类银行2000多家，农村信用社及资金互助组约1500家，企业集团财务公司200多家，其他非存款类金融机构100多家。①

---

① 非存款类金融机构指信托公司、资产管理公司、金融租赁公司、汽车金融公司、消费金融公司、贷款公司（银监会口径不包含八千多家小额贷款公司）和货币经纪公司。

银行日常经营活动涉及的各类审批和监督管理职责，主要由银监会承担。同时，银行还需要接受央行的业务指导和检查监督。央行会通过调整利率及法定准备金率，调整央行给予银行资金支持的数量、频率、利率及抵押品种要求，通过公开市场买卖各类票据及其他资产投放或回收货币，直接指导银行放贷总量或放贷对象等多种手段来影响银行的经营。

银行业的格局：定位与竞争

截至2016年上半年，在A股市场上市的银行共有16家，包含5家大型国有商业银行，即工商银行、农业银行、中国银行、建设银行、交通银行；8家股份制商业银行，即招商银行、浦发银行、兴业银行、民生银行、中信银行、光大银行、平安银行、华夏银行；3家城市商业银行，即北京银行、宁波银行、南京银行。

5家大型国有商业银行归银监会“国有控股大型商业银行部监管部”（简称“大型银行部”）监管；8家A股上市的股份制银行及其他4家未在A股上市的股份制银行（广发银行、渤海银行、恒丰银行、浙商银行）归银监会“全国性股份制商业银行监管部”（简称“股份制银行部”）监管；城市商业银行及民营银行归银监会“城市商业银行监管部”（简称“城市银行部”）监管。其他政策性银行、农村金融、外资银行、非银金融等，与上市银行投资者无关，此处略过。①

依照央行、银监会、证监会、保监会及国家统计局联合发布的《金融业企业划型标准规定》，总资产4万亿元以上的银行为大型银行，5000亿元至4万亿元之间的银行为中型银行，总资产5000亿元之下再细分为小型银行和微型银行。以2016年上半年财报数据界定，16

① 大型国有商业银行、股份制商业银行、城市商业银行等叫法是沿袭习惯分类，实际上所有上市银行都是各类资本混合参与的股份制商业银行。

家上市银行由10家大型银行和6家中型银行组成。

其中又可以大致分为三个竞争层次：工、建、农、中四大行为第一层次，合计总资产占整个中国银行业1/3以上。工商银行总资产超过23万亿元，遥遥领先，建行、农行、中行三家规模接近。这部分银行具有规模、网点及渠道优势，涉及业务大而全，但国企气息相对浓厚，往往因为政治需要，做出一些违反经济规律的行为（主要体现为经济下行期，因政府稳定需要，“不抽贷”甚至加大放贷力度，保证国企资金需求），对市场环境变化的反应速度稍显不足。

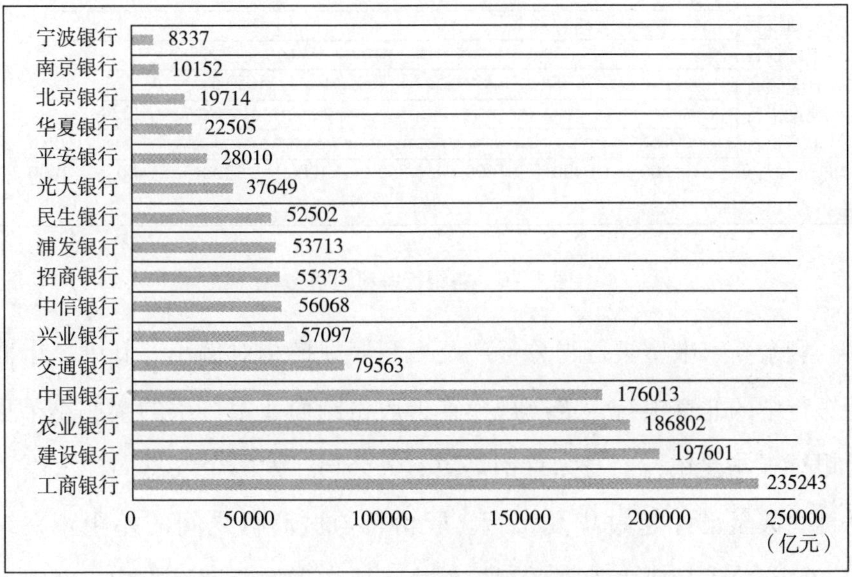

图1-5　各银行总资产规模

交行及兴业、中信、招商、浦发、民生六家大型银行可划为第二层次。交行总资产近8万亿元，在该层领先，但资产增速低于其他五家，规模差距处于不断缩小阶段。后五家银行具备相对灵活的经营自主权，资产规模相近、竞争激烈，资产或净利润排名时有上下浮动。与四大行大而全的定位不同，这个层级的银行初步具备了一些差异性，如招商的零售业务、兴业的同业业务、民生的小微业务，特征显著、定位鲜明，具备一定的竞争优势。它们算是中国银行业上市公司中成长活力和经营稳定性兼备的品种。

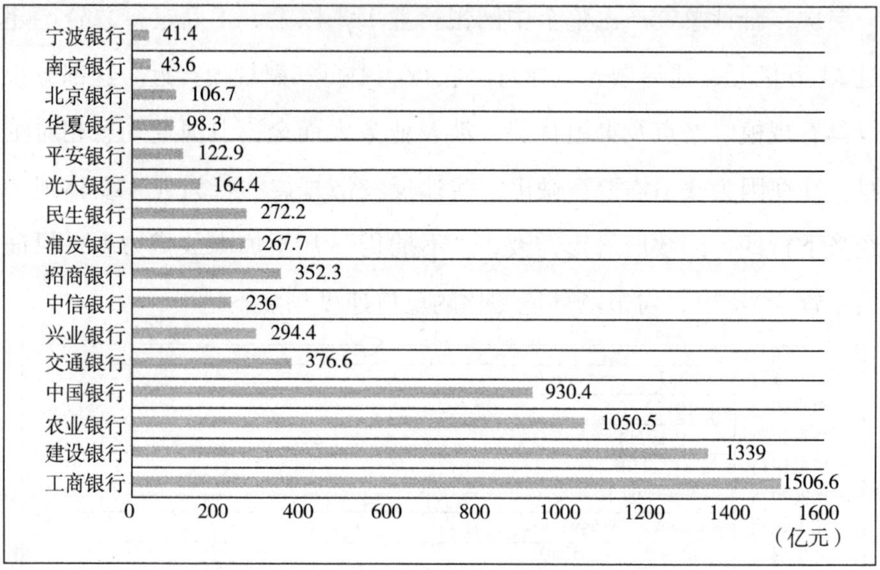

图1－6　各银行净利润状况

剩余6家中型银行，总资产及净利润规模相对偏小。其中城市商业银行中的北京银行，资产规模逼近股份制商业银行中的垫底小弟华夏银行（华夏银行前身为首钢集团财务公司，大国企气息同样浓厚），净利润甚至已经超过华夏银行。股份行与城商行之间的差距正在缩小。这部分银行或由于资产规模偏小，或由于经营区域集中，对宏观经济波动更为敏感，经营业绩的波动性更大一些。

第二课　银行的会计资本

银行财报的特点

普通企业的财报阅读，主要围绕资产负债表、利润表和现金流量表三大表展开。财报中的其他部分，是阐述三大表的辅助资料。而银行业财报阅读，相对于普通企业财报而言有两个特点：一易、一难。

易，是投资者基本可以放过现金流量表。对于普通企业而言，利润的含金量（利润里现金的占比）是极其重要的指标，但对于银行而言，现金既是银行结算利润的工具，也是银行买进的存货和卖出的商品。上市银行的报表上，不存在缺乏现金的问题，只存在获取现金的成本高低问题（只要银行支付足够高的利息，理论上可获取近于无限的资金）。所以，老唐认为银行的现金流量表没什么阅读价值，可以直接放弃。难，则指银行资产负债表比普通企业复杂得多，尤其是资产部分。

会计资本

在《手把手教你读财报》里，老唐说过，资产负债表的左边（资产）交代的是企业的金钱去向；资产负债表的右边（负债和所有者权益）交代的是企业的金钱来源，其中负债是债权人的钱，所有者权益是属于股东的钱。和《手把手教你读财报》的入手方法一样，本书也先从资产负债表的右边开始，先谈金钱来源，再谈金钱去处。本节课谈股东的钱，即所有者权益，它是银行开张营业所必需的资本。

银行和普通企业在资本的概念上略有不同。银行的资本概念有三个，分别是经济资本、会计资本和监管资本。经济资本也称“风险资本”，是从银行内部管理者的角度看待资本，指内部管理人员根据银行所承担的风险计算的、银行需要保有的最低资本量。作为投资者，重点需要关注和了解的是会计资本和监管资本。

以工商银行为例

下面老唐将以工商银行2015年年度财务报告为范本，解释银行会计资本各科目的含义。本课有部分内容和《手把手教你读财报》重合，但为了本书的完整，只能如此。另外，工商银行2015年年度财务报告全文超过360页（分为管理层汇报正文175页、会计师事务所审计意见2页和财务报表及附注183页），无法附在书中，读者可以自行下载一份备用，后面章节会同样以它为例。在上海证券交易所（http：//www.sse.com.cn）或巨潮资讯网（http：//www.cninfo.com.cn）网页输入“工商银行”或者“601398”，均可搜索下载。

打开财报182页（附件部分第3页），会看见工商银行的资产负债表股东权益部分，具体如下。

中国工商银行股份有限公司
合并资产负债表和资产负债表（续）
2015 年 12 月 31 日
（除特别注明外，金额单位均为人民币百万元）①

	附注四	本集团		本行	
		2015 年	2014 年	2015 年	2014 年
股东权益：					
股本	26	356,407	353,495	356,407	353,495
其他权益工具		79,375	34,428	79,375	34,428
其中：优先股	27	79,375	34,428	79,375	34,428
资本公积	28	151,963	144,874	156,208	148,838
其他综合收益		(4,655)	(24,548)	598	(18,186)
盈余公积	29	178,040	150,752	175,668	149,270
一般准备	30	246,356	221,622	241,509	218,078
未分配利润	31	781,988	650,236	739,133	619,054
归属于母公司股东的权益		1,789,474	1,530,859	1,748,898	1,504,977
少数股东权益		11,045	6,445	—	—
股东权益合计		1,800,519	1,537,304	1,748,898	1,504,977
负债及股东权益总计		22,209,780	20,609,953	21,034,098	19,545,831

本财务报表已于二〇一六年三月三十日获本行董事会批准。

银行资产负债表中的“本集团”（有些银行写作“××银行集团”）数据，相当于普通企业用的“合并资产负债表”数据。“本行”（有些银行写作“××银行”）数据则相当于普通企业的“母公司资产负债表”数据。

本行数据，代表作为一个法律主体的中国工商银行股份有限公司的资产负债情况。本集团数据，不仅包括中国工商银行股份有限公司的资产负债，同时还包含了并表范围内的其他子公司的资产负债。

并表范围依照实质重于形式原则，合并计算银行可以实施控制的子公司。控制的界定原则主要有 5 条：（1）直接或间接持有子公司

① 本书所有引用的工商银行财务表格，如无特别说明，金额单位均为人民币百万元。

50%以上股份；（2）银行通过与其他投资者的协议，拥有子公司50%以上表决权；（3）根据章程或协议，银行在子公司董事会（或类似权力机构）里占多数表决权；（4）根据章程或协议，银行有权任免子公司董事会（或类似权力机构）多数成员；（5）根据章程或协议，银行有权决定子公司的财务和经营政策。

对于并表范围内都有哪些子公司，财报中有专门的“控股子公司和主要参股公司情况”章节披露，如工商银行2015年财报的59～64页及242～243页（附件第63和64页）。

投资者的关注重点

由于子公司也是上市公司经营的组成部分，所以投资者应该重点关注的数据是合并（即本集团）数据。当然，我国目前的银行业有它的特殊之处，其主要经营一般集中在母公司（即本行），子公司无论是资本还是经营数据，占比都比较小。所以本集团数据和本行数据差异，远比普通企业的合并报表与母公司报表数据差异小。以工商银行为例，其合并范围内有二十多家子公司，然而这些子公司全部资产加总仅不足1.2万亿元，约占合并资产总额的5%；所创造的净利润不足145亿元，约占合并净利润的5%。

股本

股东权益第一项为股本。股本很容易理解，就是股东投入的资本总额，它等于公司股份总数乘以股票面值——我国上市公司，目前只有紫金矿业股票面值0.1元，洛阳钼业股票面值0.2元，其他公司都是1元面值。

	附注四	本集团	
		2015 年	2014 年
股东权益：			
股本	26	356,407	353,495

上表中股本数据2015年和2014年不同，代表2015年内工商银行股本总额发生过变化。股本发生变化的原因一般有三种：（1）股东增加或减少投入；（2）企业用资本公积金向股东转增股票；（3）企业用利润或盈余公积向股东送红股。

我们如何知道此处公司股本变化的具体原因呢？上表中股本项目后面有个数字26，代表着相关说明附在报表附注的“附注四”第26条。通过翻阅或者搜索，我们可以在财报261页（附件第82页）找到附注四第26条关于股本变化的说明。阅读说明，可以得知股本变化是由于可转换公司债券（通常简称可转债或转债）[①] 在本年度内转股29.12亿股造成的（加上其他年度的转股，累计近74亿股）。这种情况就属于（新）股东投入增加造成的股本变化。

对于银行的股本规模，我国设有最低限制：设有分支机构的全国性银行，股本不得少于20亿元；不设立分支机构的全国性银行，股本不得少于10亿元；区域性银行（营业范围限制于某一区域内）股本不得低于8亿元。截至2016年上半年，上市银行中股本最小的银行是

① 所谓可转债，指公司发行的、持有人有权按照约定价格将债券转换成公司股票的债券。买入可转债的人，有三种途径兑现收益：其一，可以持有收息（利率通常比普通债券低很多）至到期后还本；其二，可以在股票市价高于约定转股价格时，申请转换成股票后持有或抛出获利；其三，可以在可转债交易价格上涨后卖出获利。它类似于将权益性质的看涨期权和债务性质的低息债权捆绑，然后按照面值销售（低息债券本来只能低于面值销售，此处的差价就是看涨期权的价格）。

可转债一般都设有强制转股条件，满足强制转股条件时，持有者要么转换成股票，要么由公司付息还本。本例中的强制条件就是连续30个交易日中，有15个交易日股价高于约定转股价的130%。此时当然转股卖出赚30%划算。工商银行财报261页最后一行里提到的被公司付息还本赎回的1423.6万市值可转债，属于忘记关注自己资产的马大哈，白白丢掉了400多万元净利润。

宁波银行，股本近39亿元。

其他权益工具

除了上面谈到的股本（一般也称为“普通股”）以外，若还有对企业净资产享有分配权的权益，就被归入其他权益工具。

感谢上苍，我国的其他权益工具目前还非常落后，“兵器库”里暂时只有“优先股”一把“砍刀”，还不是所有上市银行都有（截至2016年上半年，A股上市银行中招商、民生、中信三家的优先股尚未完成发行）。这样我们就暂时不用学习西方发达国家资本市场里漂浮的类似“有形利息增强普通股、无期限增强型资本票据、高级或有资本工具、一级资本票据、缓冲资本票据……”等带有神秘英文缩写、一看就让人头皮发麻的“黑科技”。谢天谢地，现在赶个大早奠定基础，等以后这些“黑科技”被慢慢引进时（必然的），你就有了先人一步学习和理解的缓冲时间。

优先股的核心意思就是，如果企业经营一切正常，优先股就拿固定利息，类似于债券。但如果企业出现了兑付危机，优先股只能在付清其他债权人的债务之后得到兑付，或者在某种状态下直接变成普通股。例如工商银行的优先股，大体条款就是享受6%的年利率（2014年发行的）或4.5%的年利率（2015年发行的），但如果银行出现资本充足率等于或低于5.125%，则优先股将会被全部或部分转为普通股，直至资本充足率回到5.125%之上①（什么叫资本充足率，下节课谈）。从这个条款，你大致应该理解，凡是持有某企业优先股的，要么是企业直接相关利益人，要么是不相信这家企业会倒闭的投资者，否则这承担的风险和获得的收益也太不相称了。

---

① 关于工商银行优先股具体条款，参看2015年度财报262~265页（即附件83~86页）表述。

资本公积

见惯了高价发新股的 A 股投资者，很容易理解资本公积的含义。比如说新股面值 1 元，但发行价可能是 25 元，假设券商、会计师事务所、律师事务所等机构收取的发行费用合计每股 0.1 元。那么公司发行新股收到每股 24.9 元，其中面值 1 元计入股本，另外的 23.9 元就计入资本公积。计入资本公积代表着这钱虽然归企业股东所有，但它不是企业通过生产经营赚来的。

不仅发行股票，发行其他带有权益性质的金融产品，带来的溢价收益，也需要计入资本公积，例如前面谈到的可转债含有的权益部分（可转债发行所得分为两部分：相当于不附带认股权且其他条件相同的公司债券公允价值的那部分计入负债，差额部分计入资本公积）。

类似这样“属于股东的，但不是生产经营赚来的”资本公积还有：企业接受股东捐赠的资产；部分符合规定的政府拨款；关联交易中一些显失公平的利得或损失；在企业清产核资或兼并重组时资产评估增值部分；企业以非现金资产对外投资时评估增值部分；企业收到外币股本投资时，相对于签订投资合同时汇率发生变化带来的损益等。这些看字面就很容易理解，不细说了。

因为资本公积不是企业通过生产经营赚来的，所以当企业用资本公积来转增股本时，税务局将其视为股东资本在不同科目之间的挪动，不是“所得”，不征收所得税。与之不同的，当企业用经营利润（包括未分配利润和盈余公积）来送红股，是将经营利润转化为资本再投入，税务局将对股东收到的红股，以面值为基数征收所得税。

其他综合收益

其他综合收益是 2014 年 7 月新会计准则加设科目，是将以前归入

“资本公积——其他资本公积”里、最终将会变成利润表里损益的那一部分，挪出来单列汇报了，相当于利润的临时中转库。

其他综合收益主要包括企业持有的可供出售金融资产的公允价值变动；企业对持有的投资资产重新分类时形成的利得或损失；补充退休福利产生的精算利得或损失；以及外币报表折算差额等。

前两项与银行投资资产有关，放在资产章节谈。

补充退休福利产生精算利得或损失，指企业计算应该向退休职工补充退休福利时，在不同的社会发展条件下，可能采用不同的假设条件，如贴现率、死亡率以及通胀水平等，由此产生计算上的应付薪酬差异。

外币报表折算差异，指银行如果在境外有全资或合营的经营机构，其境外资产负债表折算为人民币报表时，产生的折算差额中应归属于上市银行股东所有的部分。

工商银行2015年财报的其他综合收益数字为（4,655），单位百万元。在财务报表中，数字用括号括起来，表示负值，也就是说此处（4,655）的含义就是：2015年底工商银行的其他综合收益余额是-46.55亿元。

关于其他综合收益的内容，在本书第十三课利润表部分会有更详细的阐述。

盈余公积

盈余公积是从企业经营利润中提取出来用于企业发展的资金。它分为强制性的法定盈余公积和非强制性的任意盈余公积。法定盈余公积必须提，额度是当年利润的10%（注意，基数不是合并报表利润，而是一个个拥有营业执照的法律实体的利润）。如果历年累计达到注册资本的50%以后，可以不继续提法定盈余公积。任意盈余公积由股东自行决定提不提或者提多少。

盈余公积可以用来弥补企业亏损，也可以用来送红股（用盈余公积或未分配利润转增股本，一般称之为“送红股”或“送股”），但对数量有限制，要求送红股后剩余的盈余公积数量，不得低于注册资本的25%。极少数的情况下，盈余公积也可以用于分红，一般是企业利润较少甚至亏损，但历史累积的盈余公积较多的时候。将盈余公积用于分红，分红额不允许超过面值的6%。

一般准备

一般准备，类似于金融行业专属的盈余公积金。前面说了，盈余公积是强制要求从企业利润里提取出来，用于企业未来发展的一笔钱。一般准备则是特别针对金融企业强制要求再次提取的一笔钱，专为弥补可能存在（也可能不存在）的潜在损失。按照财政部的规定，自2012年起，银行的一般准备不能低于风险加权资产[①]年末余额的1.5%，确实达标有困难的，可以分五年内达到此标准。当然，困难是针对部分未上市小型银行的，这几年银行业赚得盆满钵溢，16家上市银行全部都是达标的。

---

① 风险加权资产是银行业非常重要的一个概念，老唐会在本书的第十二课专门讲述。此处你先理解一个基本概念，所谓风险加权资产，就是以银行持有的各项资产所承担风险的不同，分别乘以监管部门规定的不同加权系数（如国债加权系数为0，个人房贷为50%，普通企业贷款为100%，主动投资的工商企业股权为1250%等）后加总得出的。理论上这个风险加权资产可能大于、等于或小于银行总资产，但由于种种监管政策引导银行对资本的高效利用，风险资产总额通常都是小于银行总资产的。

所谓对资本的高效利用，指的是监管部门强制要求银行按照其持有的风险加权资产总额，配比固定比例（例如10.5%）的自有资本。因此，同样总额的资产，若加权系数不同，银行需要为之准备的本钱也不同。例如放1000万元个人房贷，风险加权资产只算500万元，如果资本要求是10.5%，那么需要银行配比自有资本52.5万元。但如果买进1000万元工商企业股权，风险加权资产要算1.25亿元，则需要配比自有资本1312.5万元。这样，银行资本的回报率就有了巨大的差别。

未分配利润

企业挣的钱，提取了盈余公积和一般准备后，剩下的就是未分配利润。未分配利润的用途由股东自己决定，或分红，或送股，或留在公司用于再投资，均可。当然，如果是当年赔钱了，新增未分配利润就是负数，需要从以往积累的未分配利润里扣。未分配利润 = 上一年度未分配利润 + 本年利润 - 利润分配。

股东权益

银行的资产减去负债，剩下的就是股东权益，一般也被称为“净资产”。它是上面那些股本、其他权益工具、资本公积、其他综合收益、盈余公积、一般准备、未分配利润等科目的总和，囊括了股东投入、非经营性利得或损失、经营盈利或亏损三种来源。

从股东权益中减去下属子公司中的少数股东权益，剩余的权益就是归上市公司股东所有的，在财报上的名字就叫作“归属于母公司股东的权益”。所谓少数股东权益，指上市公司非全资子公司里占有少数股份的股东拥有的权益，只有合并报表里才有这个科目。

例如，工商银行有个子公司叫“浙江平湖工银村镇银行”，工商银行持股60%。因为是控股子公司，所以该村镇银行的全部资产和负债会计入工商银行的“本集团”数据。最终工商银行本集团的股东权益数据里，就包含了其他7家股东（平湖市国资公司、浙江晨光电缆股份公司等7家企业）持有的村镇银行40%的权益。因此在计算归属上市公司股东拥有的权益时，就需要从总的股东权益里减去这7家少数股东拥有的浙江平湖工银村镇银行40%的净资产。

因为股东权益 = 资产 - 负债，所以资产 = 负债 + 股东权益，财务报表最后一行的“负债和股东权益总计”数据，永远等于企业的资产总数，企业的任何一笔资金，都需要在“负债及股东权益”端记录其来源，同时在“资产”端记录其去处。

看到这儿，银行的会计资本部分就了解完了。下节课我们谈银行独特的资本概念：监管资本。

第三课　银行的监管资本

本书就两节课比较难：第三课和第九课。本节谈银行的监管资本，概念比较多，难度偏高。如果读后感觉云里雾里，可以先行跳过。待第十二课讲完全部资产负债表后，再回来复习这节课也是可以的。

按照我国银行业自2004年推广实施的《巴塞尔协议Ⅱ》监管要求，银行的监管主要从三个角度入手，分别是：资本充足率要求、监管部门外部监督要求、信息披露规范，合称巴塞尔协议三大支柱，其中资本充足率要求又是监管的核心。

扩展知识

《巴塞尔协议》又名“资本充足协议”，是国际清算银行于1988年7月在瑞士巴塞尔通过的《关于统一国际银行的资本计算和资本标准的协议》的简称。该协议建立了一套完整的、国际通用的、以加权方式衡量银行资产风险的资本充足率标准，有效地遏制了与债务危机有关的国际风险。巴塞尔协议标准不是强制标准，但它得到了世界各国（包括中国）监管机构的普遍赞同，已成为国际社会普遍认可的银行监管国际标准。巴塞尔银行监管委员会（后文简称“巴塞尔委员会”）构成事实上的国际银行监管标准制定者。

《巴塞尔协议》运行至1995年，遭遇二百多年历史的英国老牌银行——巴林银行破产事件后（事件可以参看当事人尼克·里森出狱后写的书，书名叫《我是如何弄垮巴林银行的》），银行界开始意识到应该将市场风险也纳入监管体系。2004年6月，对《巴塞尔协议》进行大修后的全新版本——《巴塞尔协议Ⅱ》（以下简称“巴Ⅱ”）实施，将市场风险和操作风险纳入监管体系，确立了资本和风险之间的动态联系机制，建立了以三大支柱为核心的资本监管体系。

2008年全球次贷危机后，巴塞尔委员会再次总结经验，修正巴Ⅱ漏洞，侧重于加强资本质量管理，强调危机应对。最终于2010年12月推出巴Ⅱ的修改版——《巴塞尔协议Ⅲ》（以下简称“巴Ⅲ”）。2012年6月8日，中国银监会发布了参考巴Ⅲ制定的《商业银行资本管理办法（试行）》（后文简称《资本办法》），自2013年1月1日起实施。目前我国上市银行均处于自巴Ⅱ标准向巴Ⅲ标准变化过程中。

理论上说，只要存款人或债权人信得过，银行是永远也不会缺钱的。但这个信得过是需要条件的：万一经济不景气，银行（或其担保人）有能力用自有资本承担损失，保障存款人或债权人的资金。而银行的经营目标是为股东创造财富，衡量标准就是净利润/股东权益（即净资产收益率，ROE）。为尽可能提高ROE，银行有扩大负债或减少本金，从而扩大杠杆的潜在冲动。在杠杆倍数过大的情况下，一旦出现不利局面，就可能损害存款人或债权人利益，引发威胁整个银行业生存的信任危机。所以，现代银行监管的首要指标，就是强制要求银行自有资本保持在风险加权资产的一定比例之上，即资本充足率要求——事实上，借用融资炒股的概念，资本充足率就很容易理解——就是强制要求自有资本不能低于持股总市值的某一固定比例。

一般来说，上市公司财报会把最重要的财务数据和财务指标，放在财报最前面的“财务概要”里，便于投资者或媒体快速浏览。在工商银行2015 年财报的“财务概要——财务指标”部分（财报第 11 页），就展示了盈利能力指标、资产质量指标和资本充足率指标三大部分，这就是分析银行经营的关键指标。工商银行资本充足率指标如下表所示。

资本充足率指标（%）	2015 年	2014 年	2013 年
核心一级资本充足率	12. 87	11. 92	10. 57
一级资本充足率	13. 48	12. 19	10. 57
资本充足率	15. 22	14. 53	13. 12
总权益对总资产比率	8. 11	7. 46	6. 76
风险加权资产占总资产比率	59. 51	60. 53	63. 34

资本充足率

资本充足率是资本与风险加权资产的比率，它涉及三个概念：(1) 资本充足率的标准；(2) 什么钱可以算作资本；(3) 资产如何进行风险加权。这节课我们先聊前两个问题，资产的风险加权放在第十二课聊。

执行标准

根据《资本办法》规定，我国将银行分为系统重要银行和其他银行两大类，提出了不同的监管要求。被归入系统重要银行的，代表该银行对我国金融系统拥有重大影响力，一方面在政策上会享受一些优待，另一方面也将面临更严格的监管。目前我国系统重要银行一共六家：工商银行、建设银行、中国银行、农业银行、交通银行、招商银行。监管机构对它们在各级资本充足率的要求上，都要比其他银行高1%。

按照《资本办法》要求，银行核心一级资本充足率不低于5%，一级资本充足率不低于6%，资本充足率不低于8%（这三种资本的概念下面马上就会谈到），同时计提储备资本（又称“缓冲资本”）2.5%（由核心一级资本满足），再考虑系统重要银行额外增加的1%，就变成系统重要银行2013年核心一级资本充足率不低于8.5%，一级资本充足率不低于9.5%，资本充足率不低于11.5%了（其他银行少1%）。另外，《资本办法》还规定了在特定情况下（未规定具体条件和时间），监管机构还可以要求银行额外计提0~2.5%的逆周期资本（由核心一级资本满足）。

此标准一出，各大银行纷纷表示“压力山大”。经过与监管层的讨论与平衡，再加上监管层为配合政府宏观调控节奏，也需要适度放松监管要求，于是银监会在《资本办法》的基础上，妥协出一个6年过渡时间表，最终执行资本要求变为表3-1所示。

表3-1 我国银行业资本要求具体标准

时间	核心一级资本充足率	一级资本充足率	资本充足率
2013年末	5.5%	6.5%	8.5%
2014年末	5.9%	6.9%	8.9%
2015年末	6.3%	7.3%	9.3%
2016年末	6.7%	7.7%	9.7%
2017年末	7.1%	8.1%	10.1%
2018年末	7.5%	8.5%	10.5%

注：系统重要银行需要全部加上1%。

这一堆数字，貌似复杂，其实很简单，可分四步解读。

(1) 按照《资本办法》要求，从2013年起，核心一级资本充足率、一级资本充足率、资本充足率标准强制提高至5%、6%、8%。

（2）监管层让步，放弃2.5%储备资本要求，改以0.5%起步，年递增0.4%，直至2018年末达到巴塞尔委员会要求2.5%。

（3）暂时不要求计提逆周期资本。

（4）于是2013年的核心一级资本充足率、一级资本充足率、资本充足率基数要求分别变成5.5%、6.5%、8.5%，系统重要银行额外加1%。以后每年增加0.4%的储备资本要求，直到2018年达标。[①]

不达标的后果

资本充足率，是银行不同资本占风险加权资产的比例，是银行面对的核心监管指标。如果银行达不到资本充足率标准，监管部门会有无数办法“治”你，常见的有：限制银行放贷规模；限制银行员工薪酬；限制银行向股东分红；限制银行开设分支机构；限制银行投资其他金融机构；停止银行某些业务直至资本充足率达到标准，等等。总之一句话，银监会虽然不叫“叶良辰”，但他也有一百种方法叫你“混不下去”。

另外，关于资本充足率，我们还需要知道一条由监管机构掌握的可变因素：在巴塞尔协议的三大支柱之监管部门的监督检查里，授权监管部门可以根据具体某家银行的风险管理水平或特定事件，单独提高资本充足率要求或提高针对该银行特定资产组合的资本充足率要求。

资本的分类

监管口径的银行资本分为核心一级资本、其他一级资本和二级资本三类，其官方定义复杂难懂。例如，核心一级资本的标准定义是：

---

① 根据银监会年报披露，截至2015年底，我国商业银行资本充足率的整体状况是：核心一级资本充足率为10.91%，较2014年底上升0.35个百分点；一级资本充足率为11.31%，较2014年底上升0.55个百分点；资本充足率为13.45%，较2014年底上升0.27个百分点。

"核心一级资本指在银行持续经营条件下用来吸收损失的资本工具，具有永久性、清偿顺序排在所有其他融资工具之后的特征。"这种定义具有学校教科书的典型风格——准确严谨，每个字我们都认识，但读完之后基本不知道说的是啥。还是启动老唐的简单粗暴解释法吧！

核心一级资本

作为投资者，我们这样简单理解核心一级资本足够了：核心一级资本是会计报表上的净资产；但会计报表上的净资产不全是核心一级资本，需要在净资产的基础上一减一加。

（1）减去净资产里其他资本工具及其溢价。目前我国市场环境下，这个其他资本工具暂时就两样：一是带有强制转普通股条款且股息不可累积的优先股①，二是可转债里包含的权益部分。以后也许还会有新的符合《资本办法》规定的创新工具出来，取决于银行业的创新和监管机构的审批了。后文的其他一级资本工具和二级资本工具同样如此。

（2）如果银行控股的下属子公司里，有除了保险公司以外的其他金融机构，则加回这些金融机构中少数股东权益中的核心一级资本——意思就是说，下属子公司（保险公司除外）中属于少数股东所有的那部分核心一级资本，在监管者眼里，也是银行的核心一级资本。若银行经营真出了问题，下属子公司名下的资产，同样要负担起对债权人的责任。

其他一级资本

同样，其他一级资本的标准定义是："非累积性的、永久性的、不带有利率跳升及其他赎回调控，本金和收益都应在银行持续经营条

① 所谓强制转股条款，就是约定某种条件下优先股必须变成普通股，如前面说过的工行资本充足率等于或低于5.125%时。所谓不可累积，就是假如某年因亏损无法支付优先股股息，以后赚了钱的年份里也不补这笔欠息。

件下参与吸收损失的资本工具。”投资者可简单理解为两条：一是上文核心一级资本里从净资产里减出来的两种其他资本工具及其溢价；二是下属子公司中除保险公司以外的其他金融机构（若有）少数股东权益中属于其他一级资本的部分。

但需要特别注意一点：银行及受其控制或影响的关联方认购的本银行其他资本工具（如优先股或可转债），或者银行直接或间接为购买本行该资本工具提供了融资的，不算入一级资本。为什么这么规定呢？很简单，防止银行把自己印的“伪钞”腾挪成自有资本。（还记得第一课里“伪钞”的诞生过程吗？）

这里两次提到除保险公司以外的金融机构，涉及监管资本的并表范围和会计并表范围的一点区别。按照我国银行业监管要求，银行需要分别计算并表范围资本充足率和本行范围资本充足率。作为投资者，依然是主要关心并表范围资本充足率即可。

监管资本计算的并表范围和会计资本的并表范围，主要区别有三条。

（1）银行持有的保险公司不纳入监管资本并表范围（如工行旗下的子公司工银安盛人寿保险，不纳入监管资本并表范围）。

（2）银行持有的非金融类工商企业不纳入监管资本并表范围。

（3）银行控制的金融机构，若出现某些特殊情况，导致控制权或表决权无法实施的，不纳入监管资本并表范围。例如，被投资金融机构进入破产程序、停业清算程序，境外被投资金融机构出现资金调度受到限制等。

当然，如果该银行旗下并无保险公司，也没有非金融类工商企业，所控制的下属金融机构没有第3条的特殊情况，那么监管并表范围和会计并表范围就是一样的。

二级资本

资本充足率要求和一级资本充足率要求之间的差额，可以是一级资本，也可以是二级资本。二级资本主要包括二级资本工具及其溢价、超额贷款损失准备可计入部分、少数股东资本可计入部分。

二级资本工具目前主要指发行期限大于五年的、无担保的、约定受偿顺序排在股东之前但在存款人之后的债券（意思就是如果银行破产，银行资产要先付清所有存款人之后有剩余，再支付这些二级资本工具）。这些债券，距离到期日前大于等于五年、四年、三年、二年、一年时，分别按照面值的100%、80%、60%、40%、20%计入二级资本。

超额贷款损失准备，指银行计提的贷款损失准备超过监管最低要求的部分。这个贷款损失准备的监管最低要求，又根据银行对信用风险采用权重法还是内部评级法有不同标准。贷款损失准备，是理解银行业和银行股的重头戏，因此超额贷款损失准备将放在第八课和第九课的贷款损失准备部分细谈。这里先知道超额贷款损失准备可以算银行的二级资本即可。

少数股东资本可计入部分跟前面一样：银行下属子公司中若有除保险公司以外的其他金融机构，其中少数股东权益中的二级资本部分计入银行二级资本。

目前在某些国家，银行的资产重估也可以计入银行的二级资本。例如，银行持有的房产、土地或者其他资产，入账是历史成本，经过公允价值评估，其间的差额可以计入银行二级资本。这种做法，截至目前在我国银行暂未实施，这算是我国银行业的一个隐藏红利。

例如房产，有媒体专门做过统计，我国上市银行的自有房产，入账历史成本（购买/购建成本）约8000亿元，经过历年折旧计提，截至2016年上半年，在资产负债表中记录资产值约5500亿元。若以当前公允价值估算，这部分房产公允价值约在4万亿~6万亿元，隐藏资本约3.45万亿~5.45万亿元。如果在极端情况下，监管部门允许资产按照公允价值计入银行资本，银行资本总量将立刻大幅增加，迅速提升资本充足率。这个3.45万亿~5.45万亿元是什么概念呢？可以用两个数字对比理解：（1）2015年全年，上市银行净利润总和1.28万亿元；（2）截至2015年末，上市银行不良贷款总额9942亿元。

资本扣减项

核心一级资本、其他一级资本和二级资本共同构成银行的资本。总体来说，我国银行业的资本构成更依赖核心一级资本。其他一级资本和二级资本工具则处于相对匮乏、有待发展的状态。按照《巴塞尔协议Ⅲ》的设计，银行资本结构最理想的状态是核心一级资本、其他一级资本、二级资本占比分别为71.4%、9.5%、19.1%（至于为啥是这么精确的数据，别问老唐，世界银行业顶级专家们就是这么说的，背后的论证我也没研究过）。截至2015年末我国银行的情况分别是81.1%、2.9%、16%，明显是核心一级资本偏多、其他一级资本偏少、二级资本略少的样子。

在计算资本充足率的时候，需要在核心一级资本、其他一级资本和二级资本总和的基础上，减去规定的扣减项，才可以作为资本充足率的分子值。资本扣减项，可视为监管层挤银行资本中泡沫成分的动作。其规定就是指出什么不算进监管资本，要点如下：

（1）报表里包含的商誉，从核心一级资本里扣除；

（2）报表里除土地使用权以外的其他无形资产，从核心一级资本里扣除；

（3）由银行经营亏损导致的净递延所得税资产，其他依赖于银行未来盈利的递延所得税资产超出银行核心一级资本10%的部分，从核

心一级资本里扣除；[①]

(4) 贷款损失准备计提达不到规定最低水平的，缺口直接从核心一级资本里扣除；

(5) 资产证券化销售利得，从核心一级资本里扣除；

(6) 确定受益类的养老金资产净额，从核心一级资本里扣除；

(7) 对资产负债表中没有按照公允价值计量的项目，实施套期保值形成的损益，从核心一级资本里扣除（损加回，益扣除，下同）；

(8) 商业银行自身信用风险变化导致其负债的公允价值变化带来的未实现损益，从核心一级资本里扣除；

(9) 银行直接或者间接持有的本行股票，从核心一级资本里扣除。直接或间接持有的其他各级资本工具，从对应层级的资本里扣除；

(10) 商业银行之间通过协议互相持有的各级资本工具，从对应层级的资本里扣除；

(11) 银监会认定为虚增资本的各级资本投资，从对应层级的资本里扣除；

(12) 银行对其他未达并表条件金融机构的投资，投资额或核心一级资本投资额超过本行核心一级资本净额10%的部分，按规则扣除（规则琐碎拗口且与投资关系小，不介绍了）。[②]

再一次感谢我们遇到了相对简单的时刻，上面这一大堆规定的扣减项，很多科目尚未在我国银行业实践中出现。因而，在我们目前看

---

① 企业经营赚钱，税务局收企业所得税。企业经营亏损，税务局不退税，但允许企业从以后某时间段的盈利里填补本年亏损后，再缴纳企业所得税。如果预期以后可以盈利，本年度的亏损额对应的所得税款，相当于企业预缴了所得税，算报表上的资产，叫递延所得税资产。所谓净递延所得税资产，大致可以看作递延所得税资产和负债相抵以后的净额。若需详细了解，可以阅读《手把手教你读财报》69~73页。

② 需要从对应级别的资本里扣除的，若本层级不足以扣除的，从更高一级资本里扣除，即二级资本不够扣的，从其他一级资本里扣；其他一级资本不够扣的，从核心一级资本里扣。

到的银行报表中，扣减项相对还很简单。例如工商银行的各级资本及其扣减项在财报89页和90页，以及322页和323页（附件第143和144页）披露如下。

项　目	2015年 12月31日	2014年 12月31日
核心一级资本	1,713,160	1,498,403
实收资本	356,407	353,495
资本公积可计入部分	151,963	144,874
盈余公积	178,040	150,752
一般风险准备	246,356	221,622
未分配利润	781,853	650,308
少数股东资本可计入部分	4,340	2,191
其他	(5,799)	(24,839)
核心一级资本扣除项目	11,665	11,670
商誉	8,478	8,487
其他无形资产（土地使用权除外）	1,356	1,279
对未按公允价值计量的项目进行现金流套期形成的储备	(3,869)	(3,796)
对有控制权但不并表的金融机构的核心一级资本投资	5,700	5,700
核心一级资本净额	1,701,495	1,486,733
其他一级资本	79,567	34,500
其他一级资本工具及其溢价	79,375	34,428
少数股东资本可计入部分	192	72
一级资本净额	1,781,062	1,521,233

从上表中可见，核心一级资本扣减项仅有4项，其他扣减项科目银行未涉及。下面二级资本扣减项只有1项，同样未涉及其他科目。

项　目	2015年 12月31日	2014年 12月31日
二级资本	244,641	306,704
二级资本工具及其溢价可计入金额	180,242	187,829
超额贷款损失准备	63,398	118,633
少数股东资本可计入部分	1,001	242

续表

项　目	2015 年 12 月 31 日	2014 年 12 月 31 日
二级资本扣除项目	13,600	15,800
对未并表金融机构大额少数资本投资中的二级资本	13,600	15,800
总资本净额	2,012,103	1,812,137
风险加权资产	13,216,687	12,475,939
核心一级资本充足率	12.87%	11.92%
一级资本充足率	13.48%	12.19%
资本充足率	15.22%	14.53%

有关监管资本的信息披露，作为银行财报的补充资料，在财报末尾按指定格式披露，如工商 2015 年财报的 348～352 页。

以上部分解释了资本的构成及资本的扣减项，投资者通过本节内容，了解到银行面临的严格资本监管及监管资本组成后，更重要的是理解资本充足率数据所蕴含的观察意义。

资本充足率的观察意义

为何监管机构要如此严格细致地规定各类资本构成及其比例呢？因为银行通过发放贷款而创造出来的钱，实际上类似一种可流通的担保凭证。借款人首先以现有资产或未来收入对贷款做出超额担保，如拿 100 万元的房产担保贷款 60 万元；然后银行再以自身资本金给这笔贷款或现金提供连带担保责任；最后，政府以打击假币、协助清收的隐形承诺，又加了一层担保。三层担保叠加后，账户上的数字才获得了社会的信任，具备了购买力。政府是兜底的最后一家担保机构，对前两层担保监管越严格，自身责任才会越小。

资本充足率是一个比率，自然有两种方式可以改变它，一是改变分子，即资本总量；二是改变分母，即风险加权资产总量。

如果一家银行的资本充足率等于或低于监管标准，或者只是略高于监管标准，则意味着这家银行诸多业务可能受限。接下来银行要么将资产更多地配置在低权重的资产上（如债券），要么就得收缩信贷规模，总之要缩小分母，达到在分子不变的前提下提高资本充足率的目的；或者可能寻求融资手段（配股或增发新股、发行优先股或可转债等），扩大分子，提高资本充足率。缩小分母，其后果最大可能是营收或者利润的增长受限，导致每股收益增速下降；扩大分子，则要根据具体融资手段及价格来分析对银行股东利益的影响。

相反，如果一家银行的资本充足率数字高于监管标准，则意味着该银行短期无融资需求，具备进一步扩大资产规模、提高营收和利润的能力，或者在维持资产规模的情况下，有加大分红的能力。

另外，由于资本充足率是自有资本占经风险加权后的资产总额的比例，因而它也代表银行股东承受的经营杠杆的大小。资本充足率越高的银行，意味着承受的杠杆倍数越小，在经济不景气时股东可能面对的损失就越小；反之，资本充足率偏低的银行，意味着使用了更大的杠杆，在经济不景气时股东可能面对的损失就越大。当然，和投资者利用杠杆投资一样，在上升期中，杠杆用的越足，可能收益也越高。

这就是投资者粗看资本充足率数据可以得到的直观结论：资本充足率与监管标准之间的差距，可以作为估算银行未来业绩变化趋势及数量的工具。

第四课　银行负债之存款

银行资金来源由股东权益和负债两部分构成。这节课我们开始学习银行资产负债表的负债部分。

银行的高负债特点

以工行为例

翻开工商银行2015年财报181页（附件第2页），我们可以看到负债部分如下。

中国工商银行股份有限公司
合并资产负债表和资产负债表（续）
2015年12月31日
（除特别注明外，金额单位均为人民币百万元）

	附注四	本集团		本行	
		2015年	2014年	2015年	2014年
负债：					
向中央银行借款		210	631	—	226
同业及其他金融机构存放款项	16	1,788,267	1,106,776	1,721,749	1,092,303

续表

	附注四	本集团		本行	
		2015 年	2014 年	2015 年	2014 年
拆入资金	17	477,593	432,463	381,540	300,977
以公允价值计量且其变动计入当期损益的金融负债	18	303,927	589,385	297,414	589,217
衍生金融负债	5	76,826	24,191	33,144	22,324
卖出回购款项	19	337,191	380,957	130,830	161,718
存款证	20	183,352	176,248	150,113	137,109
客户存款	21	16,281,939	15,556,601	15,781,673	15,024,101
应付职工薪酬	22	31,717	28,148	28,932	26,013
应交税费	23	75,234	72,278	73,591	71,441
已发行债务证券	24	306,622	279,590	240,175	243,690
递延所得税负债	14	995	451	—	—
其他负债	25	545,388	424,930	446,039	371,735
负债合计		20,409,261	19,072,649	19,285,200	18,040,854

关于本集团、本行以及附注项目的含义，请参照本书第二课，此处及以后不再重复。

这份负债表显示截至2015年末，工商银行及其下属子公司共计负债约20.41万亿元（不足百亿的小钱四舍五入处理。下同），相对于2014年的19.07万亿元，增加了1.34万亿元。若不计算并表范围内的子公司，则工商银行负债约19.29万亿元。投资者主要关注本集团数据。

回忆会计资本部分。资产负债表的股东权益部分显示，股东们投的钱一共有约1.8万亿元，股东权益和负债合计（等于工商银行的总资产）达到20.41 + 1.8 = 22.21万亿元。你看，银行用自己的1.8万亿元，做了高达22.21万亿元的生意，杠杆放大近12.5倍。

股神巴菲特的银行股投资观

正因为银行生意是高杠杆的经营模式，所以巴菲特曾多次谈过银行股投资的风险问题。他说："银行业不是我们的最爱。当一个行业的资产普遍是其股东权益的20倍时，只要资产端发生一点点状况就有可能把大部分的股东权益给蚕食掉。”

“由于20比1的杠杆比率会使管理中所有的优点与缺点被放大，所以我们对用便宜的价格买下一家经营不善的银行一点兴趣都没有。相反，我们只对以合理价格买进一些经营良好的银行感兴趣。”

既然不是最爱，为何股神在其投资生涯中，长期大仓位持有富国银行以及伊利诺国民银行（后因监管要求不得不卖掉）呢？股神曾这样详细解释过他买进富国银行的理由，摘录如下供读者参考。

“我们是趁着1990年银行股一片混乱之际买进富国银行的。这种失序的现象有一定的必然性：几个月来一些原本经营良好的银行，其愚蠢的贷款决策逐一被媒体揭露出来。随着一次次庞大的——原被管理层普遍看好的——坏账被公布出来，公众有充分的理由去质疑任何一家银行报表的可信度。趁着银行股价的快速下滑，我们逆势以2.9亿美元，5倍不到的市盈率（如果以税前利润计算，市盈率则不到3倍）买进富国银行10%的股份。富国银行的规模很大，账面资产达560亿美元，股东权益报酬率为20%，总资产报酬率为1.25%。我们买下10%的股权，可被视为买下一家有50亿美元资产且具有相同特质银行的100%股权。但是要真能达成这样的交易，我们需要支付的价格将会是我们购买富国银行价钱（2.9亿美元）的两倍。”

在我们学习股神实战案例的具体估值数据的同时，请牢记他老人家的银行股投资原则：我们对用便宜的价格买下一家经营不善的银行一点兴趣都没有。相反，我们只对以合理价格买进一些经营良好的银行感兴趣。

关于杠杆率

这里，有个概念需要提醒大家。前面说工商银行的杠杆约为12.5倍，这和银行业“杠杆率”的概念不是一回事。

前文说约12.5倍的杠杆，是简单地用银行股东权益和银行总资产比较，而杠杆率则是一个监管专用的名词。我国银监会在2015年1月30日颁布的、自2015年4月1日实施的《商业银行杠杆率管理办法》，是参考《巴塞尔协议Ⅲ》制定的，强制要求商业银行的杠杆率不得低于4%，即杠杆倍数不高于25倍。

监管要求的杠杆率，指银行一级资本净额与调整后的表内外资产余额的比率。其公式为：

杠杆率=（一级资本－一级资本扣减项）/调整后的表内外资产总额×100%≥4%

这个指标是监管部门在资本充足率的基础上，另设的一个兜底指标，它与资本充足率的主要区别在于分母是否加权。①

例如，银行买10亿元国债或者借出一笔钱给农业发展银行，在计算资本充足率的时候，由于国债或者拆出给政策性银行的款项加权系数均为0，所以，这10亿元就以0计入分母（风险加权资产）里。但计算杠杆率的时候，不需要加权，就按照10亿元算。因此，杠杆率指标通过忽略银行资产类别，限制了其放大倍数的上限，从而达到限制银行总资产过度扩张的效果，即：哪怕你全部配置风险系数为0的资产，也无法无限扩大，而是被限制在一级资本净额的25倍以下。

分子的两个概念在上节课都解释过（杠杆率分子中的一级资本扣减项与计算资本充足率时的扣减项略有细微差异，但关注价值不大，可以忽略），这里的新概念是分母“调整后的表内外资产总额”。表内外的“表”指的是资产负债表。

银行利用自身信用提供某些担保、承诺、授信之类的服务，能够

① 说“主要”，是因为还有些细小而琐碎的规定，例如，衍生产品怎么算、融资余额怎么算、有合格抵押品的应收资产怎么算，等等，影响较小，跟投资者关系也不大，本书就不细说了。这里只说说资产加权与不加权的区别。

为银行创造收入，虽然这些担保、承诺、授信并不体现为银行资产负债表内的资产，但实际上银行也为它们承担着风险。这种银行承担风险但不记录在银行资产负债表内的资产称为“表外资产”。以后章节里也要多次用到表内资产、表外资产、资产出表等概念，概念中的“表”与此处含义相同，均指资产负债表。

对于表外资产，监管部门要求按照一定的转换系数折算成表内资产。例如，银行给你的信用卡透支额度为 5 万元，你透支了 3 万元。这 3 万元是银行借给你的钱，计入了银行的资产负债表内。但另外 2 万元就没有体现在表内，按照监管规定，此类表外资产转换系数为 20%。故计算杠杆率的分母里就需要包含 2 万 ×20% =0.4 万元的调整后表外资产。杠杆率计算公式中的“调整后表内外资产总额”，指的就是包含调整后表外资产在内的银行资产。

这个杠杆率指标，法定为不低于 4%（杠杆倍数不允许高于 25 倍），但我国上市银行因为金融创新业务还比较初级，杠杆率基本在 6% 以上（杠杆倍数低于 16 倍），例如，工商银行 2015 年杠杆率就是 7.48%。对 A 股银行投资者而言，该指标关注意义不大，只要知道有婆婆负责盯着这个即可。杠杆率数据在工行 2015 年财报 91 页以及倒数第二页都有披露：调整后的表内外资产余额为 23.81 万亿元（还记得吗？表内总资产为 22.21 万亿元），杠杆率 7.48%。

存款：负债的核心

在第一课里，我们看到了银行资金来源的饼图（图 1－2），知道了银行资金来源主要由存款、借款、经营欠款及股本四部分组成。其中，股本属于权益，其他三项就是负债了。

具体而言，资产负债表的科目里，同业及其他金融机构存放款项、存款证、客户存款三项，可归入银行吸收的存款；向中央银行借款、拆入资金、以公允价值计量且其变动计入当期损益的金融负债、衍生金融负债、卖出回购款项、已发行债务证券等六项，可视为银行的借款；应付职工薪酬、应交税费、递延所得税负债及其他负债四项，是银行截至年末的经营活动产生的应付款项。

工行的负债结构

我们将财报科目顺序做个调整归类，就可以清晰地看到：存款是银行资金来源的核心。以工商银行2015年财报为例，客户存款、存款证和同业及其他金融机构存放款项合计18.25万亿元，占工商银行负债总额的约90%。其中尤其以客户存款为重中之重，占负债总额的约80%。调整后的负债表如下。

科目	2015年本集团	占负债的比例
客户存款	**16,281,939**	**79.78%**
同业及其他金融机构存放	1,788,267	
存款证	183,352	
存款合计	**18,253,558**	**89.44%**
向中央银行借款	210	
拆入资金	477,593	
已发行债务证券	306,622	
以公允价值计量且其变动计入当期损益的金融负债	303,927	
衍生金融负债	76,826	
卖出回购款项	337,191	
借款合计	1,502,369	7.36%
应付职工薪酬	31,717	
应交税费	75,234	
递延所得税负债	995	
其他负债	545,388	
经营负债合计	653,334	3.20%
负债合计	20,409,261	100.00%

看过调整表之后自然知道，阅读和分析银行资产负债表的负债部分，核心是搞清楚银行在客户存款方面的特点、竞争力以及发展趋势。查阅财报客户存款科目的附注列：附注四——21。翻阅或搜索，可在财报255页（附件76页）找到如下信息披露。

21. 客户存款

	本集团		本行	
	2015年12月31日	2014年12月31日	2015年12月31日	2014年12月31日
活期存款：				
公司客户	4,507,661	4,134,828	4,413,305	4,026,374
个人客户	3,390,514	3,153,817	3,344,216	3,115,187
定期存款：				
公司客户	3,929,353	3,902,305	3,645,906	3,601,210
个人客户	4,210,600	4,034,790	4,134,525	3,950,564
其他	243,811	330,861	243,721	330,766
合计	16,281,939	15,556,601	15,781,673	15,024,101

这个分类披露，将银行存款以活期和定期分类，每类里再披露个人存款和公司存款量，信息相对比较简单，但对于投资者而言，已经足够了。

存款的分析方法

银行是借鸡生蛋的生意，主要利润来源是存款和贷款之间的利息差。因此，无论以更低的价格吸收客户存款，还是在同样风险水平下以更高的价格贷出款项，都能构成银行的核心竞争力。投资者分析银行的客户存款，就是要从银行存款数量的变化趋势、吸收存款的成本变化趋势、存款的组成结构等方面，判断该银行在吸收客户存款方面的竞争力是处于不断上升过程，还是相反。

对这个数据，投资者可以采用下面的方法进行分析。

（1）列出连续多年的活期占比、定期占比，看定活期占比的变化，以及吸收存款成本的变化。通常而言，活期存款占比越高的银行，经营成本对央行基准利率或市场利率的波动越敏感。

（2）列出连续多年的个人存款占比、公司存款占比，以及各自的定活期比例，分析个人存款与公司存款的比例变化及其意义；列出连续多年的客户存款总量的变化，观察其趋势；并将以上数据与其他银行同口径对比，分析目标银行在吸收存款方面的优劣势变化。

（3）对照前一年度或前几年度管理层对客户存款发展方向的规划（若有），看实际变化和管理层规划是否一致。

与以上方法相关的财报章节阅读，除了资产负债表的负债数据，还有利润表的利息支出及附注（如工行财报的25页及268页），以及财报中管理层自己做的“讨论与分析”章节的“客户存款分析”部分（如工行财报的37～38页）。

存款面对的监管

银行存款面对的监管，主要有存款准备金（已经谈过）、存贷比（存贷比是习惯叫法，事实上叫贷存比更合适，指贷款占存款的比例）、存款偏离度、存款保险等。

存贷比

存贷比指标诞生于1994年2月，央行发布了《关于对商业银行实行资产负债比例管理的通知》（银发〔1994〕38号），规定贷款占存款的比例不得超过75%。1995年《中华人民共和国商业银行法》将该指标定为法定指标。

监管部门当时设置存贷比指标目的有二：其一是控制银行信贷盲目扩张，其二是保持银行资产的流动性。20世纪90年代，我国银行管理比较粗放，市场资金需求非常旺盛，若是没有存贷比强制限制，估计银行会把货币乘数放到最大，贷款给地方政府、国企及部分关系私企。如果各家银行都按照这样的思路走，金融危机爆发的可能性就非常大。存贷比指标在这样的环境下，约束了商业银行的过度扩张，起到了防范金融风险的作用。

然而，存贷比带来的副作用也非常明显，一是约束了央行通过法定准备金率调节市场信贷的功能——75%的存贷比，理论上说法定存款准备金率在25%以下的变动，是无法起到引导作用的；二是导致银行在月末和季度末通过各种或明或暗的高息手段吸收存款，人为扩大月末和季末的存贷比分母，引发市场利率巨大波动。很多朋友应该有过经验，以前银行会在月末、季末、年末拉存款，只需要存一两天，除正常利率之外，会额外再给一笔不同名目的补贴以吸引储户。2015年10月1日起，监管部门取消了存贷比指标的强制地位，转为非强制性观测指标。

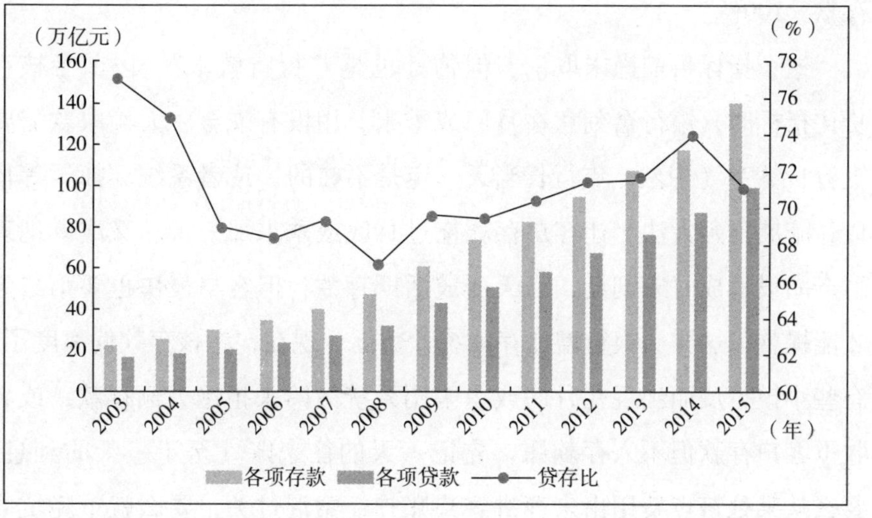

图4－1　2003—2015年银行业存贷比走势

资料来源：银监会年报

存款偏离度

在取消存贷比指标强制地位之前，银监会于2014年曾经给存贷比打过一个补丁，设立了存款偏离度指标，主要就是为了遏制月末/季末拉存款的力度。存款偏离度指标规定：银行的月末/季末存款偏离度不允许高于3%，也就是说月末那天的存款总额不能超过银行全月日均存款额度的103%，否则将面临银监会的处罚。

监管要求的计算公式如下：

月末存款偏离度=（月末最后一日各项存款－本月日均存款）÷本月日均存款×100%

计算每季最后一月的月末存款偏离度时，“本月日均存款”的可计入金额不得超过上月日均存款×（1＋最近4个季度最后一月日均存款增长率的均值）。

月日均存款增长率=（本月日均存款－上月日均存款）÷上月日均存款×100%

这个指标目前尚未取消，但估计也是“行将就木”。以前考核存贷比指标时，银行会刻意在月底或季末，用没有现金、大额取款需要支行长签字（当然，支行长当天一定是不在的）或者系统坏掉了等借口，施展拖延大法，让客户存款拖过月底或季末那一天。又或者把理财产品设计成月末到期，当天变成活期存款，但客户最快也要第二天才能提款，这样给银行增加存款统计数据。现在，考核存款偏离度了，有些小银行反而出现在月底或季末用系统故障来拒绝大额存款，或者收下客户存款但不入存款账，先记一天的往来账（至于一天的利息，要么从某处挤点费用出来存进客户账户，蒙混过关，要么就干脆坑客户一天的利息）等畸形行为，想想也实在荒诞！

存款保险

存款保险制度是2015年5月确立的。简单地说，就是银行需要以吸收的存款数额（不含同业存放和本行高管个人存款）为基数，按照万分之一点六的比例，缴纳存款保险金，每半年交一次（基数×0.016%/2）。换取的保障是：若该银行破产，单个储户在这家银行存款总额50万元以内（含利息）的部分，央行包赔，7个工作日到账。这东西，就目前的信用环境而言，就是上市银行的一笔额外成本，看不出什么作用来，知道即可。①

关于存款，就聊这么多。下面附上工商银行上市十年来的客户存款数据及其结构，送给读者。其他银行也可以这样收集数据，用于银行存款分析及不同银行间的对比。

表4-1 2006—2015年工商银行存款结构（1） 单位：百万元

时间	个人存款	个人存款占比	公司存款	公司存款占比	存款总量	存款同比增长
2006	3,317,253	52.44%	2,915,451	46.08%	6,326,390	10.28%
2007	3,276,574	47.50%	3,506,809	50.84%	6,898,413	9.04%
2008	4,049,215	49.24%	4,058,201	49.35%	8,223,446	19.21%
2009	4,701,330	48.11%	4,933,232	50.49%	9,771,277	18.82%
2010	5,299,444	47.55%	5,653,237	50.72%	11,145,557	14.06%
2011	5,901,435	48.13%	6,182,465	50.42%	12,261,219	10.01%
2012	6,554,287	48.04%	6,908,936	50.64%	13,642,910	11.27%
2013	6,895,839	47.16%	7,503,497	51.32%	14,620,825	7.17%
2014	7,188,607	46.21%	8,037,133	51.66%	15,556,601	6.40%
2015	7,601,114	46.68%	8,437,014	51.82%	16,281,939	4.66%

表4-2 2006—2015年工商银行存款结构（2） 单位：百万元

时间	个人存款	个人活期占比	个人定期占比	公司存款	公司活期占比	公司定期占比
2006	3,317,253	33.30%	66.70%	2,915,451	68.10%	31.90%
2007	3,276,574	36.10%	63.90%	3,506,809	67.80%	32.20%
2008	4,049,215	35.70%	64.30%	4,058,201	63.50%	36.50%
2009	4,701,330	38.90%	61.10%	4,933,232	64.80%	35.20%

① 2016年10月，财政部、税务局发文通知：自2015年5月1日起，允许银行的存款保险作为费用，在税前扣除。算是帮银行分摊了这笔额外成本的1/4。

续表

时间	个人存款	个人活期占比	个人定期占比	公司存款	公司活期占比	公司定期占比
2010	5,299,444	42.90%	57.10%	5,653,237	63.40%	36.60%
2011	5,901,435	43.50%	56.50%	6,182,465	61.80%	38.20%
2012	6,554,287	42.70%	57.30%	6,908,936	57.80%	42.20%
2013	6,895,839	43.40%	56.60%	7,503,497	53.80%	46.20%
2014	7,188,607	43.90%	56.10%	8,037,133	51.40%	48.60%
2015	7,601,114	44.60%	55.40%	8,437,014	53.40%	46.60%

需要注意的是，个人存款和公司存款占比加总不等于100%，是因为银行还有少量其他存款，如外币存款、在途汇款等。其中外币存款既有国内居民或企业存的外币，也有因银行开展离岸银行业务而吸收的外币。①

理财产品

银行还有一种类似存款的重要负债来源：理财产品。部分理财产品会体现在资产负债表里，部分不体现在资产负债表里。是否体现为银行负债，取决于银行是否承担风险。简单地说，就看银行是否对该笔理财保本。

保本与非保本

如果实施保本，无论是保本固定收益型还是保本浮动收益型，银行均承担了理财产品的风险，需要归入资产负债表内。具体表内哪个科目，各银行有不同。例如，工商银行和农业银行将保本理财资金计入“以公允价值计量且其变动计入当期损益的金融负债”里；建设银

① 离岸银行，指银行吸收非居民的资金，服务于非居民的金融活动。非居民指在境外（含港澳台）的自然人、法人、政府机构、国际组织及其他经济组织。我国离岸银行业务最早是1989年5月招商银行开办的。目前拥有全面经营离岸银行业务牌照的有招商、交通、浦发、平安四家银行。工行深圳分行、农行深圳分行、广发行深圳分行及其总部，拥有限制性离岸银行牌照。

行、交通银行、兴业银行、中信银行、平安银行、北京银行、南京银行直接将其计入“吸收客户存款”里；宁波银行、浦发银行、华夏银行则将其归入“其他负债”；其他银行该项信息披露稍差，没有明确列出归类情况。

截至2015年底，上市银行共发行的保本型理财产品约4万亿元，非保本类理财产品约14.5万亿元。位列规模前三的是工商银行、招商银行、建设银行，其中招商银行不仅规模全国第二，同时以近于全部是非保本产品的特色，独树一帜。

非保本理财产品，理论上说银行不需要承担理财本息风险，只是收取代理费或手续费的中间收入，无须计入银行资产负债表，一般称之为“表外理财”。但银行依然会在财报附注中以“理财产品”名目披露，计入“在未纳入合并财务报表范围的结构化主体中享有的权益”。例如，2015年工商银行财报的280~282页（附件101~103页）附注四、46项。

从理财产品到影子银行

银行理财产品起初是以投资同业拆借和债券为主。其诞生背景是因为银行间市场较早实现了利率市场化（1997年），利率比银行存款利率高，但个人存款无法直接参与银行间市场交易。货币基金和债券基金发现了这个无风险利率差，就通过向个人销售基金，然后将所得资金投入银行间市场获取无风险利率差，提取管理费后，将剩余收益分给基金持有人。当基金此行为对银行存款形成威胁后，银行干脆自己也发行理财产品，对抗基金对存款的分流。

然而，银行理财产品和基金在争夺存款的活动中，走了完全不同的两条路。基金是约定管理费（或者收益分账），投资收益中去掉管理费或分账，剩余部分归资金所有人享有，符合代客理财的定义。而银行则走上了一条约定收益率，剩余部分全部归银行所有的道路。沿着这条道路，本应由资金所有者承担风险、享受收益的理财产品，被扭曲成了刚兑的债务，更像是吸收存款的高息揽储手段，这也给很多银行埋下了纠纷的种子。

正因为银行或明或暗的刚兑承诺和约定收益率，资金所有者也没有动力去关心资金的投向。银行承担了固定风险（本金和约定收益的刚兑），获取约定收益率之外的剩余部分，因而银行也有了追求更高收益的冲动。在信托、券商资管、期货公司资管、基金各类通道的帮助下，银行变相地将理财产品大量投向了愿意给出更高利息的非标资产①，实现了对企业的变相放贷，规避了监管政策中对某些行业或某些企业的贷款约束。这就是媒体经常谈到的“影子银行”。

影子银行的主要特征是：同样从事类似银行的金融中介活动，但不受巴塞尔协议的约束。它游离于资本充足率、不良率等各种监管之外，其规模过大很可能对国民经济和金融系统稳定形成巨大威胁。

然而，受制于银监会监管能力有限的现实，银监会干脆在2013年下文，直接规定了理财产品投向非标资产，不得超过该银行理财总额的35%，且不得超过该银行上年度报表总资产的4%。利用这两个刚性数字，控制着理财产品变身影子银行的规模（当然，依然有银行利用各种手段将非标转化成标准化债权，即所谓“非标转标”，以规避该规定）。

同时，为了规避银行理财产品投向集中、风险集中的问题，银监

---

① 非标资产，非标准化债权资产的简称，与标准化债权资产（如国债、央行票据、企业债券等）对应。指那些没有在银行间市场及证券交易所公开交易的债权型资产，包括但不限于贷款、信托计划、委托债权、商业承兑汇票、信用证、应收账款、各类受益权、带回购条款的股权性融资等，其本质依然是贷款的各种变形，发展壮大于2009年四万亿刺激计划之后的贷款额度总量控制和行业投向限制背景下。相比标准化债权资产而言，非标资产具有收益较高、信息透明度低、形式灵活多样、流动性较差等特点。

会还规定了理财产品募集资金用于投资单一借款人及其关联企业的银行贷款，或者用于向单一借款人及其关联企业发放信托贷款的，其总额不得超过该银行资本净额的10%。

通过这些措施，非标资产规模在理财产品中占比逐渐被压缩，从2012年末的占比约42%，降低至2015年末的不足16%。未来，银监会很可能会进一步加强对理财产品的监管，逼迫理财产品回归代客理财、收取管理费或分账的本来面目。

第五课　银行的其他负债

详细了解过占银行负债八成的客户存款后，这节课接着谈负债表里其他负债科目。

同业及其他金融机构存放

本科目披露银行吸收的境内、境外金融机构的存款（不含保险公司。保险公司存的钱算客户存款），按“境内同业”和“境外同业”分别列示（工行财报252页）。

2014年5月16日发布的《关于规范金融机构同业业务的通知》（业内称为“127号文”），规定同业存放期限不得超过一年。所以目前同业存放或是活期，或是一年以内的定期存款。

科目出现的缘由：两大主因

同业及其他金融机构存放，是其他银行或金融机构（如证券公司）在本行开户存的钱。为什么会有一家银行（或其他金融机构）把钱存在另一家银行的情况呢？主要原因有两个：一是甲银行需要和乙银行发生业务往来，因而在乙银行开户以便利结算；二是甲银行的富余资金需要寻找更高的回报。

第一个原因很容易理解，由于网点或者牌照的限制，或者客户账户在不同银行的原因，银行总有些业务需要其他银行协助，所以需要在别的银行开户。通常各类许可牌照越多、网点分布越广泛的银行，越容易吸收同业存放。

但第二个理由怎么理解呢？就是存贷比作祟。存贷比限制了银行放贷总额不可以超过吸收存款数额的75%，也就是说，大致上你吸收100元存款，最多只可以放75元贷款出去。或者说，你如果想要放75元贷款出去，必须配套100元存款。

还记得第一课里提到银行“印伪钞”总量受限于法定存款准备金率吗？银行靠一笔存款可以创造出“伪钞”的倍数上限＝1/准备金率。然而，因为有了存贷比的限制，即便没有现金漏损，银行也无法触及这个上限——这是因为存贷比指标约束了央行法定准备金率政策的威力。

例如，我们假设法定存款准备金率为10%，无现金漏损情况，民生银行吸收100元存款，缴纳10元准备金，然后放出去90元贷款……停！不可以。因为存贷比规定你最多只可以放出去75元贷款。于是，发生了什么呢？民生银行吸收了100元存款，交了10元准备金，放了75元贷款，还剩了15元在手。我们知道，银行吸收存款是要付息的，而现金锁在保险柜里是没有收入的。如果一时找不到有效投资渠道，那至少可以存进别的银行去，多少能收几个利息。于是接受存款的银行，比如说工商银行，就诞生了一个会计科目叫作“同业及其他金融机构存放”，而民生银行资产负债表的资产端也会对应产生一个科目，叫作“存放同业及其他金融机构”。

这个科目和下面的“拆入资金”很类似，都是民生银行的钱交给了工商银行。只不过若是民生银行在工商银行开立了账户，钱存进民生银行在工商银行的账户里（就好比你把钱存进你在工商银行的户头里一样），就是民生银行的资产——存放同业 、工商银行的负债——同业存放；如果民生银行的钱直接借给了工商银行，那就是民生银行的资产——拆出资金、工商银行的负债——拆入资金。

资金的成本：Shibor

同业资金拆入或者拆出的价格（即拆借利率）在我国已经市场化了。由十家核心成员（五大国有行、国开行及招商、浦发、兴业、中信）及近百家基础成员，在央行的监督和管理下，构成我国同业资金交易市场。其形成的市场价格，即上海银行间同业拆放利率（缩写Shibor）。Shibor 自 2007 年 1 月 4 日正式运行，现在已经是我国金融机构之间拆借资金的权威指导价格。

Shibor 拆借报价团（目前由 18 家大型银行组成）每日根据手头资金的多寡，报出愿意拆入资金的利率（买钱的价格）和愿意拆出资金的利率（卖钱的价格），然后由同业拆借中心剔除最高、最低各 4 家报价，对其余报价进行算术平均计算后，发布各期限品种的 Shibor 价格。目前主要期限品种有隔夜、1 周、2 周、1 个月、3 个月、6 个月、9 个月及 1 年的，报价可以在 www. shibor. org 看到。以 2016 年 6 月数据看，银行间拆借市场日均成交约 3. 18 万亿元，加权平均利率为 2. 14%。拆借主要集中在短期，以隔夜或一两周的资金交易为主。监管政策不允许有超过一年期限的拆借，实际上超过 1 个月期限的拆借，成交就很清淡了。

其他需求的拆借

银行同业市场交易，依赖于银行开立在央行的账户结算，所以他们交易的对象，实际就是各银行的超额准备金。除了上面说的追逐更高收益和结算需求之外，银行也会因为贷款需求和提现需求而向超额准备金有富余的同业拆借资金。

贷款需求，是因为银行放贷的同时，需要给央行缴纳一笔对应的法定准备金。如果银行超额准备金不足，就无法缴纳法定准备金，这个时候，银行若需要完成放贷，就必须向同业临时买入超额准备金向央行缴付。

提现需求，指当银行客户要求提取现金而银行库存现钞不足时，银行需要向央行金库（人民银行设立于各城市的金库）申请提取现金。但央行只允许银行在超额准备金为正值的时候提现，且提现最大额度为超额准备金部分。因而，当突发提现使超额准备金低于日常经营需要时，银行就需要先依赖信用向超额准备金富余的同业买进超额准备金，然后向人民银行本地金库申请提现。

监管要点

关于银行依赖同业存放和资金拆入的总量，监管部门主要有清晰易懂的三条监管要求：

（1）单家商业银行同业融入资金余额，去掉从境外拆入的资金后，剩余部分不得超过该银行负债总额的三分之一（农村信用社有例外规定，与上市银行无关，不谈）；

（2）同业拆入资金最高金额不得超过该银行各项存款余额的8%；

（3）去掉结算性同业存款和风险权重为零的资产后[①]，对单一金融机构同业融资净额不得超过融出银行一级资本的50%。

有存贷比指标强制要求的时候，还规定同业存放和资金拆入不计入计算存贷比指标时的存款总数。由于目前存贷比指标强制监管已经

---

① 融资方为政策性银行及中国出口信用保险公司，风险权重为零；融资方为其他存款性金融机构，3个月以内风险权重为20%，3个月以上风险权重为25%；融资方为其他非存款性金融机构，风险权重为100%。

取消，该规定亦失去意义。

存款证

存款证又称为“同业存单”，是由银行（或其他存款类金融机构）在全国银行间市场上发行的记账式定期存款凭证（一般是电子的，没有纸质载体），是一种货币市场工具。当然，不是所有银行都有资格发行，具体资格管制由央行考评掌握。

从本质看，存款证是可以交易的同业存款，类似于银行向金融机构发行的短期债券，其投资和交易主体为全国银行间同业拆借市场成员、基金管理公司及基金类产品。相比同业存放，存款证最大的优点在于可在二级市场流通，持有机构可以在到期日前转让它。它既可以是固定利率计息（通常比定期存款利率高，因为有到期才能提取的限制。定期存款不到期也可以提取，只要愿意接受按照活期利率计息的条件即可），也可以是挂钩某公开利率的浮动利率计息。固定利率计息的同业存单，期限一般短于1年；期限长于1年的，一般采用浮动利率计息，通常挂钩Shibor。

存款证是近几年银行尤其是经营网点较少的银行迅速上规模的利器。以兴业银行为例，兴业2015年累计发行存款证445期，发行规模为5628亿元，平均利率约为3.6%。当年新增存款证1952亿元，基本与同期兴业吸收存款的新增量2161亿元平分秋色。存款证已经成为该行不可或缺的资金来源。

存款证的发行，从财务角度看节约了两笔成本，一是法定存款准备金，二是营业费用。

从银行的各类负债来源看，在数量、期限以及成本上，与存款证近似的是对公定期存款：单笔金额都比较大；期限多为三个月、六个月或者一年的；成本也接近，兴业银行2015年对公定期存款平均利率为3.22%，存款证3.6%，存款证获取成本略高0.38个百分点。

然而，由于存款需要缴纳法定存款准备金，所以，银行吸收到的对公定期存款中只有部分，如82%（假设法定存款准备金率为18%），可以用于投资或放贷。法定准备金部分将被央行的1.62%低利率水平锁定。这样算下来银行获取82元资金需要付出的利率不是3.22%，而是$[(3.22\% - 1.62\%) \times 18 + 3.22\% \times 82] \div 82 = 3.57\%$。而存款证不需要缴纳准备金，仅此一项，两者的获取成本就从0.38%缩小到0.03%了。再加上银行吸收对公定期存款需要设置大量网点机构，配备专门营销人员，营运费用、人工成本及营销费用都比较高，而发行存款证则直接省略了这些成本。两者相比，利率高0.03%的存款证对于网点比较少的银行而言，反而可能更划算。

向中央银行借款

该科目指银行向中央银行借入的款项。中央银行享有发钞权，拥有“无限”的流动性。它是银行的银行，可以在银行失去流动性的时候，向银行提供借款。媒体上经常看到的一些关于央行“放水”报道时谈到的SLF、MLF、SLO、PSL等工具，都是允许银行在某种条件下向央行借款的工具。

戏说SLF、MLF、SLO、PSL

SLF，戏称“酸辣粉”，学名“常备借贷便利”（Standing Lending Facility）。银行用合格抵押品从央行借款的手段，期限一般为1至3个月。目前央行接受的合格抵押品有国债、央行票据、国开行及政策性金融债、高等级公司信用债（当然，必然是打折抵押）。

MLF，戏称“麻辣粉”，学名“中期借贷便利”（Medium-term Lending Facility）。跟“酸辣粉”一样，靠合格抵押品从央行借款。期限比“酸辣粉”略长，一般为3个月的、6个月的和1年期的，且允许到期展期。但“麻辣粉”一般都有贷款投向约束限制，也就是说，借这笔钱的银行要承诺把钱投向央行要求的某特定领域，如“三农”领域、小微企业等。

SLO，戏称“酸辣藕”，学名“短期流动性调节工具”（Short-term-Liquidity-Operations）。央行的七天以内短期流动性调节工具，基本就是将以往的7天、14天的正回购、逆回购，补上更短、更灵活的期限，利率同样采用市场招标。正回购指央行卖各种票据，从市场中收钱回来，是收缩流动性的手段。逆回购指央行花钱在市场买票据，是投钱到市场的增加流动性行为。

PSL，戏称“胖死了”，学名“抵押补充贷款”（Pledged Supplementary Lending）。就是央行向银行放贷款，期限一般是3至5年。由于时间比较长，银行可以用这笔钱再放贷，息差吃到“胖死了”。它和央行对银行的再贷款类似，但略有区别：再贷款不需要抵押，一般含有金融稳定意义。银行获取央行再贷款，容易被市场认为出现流动性危机了。而“胖死了”需要抵押物，是银行正常的资金获取手段。央行使用PSL，不仅可以向市场释放流动性，还能起到引导市场中长期利率的作用——如果同等条件下，向其他机构借款利率高过PSL利率，那就改向央行借喽！所以PSL相当于设置了利率的上限。

但正因为央行是银行最后的流动性来源，一般而言，但凡同等条件下能在市场借到所需资金，银行会尽量避免向央行借款。因为这个借款行为容易被市场联想到该银行出现同业信任危机或流动性困境，从而可能导致银行经营信用下降。所以这个科目数额一般较小，通常是央行直接对银行投放的低利率政策性优惠支持，如专项支农再贷款、支小再贷款等。

已发行债务证券

指银行发行的各类债券。明细直接看附注即可，例如，工商银行 2015 财报 256～260 页（附件 77～81 页）。

以公允价值计量且其变动计入当期损益的金融负债

一些金融负债在计入报表之初就归入以公允价值计量且其变动计入当期损益（也就是赚赔要进入利润表，参看《手把手教你读财报》76 页的交易性金融资产），主要包括银行利用发行的保本型理财产品购买的金融资产、与市场利率挂钩的金融负债、与贵金属或其他大宗商品价格挂钩的金融负债、外币债券卖空等。

衍生金融负债

衍生金融工具复杂难懂，指价值随着特定利率、其他金融工具价格、商品价格、汇率、某种价格指数、信用评级等多种约定对象价格变动而变动的工具。目前衍生金融工具在我国金融业应用范围还比较窄，如对于工商银行，暂时仅限于货币、利率和商品的掉期、远期及期权交易。[①] 主要被银行用来作为某种风险的对冲工具，而非类似西方发达国家投资银行的主要盈利工具。

① 掉期，又称“互换”，同时买入近期并卖出远期某货币或利率产品，或者卖出近期并买入远期某货币或利率产品，意图获取或锁定期间价差变化的交易行为。远期交易，类似期货。区别只是交易对象的标的物、数量、金额、交割方式和地点等非标准化，由交易双方个案约定。期权，期权买方通过向期权卖方支付权利金，购买未来某段时间或某天以某固定价格买入或卖出某商品的权力（只是权力，无义务，期权买方可以弃权。当然，已经支付的权利金不退）。

正因为是用于对冲，所以它在资产端有个伴生科目，叫作“衍生金融资产”。当前我国银行业该科目数值占资产比例一般都不大，尤其是两者的差额一般不大。出于保守的考虑，这个科目若在资产或负债中占比突然变大，或者衍生金融资产和衍生金融负债的差额如果突然变大，投资者就需要警惕，并仔细挖掘发生了什么变化，为什么发生了这样的变化。

卖出回购款项

卖出回购款项，简单理解就是金融机构之间的抵押贷款。银行 A 把自己持有的票据、证券、贷款等金融资产先作价 100 元卖给银行 B（或者信托、券商、保险等金融机构），同时约定以后的某具体时间加价买回，如 102 元买回来。这个加价部分就等于是借款利息。

对于银行 A 而言，相当于拿某种金融资产做抵押从 B 那儿借了一笔钱，按照监管规定，这个计入负债端的“卖出回购款项”。对于银行 B 而言，就在资产端记录为“买入返售款项”。

在 2014 年 5 月 127 号文出台以前，银行业大量利用买入返售和卖出回购将贷款出表，隐蔽贷款规模，同时满足理财产品市场需求（A 银行发行理财产品，用于购买 B 银行的贷款包，并约定未来某日由 B 银行加价购回。A 银行理财产品获得加价部分收益，B 银行则降低了本期贷款总额）。127 号文针对此情况出台，禁止了“非标资产”的卖出回购/买入返售。只允许包括银行承兑汇票、债券、央行票据等在银行间市场、证券交易所公开交易的、具有合理公允价值和较高流动性的金融资产作为卖出回购/买入返售的抵押物。之后，该方式基本回归了短期抵押借款的本来面目。

需要注意的是，买入返售或卖出回购科目里，目前只允许记录两家金融机构之间直接进行的交易，如果中间还有第三方或更多方参与转手，则不允许计入本科目。这样的监管规定，是为了堵住银行通过第三方通道转手，甚至跨行业、跨区域的多个通道、多次转手，规避127号文规定，将信贷资产包装成同业间买入返售/卖出回购，实现从信贷资产的100%风险权重转化为同业资产的20%或25%风险权重，从而实现减少银行资本占用、提高资本回报率的监管套利行为。

递延所得税负债

递延所得税负债以及资产端的递延所得税资产，是因为公司会计按照财政部规则计算的收入和费用，与税务部门按照国家税务局规则计算的收入和费用之间存在差异，带来所得税数字上的计算差异。如果这个差异是暂时性的（只是所得税在不同年份缴纳的差异），则归入递延所得税负债或者递延所得税资产。

税务局比银行会计算的利润多，产生递延所得税资产（提前交税了，银行会计将其视为预存在税务局的资产）；反之，税务局比银行会计算的利润少，产生递延所得税负债（拖后交税了，银行会计将其视为欠税务局的钱）。

递延所得税资产和负债不能两抵，资产记入资产，负债记入负债。是什么项目产生的，就在以后用什么项目抵。例如，按某税务优惠政策，某固定资产可以加速折旧。今年银行会计从利润里扣除该折旧费用100万元，但税务局扣折旧200万元，这样，税务局计算的银行税前利润就比银行会计算的少100万元。如果所得税率是25%，则报表上会产生25万元递延所得税负债。这个负债不允许和银行其他科目产生的递延所得税资产两抵清零，而是待税务局以后的某一年或某几年，必然会少认100万元折旧（资产价值固定，折旧总额固定），少认的一年或某几年里，25万元递延所得税负债就被慢慢抵扣掉了。

想进一步了解递延所得税资产和负债的读者可以参看《手把手教你读财报》69～73页。

其他几项

剩余的几项，如应付职工薪酬、应交税费、其他负债都很简单，老唐就在这里"一锅烩"了。

应付职工薪酬 截至2015年12月31日，总有些12月该发的职工工资、奖金、津贴、福利、工会拨款什么的（如规定是下月5日发）没来得及发，那就是应付职工薪酬。

应交税费 有些本月乃至本季度应付的所得税、营业税、城建税、教育费附加等，总要过些日子才能交（不可能报表还没算出来，就去交清了），那就是应交税费。这里需要提一下营改增：自2016年5月1日起，我国银行业全面推进营业税改增值税改革（简称"营改增"）。以前银行业实行的是营业税，直接对营业收入征税，税率5%。改为增值税（税率6%）以后，报表上的营收口径会发生变化：如银行收到贷款利息收入100元，以前营业税规则下，计入营业收入100元，营业税金及附加里面计入营业税5元；增值税规则下，计入营业收入的数字变成100/(1+6%)=94.34元。投资者在这个新旧税制交替时，对比数据需要注意口径的不同。

其他负债 有些该付未付的利息、政府补贴递延收益、具有融资性质的长期应付款、委托资金和委托贷款的差额以及一些无法归类的应付款项，就扫进其他负债。部分银行把保本理财产品资金也归入其他负债。

至此，银行资产负债表的股东权益和负债部分就阅读完了。下一课进入资产部分。

第六课　银行的资产配置

前面我们谈了银行的股东权益和负债，读懂了银行的钱从哪里来。这一课开始，我们看银行拿到这些钱以后投到哪里去。

初识资产表

翻开工商银行 2015 年资产负债表的资产部分（财报 180 页），可以看到工商银行资产明细如下。

项　目	附注四	本集团		本行	
		2015 年	2014 年	2015 年	2014 年
资产：					
现金及存放中央银行款项	1	3,059,633	3,523,622	2,991,619	3,473,327
存放同业及其他金融机构款项	2	211,559	304,273	190,270	270,129
贵金属		114,619	95,950	92,967	95,885
拆出资金	3	472,234	478,503	582,298	467,611

续表

项目	附注四	本集团		本行	
		2015年	2014年	2015年	2014年
以公允价值计量且其变动计入当期损益的金融资产	4	343,272	346,828	322,232	343,263
衍生金融资产	5	78,870	24,048	33,290	22,292
买入返售款项	6	996,333	468,462	792,876	259,213
客户贷款及垫款	7	11,652,812	10,768,750	11,026,476	10,184,215
可供出售金融资产	8	1,444,195	1,188,288	1,299,068	1,090,116
持有至到期投资	9	2,870,353	2,566,390	2,813,091	2,548,977
应收款项类投资	10	352,143	331,731	338,839	319,108
长期股权投资	11	24,185	28,919	122,460	106,777
固定资产	12	195,401	171,434	107,413	106,436
在建工程	13	26,101	24,804	19,690	17,750
递延所得税资产	14	21,066	24,758	20,354	23,899
其他资产	15	347,004	263,193	281,155	216,833
资产合计		22,209,780	20,609,953	21,034,098	19,545,813

如果与非金融类企业做个对比,你会发现银行的资产表很清爽,科目并不多。例如,依然拿伊利股份的资产表来对照查看。

合并资产负债表

2015年12月31日

编制单位:内蒙古伊利实业集团股份有限公司

单位:元 币种:人民币

项目	附注	期末余额	期初余额
流动资产:			
货币资金		13,083,666,953.14	14,272,616,386.47
结算备付金			
拆出资金			
以公允价值计量且其变动计入当期损益的金融资产			
衍生金融资产			
应收票据		147,173,512.55	139,400,000.00

续表

项　目	附注	期末余额	期初余额
应收账款		572,177,041.87	513,023,498.21
预付款项		614,524,341.58	389,960,876.90
应收保费			
应收分保账款			
应收分保合同准备金			
应收利息		71,193,654.78	69,266,144.61
应收股利			
其他应收款		49,871,200.05	66,233,526.28
买入返售金融资产			
存货		4,663,128,747.30	5,008,246,399.60
划分为持有待售的资产			
一年内到期的非流动资产			
其他流动资产		584,416,955.75	542,319,468.46
流动资产合计		19,786,152,407.02	21,001,066,300.53
非流动资产：			
发放贷款和垫款			
可供出售金融资产		985,423,952.71	822,022,809.62
持有至到期投资			
长期应收款		2,640,092.22	
长期股权投资		121,879,207.33	25,726,556.22
投资性房地产			
固定资产		14,558,600,146.77	131,121,335,667.91
在建工程		776,269,197.23	939,357,029.80
工程物资		6,685,264.22	18,825,024.39
固定资产清理			3,601,099.09
生产性生物资产		1,298,538,966.77	1,289,067,343.70
油气资产			
无形资产		956,425,978.64	930,399,642.79
开发支出			
商誉		10,678,610.25	10,678,610.25
长期待摊费用		216,376,722.70	185,625,659.56

续表

项　目	附注	期末余额	期初余额
递延所得税资产		411,671,286.96	686,182,446.30
其他非流动资产		499,626,415.68	460,410,626.87
非流动资产合计		19,844,815,841.48	18,493,232,516.50
资产总计		39,630,968,248.50	39,494,298,817.03

无须细看科目，仅看表格长度及填有数字科目的多寡，也可以明显发现银行资产负债表更简单，尤其是如果我们按照现金、投资、贷款及经营对工行的资产归类得出下表后，资产表的阅读就更加容易了。

资产科目	金额（百万元）	占比
现金及存放中央银行款项	3,059,633	13.78%
存放同业及其他金融机构款项	211,559	0.95%
拆出资金	472,234	2.13%
现金及类现金合计		16.85%
贵金属	114,619	0.52%
以公允价值计量且其变动计入当期损益的金融资产	343,272	1.55%
持有至到期金融资产	2,870,353	12.92%
可供出售金融资产	1,444,195	6.50%
长期股权投资	24,185	0.11%
应收款项类投资	352,143	1.59%
衍生金融资产	78,870	0.36%
买入返售款项	996,333	4.49%
投资类资产合计		28.02%
客户贷款及垫款	11,652,812	52.47%
贷款类资产合计		52.47%
固定资产	195,401	0.88%
在建工程	26,101	0.12%
递延所得税资产	21,066	0.09%
其他资产	347,004	1.56%
经营类资产合计		2.65%
资产总计	22,209,780	100.00%

上表数据显示，工商银行资产由约17%的现金及类现金资产、约28%的投资类资产、约52%的客户贷款及垫款以及不到3%的经营类资产组成。结合前面谈过的负债和所有者权益，至此，我们可以将工商银行2015年整张资产负债表简化成如下百分比表来看。

资产		负债及所有者权益	
科目	占比%	科目	占比%
现金类资产	17	存款	74
投资类资产	28	借款	15
经营类资产	3	经营欠款	3
贷款与垫款	52	资本	8
资产合计	100	负债及权益合计	100

下面我们来一一了解银行的各类资产。

现金及类现金资产

指现金及存放中央银行款项，非常简单。现金就是银行柜台内、保险柜里、自动存取款机里以及在途运钞车里的现钞，包括人民币和外币的纸钞和硬币；存放中央银行款项，在第一课谈过，就是银行按照法定存款准备金率要求，按照存款一定比例存在中央银行的法定准备金，以及为了业务结算需求、与其他银行资金划转需求而存在央行的超额准备金，也包括银行境外分支机构按照他国法规要求存在他国中央银行的法定准备金和超额准备金。

这个科目简单，只有一点需要提醒注意：财政性存款，不计入商业银行报表资产。财政性存款，指银行经办的各级政府财政预算内存款及集中代缴财政部门的各种款项形成的存款，它属于中央银行的资金来源，只是因为央行不直接办理开户业务，所以央行付费委托给各地商业银行代收代支。以现在的支付系统，各地财政性存款当天就结算给央行了。只有极少数偏远乡镇受限于金融环境，账户上可能保留少量经费，算成了银行吸收的存款。由于数量很少，从投资者角度可以忽略。

本类里的存放同业和拆出资金在上节课的负债环节已谈过，此处省略。

投资类资产

银行的钱，主要是用来放贷收息，但或由于存贷比的限制，或为了保持一定比例的快速变现资产，或为了更高的收益，或暂时没有满意的放贷项目等原因，银行总有部分资金需要寻找放贷以外的其他获利渠道，投资类资产主要汇报的就是银行如何配置这部分资金。

贵金属

银行持有的黄金、白银等贵金属的价值，按照报表日贵金属成本和公允价值两者中较低的值计量。所谓报表日，年报就是12月31日，一季报就是3月31日，依此类推。而大宗贵金属都有活跃市场交易，公允价值可以直接理解为市价。

以公允价值计量且其变动计入当期损益的金融资产

指银行出于赚取交易差价目的而买入的一些金融资产，如债券、股票、基金、权证等。一般来说，银行投资的金融资产主要还是各类债券。归入此类的金融资产，一般有公开的市场报价、流动性良好。

银行买入并将其归入报表的本类里，以后不可以调整到其他财务科目中去，它的市价波动带来的盈亏直接算进银行当期的利润表里。参看《手把手教你读财报》76页“交易性金融资产”部分。

银行投资的债券，主要有国债、地方政府市政债、央行票据、其他金融机构发行的各类金融债券、由资产证券化带来的资产支持债券、企业债券、公司债券等。[①] 其中占比较大的是央行票据、国债和政策性银行发行的债券。

持有至到期金融资产

指银行买入时就计划持有至到期的金融资产，类别也以上条所说各类债券为主。它和“以公允价值计量且其变动计入当期损益的金融资产”的主要区别是：持有至到期金融资产用摊余成本法计算当期收益。持有该债券期间，除非因发生意外，需要计提的减值准备（减值准备是分析银行业最重要的话题，第八和第九课细说）之外，单纯的价格波动不影响银行的利润表。对于理解银行业财报该科目，知道这些基本足够。如果想进一步了解什么是摊余成本法及更多有关持有至到期金融资产知识的，可以翻阅《手把手教你读财报》77～82 页。

可供出售金融资产

包括划分为可供出售的股票、债券、理财产品、资金信托计划、专项资产管理计划等金融资产。实践中也是以债券为主，以公允价值变动计量。但归入可供出售金融资产的债券，公允价值变动计入其他综合收益里，影响净资产，不影响当期利润。待其卖掉时，盈利或亏损计入卖出年份的利润表，同时将原计入其他综合收益的获利或损失转出（关于其他综合收益，在第十三课利润表部分详解）。另外，未上市公司的股权，因为没有公允价值可参考，大部分也是归入可供出售金融资产，以成本计量。

要简单理解上述三个“××金融资产”的区别，可以这么看：买进来时就打算短期赚差价的，归入以公允价值计量且其变动计入当期损益的金融资产；买进来就准备一直拿到债券到期还本付息的，归入

---

① 企业债券指中央直属机构、国有独资或控股企业依据《企业债券管理条例》发行的债券；公司债券指依据《公司法》发行、可以在交易所交易的各类债券，发行主体一般是上市公司。

持有至到期金融资产；买进来时没想好到底是炒个短还是持有到期，就归入可供出售金融资产。

长期股权投资

对于其他企业而言，该科目比较复杂。在《手把手教你读财报》中，老唐用了整整十页介绍它。但对银行股而言，这个科目很简单，一般占比也极小。原因正如前面所说，银行的经营主要在“本行”。控股和参股子公司——通常是村镇银行、金融租赁公司、信托公司之类的——无论是资产数额还是经营利润，占比都很小。

对银行业的长期股权投资而言，需要重点理解的是：本集团和本行资产负债表中，长期股权投资科目的差异是什么。

例如，工商银行发起设立了某村镇银行，该村镇银行总投资2亿元，工行投入1.2亿元，持股60%。在本行资产负债表的长期股权投资科目里，会记录1.2亿元长期股权投资，但在本集团资产负债表的长期股权投资科目里，这笔1.2亿元的长期股权投资却会归零。

为什么会归零呢？因为本集团算资产负债和经营业绩的时候，该村镇银行算工商银行的控股子公司，要合并报表。所谓合并报表，就是将该村镇银行的全部资产、负债、净资产都加进工商银行本集团资产负债表的资产、负债和股东权益里。然后再将该村镇银行股东权益的40%单独列为少数股东权益，从股东权益里减去少数股东权益，得到归属于工商银行股东的股东权益。因为已经计算了全部资产、负债和股东权益数据，所以工商银行对该村镇银行的投资1.2亿元就不用重复计算了，这就叫作并表。

利润表也是如此。该村镇银行的全部收入、费用和利润，全部合并到工商银行本集团数据的收入、费用和利润数据里，最终再把应该属于另外40%少数股东的利润，单独列为少数股东损益（注意，资产负债表叫权益，利润表叫损益)。无论资产负债表还是利润表，并表过程，会把该村镇银行和工商银行之间所有的交易余额进行相互抵消，防止重复计算。例如，若该村镇银行欠工商银行一笔钱，这笔钱在工商银行“本行”报表上是一笔应收款，在村镇银行账上是一笔应付款，合并为“本集团”报表时，这应收应付就互相抵消了。

至于在本行资产负债表里，只需记录对该村镇银行的1.2亿元长期股权投资；在本行利润表里，直接将该村镇银行当年应得的分红记录进投资收益即可。

可是，仔细看工商银行2015年财报的长期股权投资科目，我们会发现本集团数据并不为零。例如，2015年工商银行资产负债表的长期股权投资科目数据如下。

	本集团	本行
长期股权投资	24,185	122,460

本行数据1224.6亿元，其中有1224.6－241.85＝982.75亿元归零了，但依然有241.85亿元存在，这是怎么回事呢?

原来，本集团合并报表只合并银行可以控制的子公司。但银行可能还投资了一些自己不是控股股东的公司，对这些公司的持股，就会继续保留在本集团报表的长期股权投资科目里。

这些因为没有并表而继续保留在本集团长期股权投资科目里的公司，工商银行按照持股比例乘以该公司净利润来计入利润表。这些公司具体是哪些，哪些参与合并了，哪些没有参与合并，它们各自的经营情况如何等信息，均会在长期股权投资科目的附注里进行解释。例如，工商银行2015年财报的237～243页（附件58～64页)。这一部分对银行报表影响很小，此处不细谈。有兴趣进一步了解的，可以参看《手把手教你读财报》84～94页。

应收款项类投资

指银行买进的非上市的、缺乏活跃市场报价，但具有固定或可确定偿付金额的债权。该科目和企业报表上常见的“应收账款”面孔类似，内容却有云泥之别，极易混淆，也不知哪位高人起的这折腾人的名儿！

一般说应收账款，是其他企业或个人购买企业产品或服务尚未支付的款项。但应收款项类投资，指的是没有活跃市场报价、回收金额固定或可确定的非衍生金融资产（衍生金融资产概念，前面解释过），如非上市凭证式国债、不可转让专项央票、四大国有资产管理公司定向债券、金融机构次级债、保险资产管理计划、资金专户及子公司资产管理计划、证券定向资产管理计划、资金信托计划、购买他行的理财产品、受益权转让计划等。该科目与持有至到期投资非常类似，以摊余成本法计价，需要计提减值准备。不过，由于资产信息的不透明，减值准备操作空间比较大，实践中各家银行对应收款项类投资的减值准备计提比例，都是远低于贷款的减值准备计提比例的。

上节课说过，127 号文禁止了非标资产进入买入返售科目。那么之后非标去哪里了呢？主要来了这里——应收款项类投资。由于跨行业监管相对困难（涉及保险、券商、基金、信托等，都不是银监会的权力管辖范围），加上应收款项类投资目前没有额度和期限的约束，坏账计提操纵空间较大，自然而然地成为了目前银行表内规避监管最重要的渠道。比较明显的例子，是 127 号文颁布后，兴业银行 2015 年财报里买入返售余额同比锐降 68% 的同时，应收款项类投资同比狂增约 160%，应收款项类理财产品余额则飙升为 2014 年的 28 倍。这就是监管部门和业务部门之间的猫鼠游戏了，监管部门追求的是别出事，业务部门想的是多挣钱。两者间的博弈，是推动金融业创新的主要动力之一。

当然，应收款项类投资里并不全是非标资产。非上市的凭证式国债、商业银行及其他金融机构的债券等就属于标准化债权。能放进这里来的标准化债权，主要特征就是非上市品种、没有公开报价。

衍生金融资产

科目含义参看上节课的“衍生金融负债”。工商银行 2015 年财报 224 页（附件第 45 页）披露了公司持有的衍生金融工具。

本集团

	2015 年 12 月 31 日						
	按剩余到期日分析的名义金额					公允价值	
	3 个月内	3 个月至 1 年	1 至 5 年	5 年以上	合计	资产	负债
货币衍生工具：							
货币远期及掉期	1,211,545	1,309,472	139,060	4,290	2,664,367	35,533	(37,722)
买入货币期权	39,851	65,470	778	—	106,099	1,074	—
卖出货币期权	50,866	53,240	283	—	104,389	—	(1,203)
小计	1,302,262	1,428,182	140,121	4,290	2,874,855	36,607	(38,925)
利率衍生工具：							
利率掉期	209,289	373,438	647,015	161,450	1,391,192	26,769	(28,079)
利率远期	69,289	193,918	322,529	—	585,736	119	(111)
买入利率期权	5,386	28	8,059	—	13,437	101	—
卖出利率期权	5,386	—	7,383	16	12,785	—	(46)
小计	289,350	567,384	984,986	161,466	2,003,186	26,989	(28,236)
商品衍生工具及其他	691,028	266,823	44,352	1,460	1,003,663	15,274	(9,665)
合计	2,282,640	2,262,389	1,169,459	167,216	5,881,704	78,870	(76,826)

注意看上表最后一行加灰色的资产和负债的公允价值合计数，

2015年工商银行持有衍生工具金融资产788.7亿元，但同时持有衍生工具金融负债768.26亿元，两者对冲的差值（业内习惯叫“敞口”或“暴露”）仅20亿元出头，在工行资产总额中占比不足万分之一，影响小到几乎可以忽略。

这里提一句：衍生金融资产和衍生金融负债里，都不包含现金流套期工具的有效部分。关于什么是现金流套期的有效部分和无效部分，在第十三课“利润表”的“其他综合收益”环节谈。

买入返售款项

这部分内容可参看上一课的“卖出回购款项”。

经营类资产

经营类资产在银行资产中占比很小，且和普通企业报表没什么区别，非常简单。比如，固定资产和在建工程，就是用于银行日常经营的房屋、设备等；其他资产，里面是应收利息、无形资产、商誉、长期待摊费用、待处理抵债资产以及其他应收款（除应收利息以外的其他应收款，如财产损失应收保险公司赔款；应收的各类罚款，如员工失职或违规而应该向该员工收取的罚款；经营租赁的各种租金；存出的保证金，如租用包装物支付的押金；员工或部门领用的备用金；其他各种应收、暂付款项，如一些垫付款，帮员工垫付的水电费、医药费、房租什么的）等内容；递延所得税资产参看上一课递延所得税负债部分，此处省略。

以上部分，就是银行除了客户贷款与垫款以外的全部资产。客户贷款与垫款，内容较多，下节课单独谈。

银行资金配置的原则

银行资金配置在什么类别的资产上，配置的先后顺序是什么，每类资产具体配置多少，是大体按照以下原则操作的。

首先，银行需要考虑的是流动性需求，保持足够应付日常经营支付的现金、央行要收取的法定准备金，保持各项业务结算所必需的超额准备金。

其次，持有一些短期国债、地方政府债券、金融债券等安全等级较高、流动性较强的证券，用于满足意料之外的提款或者规划之外的意外贷款需求。

再次，接下来的资金，就可以按照回报率高低和长短期限匹配的原则，或放出贷款，或进行投资。

最后，在上述规划下，银行遇到现金不足情况时，如突发大额提款或损失、更好的投资机会等，银行就需要利用同业拆借、票据或证券的卖出回购、出售中长期金融资产、出售或抵押贷款等方式弥补资金缺口。

当然，需要注意的是，由于不同资产有不同的风险权重，所消耗的资本不同，所以名义利率的高低并不代表收益率的高低。银行配置资产除了流动性、收益率之外，也要考虑不同风险权重资产的资本占用多寡。例如，风险权重为50%、利率为5%的资产，其真实收益率就比风险权重为100%、利率为6%的资产高，因为前者只需要消耗一半的银行资本。

第七课　客户贷款与垫款

基本概念与分析思路

客户贷款与垫款科目里放置的是银行最重要的资产。大部分银行该项资产会占到总资产的一半或以上。投资者只要读懂贷款及贷款的拨备，银行财报的理解基本上就不会有大障碍了。

基本概念

本科目主要包括银行针对公司或个人发放的贷款，因办理承兑汇票及贴现和转贴现、开出保函或信用证以及其他业务而发生的各项垫款等。银行对该项资产的汇报，通常会分为公司贷款、个人贷款和票据贴现三大类。

公司贷款主要包括流动资金贷款、贸易融资、项目贷款、房地产开发贷款等，个人贷款主要包括信用卡透支、小微企业贷款、个人住房贷款、个人消费贷款、个人经营贷款等。

票据贴现，类似于一种标准化的快速贷款机制，是银行广泛使用的金融工具，后面有一课单独谈，此处先大概知道几个概念就可以了。票据就是银行或者企业承诺某日无条件兑付资金的“欠条”。企业将持有的未到兑付时间的其他企业或银行开出的“欠条”，向某银行申请兑现并愿意支付一定费用的行为就叫贴现；银行持有这张“欠条”期间，若有资金需求，将“欠条”转让给另一家银行或机构的行为就叫转贴现；如果银行将“欠条”转让给央行换取资金，就叫再贴现。

以工商银行为例

翻开工商银行2015年财报，在资产负债表的资产页面，找到客户贷款与垫款项，如下所示。

项　目	附注四	本集团	
		2015年	2014年
资产：			
现金及存放中央银行款项	1	3,059,633	3,523,622
存放同业及其他金融机构款项	2	211,559	304,273
贵金属		114,619	95,950
拆出资金	3	472,234	478,503
以公允价值计量且其变动计入当期损益的金融资产	4	343,272	346,828
衍生金融资产	5	78,870	24,048
买入返售款项	6	996,333	468,462
客户贷款及垫款	7	11,652,812	10,768,750
可供出售金融资产	8	1,444,195	1,188,288
持有至到期投资	9	2,870,353	2,566,390
应收款项类投资	10	352,143	331,731
长期股权投资	11	24,185	28,919
固定资产	12	195,401	171,434
在建工程	13	26,101	24,804
递延所得税资产	14	21,066	24,758
其他资产	15	347,004	263,193
资产合计		22,209,780	20,609,953

按照后面附注四第 7 小项的标注，可以找到位于财报 230～233 页（附件第 51～54 页）关于贷款与垫款项的详细披露。

财报首先按照公司贷款、票据贴现、个人贷款进行了分类披露。投资者要看各项占比及其变化，可以通过数据统计做出各项占比变化图，如图 7－1 所示。

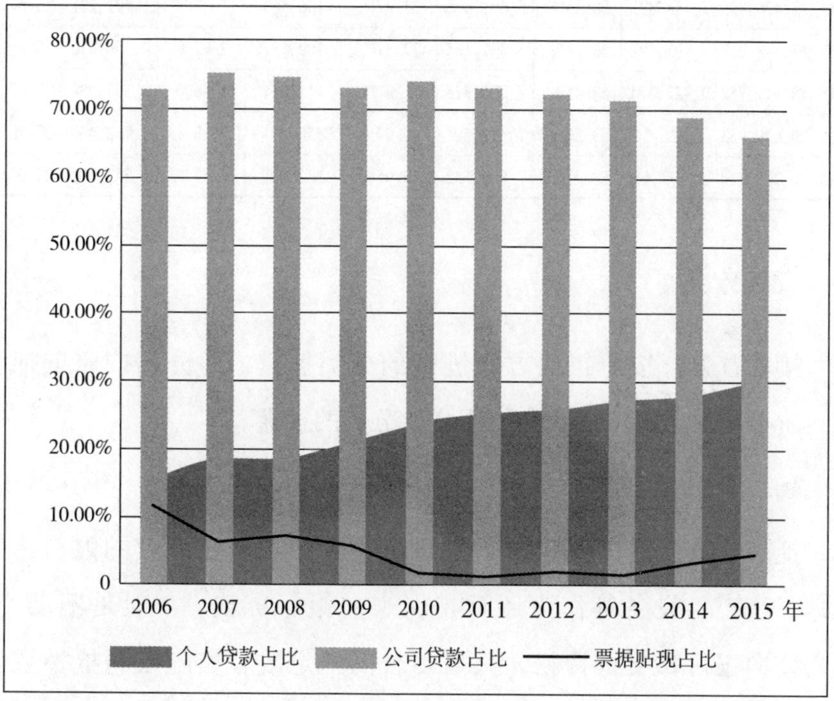

图 7－1　贷款类别占比

通过图 7－1 可以发现，近年个人贷款及票据贴现占比小幅攀升，公司贷款总体趋势向下，这也是“对企业降杠杆、对个人加杠杆”的中国经济大方向。为方便各位直接引用，此处奉上过去十年工商银行各项贷款数据明细，见表 7－1（数据源于公司年报，2013 年之前的有过会计追溯调整）。

表7-1 2006—2015年工商银行各项贷款明细 单位：百万元

年	资产总额	贷款总额	贷款/资产	公司贷款	公司贷占比	票据贴现	票据占比	个人贷款	个贷占比
2006	7,509,489	3,631,171	48.35%	2,642,749	72.78%	412,313	11.35%	576,109	15.87%
2007	8,684,288	4,073,229	46.90%	3,069,013	75.35%	252,103	6.19%	752,113	18.46%
2008	9,757,654	4,571,994	46.86%	3,416,337	74.72%	326,315	7.14%	829,342	18.14%
2009	11,785,053	5,728,626	48.61%	4,191,984	73.18%	329,792	5.76%	1,206,850	21.07%
2010	13,458,622	6,790,506	50.45%	5,040,179	74.22%	117,135	1.72%	1,633,192	24.05%
2011	15,476,868	7,788,897	50.33%	5,691,066	73.07%	106,560	1.37%	1,991,271	25.57%
2012	17,542,217	8,803,692	50.19%	6,371,165	72.37%	182,117	2.07%	2,250,410	25.56%
2013	18,917,752	9,922,374	52.45%	7,091,378	71.47%	145,014	1.46%	2,685,982	27.07%
2014	20,609,953	11,026,331	53.50%	7,612,592	69.04%	350,274	3.18%	3,063,465	27.78%
2015	22,209,780	11,933,466	53.73%	7,869,552	65.95%	522,052	4.37%	3,541,862	29.68%

贷款分类

接着看银行按照担保方式进行的分类披露，即分别按照抵押贷款、质押贷款、保证贷款和信用贷款分类的披露。

概念

抵押贷款，是贷款客户（公司或个人）用自己拥有的财产，如土地、房产、设备等作为还款担保来向银行贷款。一般是不动产，不需要向银行移交抵押物，只需要合同约定或者实施权利抵押登记即可。

质押贷款，指利用动产或者权利凭证作为还款担保向银行贷款。获取贷款的时候，需要把用于担保的动产或者权利凭证移交给银行保管或冻结，待归还了贷款以后，再收回质押物，如车辆、仓单、提货单、专利权、商标权、公司股权等。

保证贷款指借款人借款时，由银行认可的第三方提供连带担保责任。第三方保证人可以是法人，也可以是自然人。保证人需要银行认可其具有代为偿还全部贷款本息的能力，且在放贷银行开立有账户。

信用贷款，指贷款人无须抵押物，仅凭企业或个人信誉在银行获得的贷款。

解读方法

投资者可以整理出四类贷款的占比及变化轨迹，如图 7－2 所示，再进行对比分析。

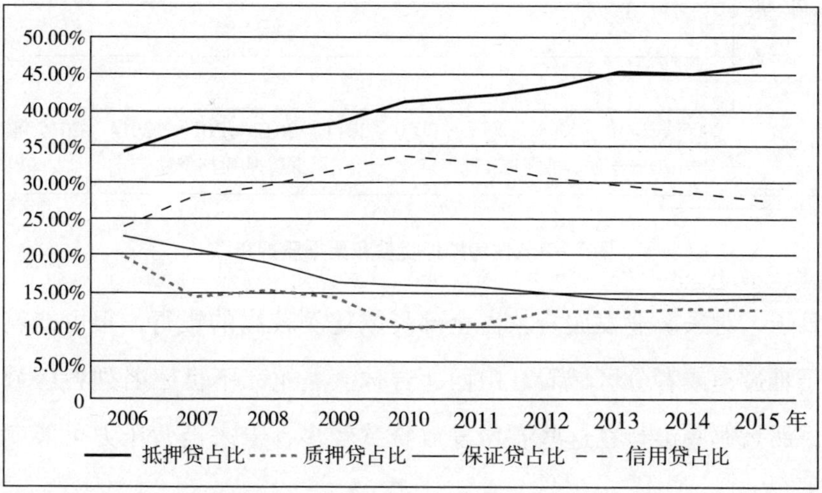

图 7－2　四类贷款的占比及变化

观察其增减的各是什么类别的贷款，和后面将要谈到的不良贷款率结合起来看，和其他银行各项占比及不良率对照起来看。

质押贷款中，重要的组成部分是票据质押。抵押贷款中，重要的组成部分是个人住房抵押贷款（房贷）。这两类都是银行重要的资产投向，需要单独统计。在财报的 75 页中有关于住房抵押贷款和票据质押贷款的披露，积累数据后，我们可以得到图 7－3。

另外，还可以根据贷款的地域分布或者行业分布做出统计图表，提高对高风险行业贷款的警惕心，或者在某行业或者某区域发生较大变化时，提前识别在此地域或此行业内受益或受损的银行。例如，当你发现采矿业在某银行的报表中不良贷款率出现抬头时，那么接下来

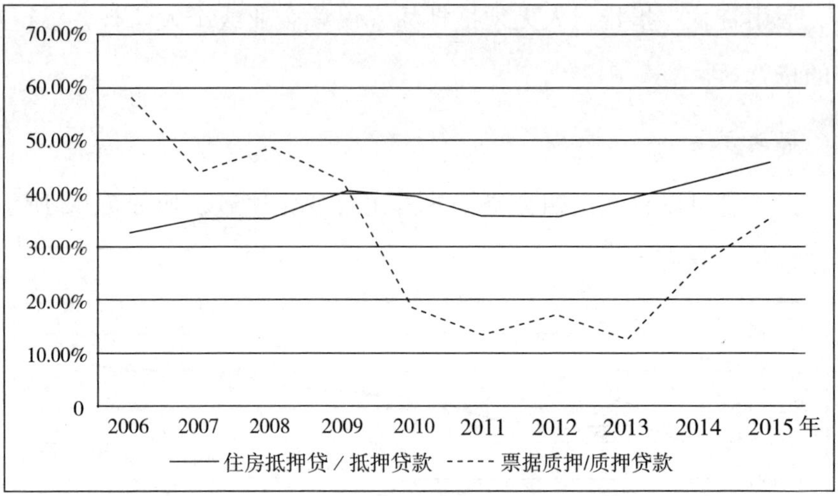

图7－3 住房抵押贷款和票据质押贷款

的日子，对采矿业发放贷款占全部贷款比例较高的银行，很可能就会日子难过；或者分区域看，山西、吉林、黑龙江不良率名列各区域前茅，那么哪些银行在这些省份发放贷款较多，未来经营压力可能就会较大。

这些数据在银行财报的“贷款五级分类分布情况”部分披露，如2015年工商银行财报第73页的“按行业划分的公司类贷款和不良贷款结构”，以及第74页的“按地域划分的贷款和不良贷款结构”。

贷款的五级分类

五级分类的由来

2004年以前，我国银行业将贷款分成四类，分别是正常、逾期、呆滞、呆账。其中，逾期贷款是指借款合同到期未能归还的贷款，呆滞贷款是指逾期超过一年仍未归还的贷款，呆账贷款则指确定不能收回的贷款。后三类简称“一逾两呆”，归入不良贷款范围内。这是一种根据贷款期限进行事后监督的管理方法，它的不足是根据贷款到期时间来考核贷款质量，很容易引发借新还旧，将不良贷款包装为正常贷款，将风险隐藏而不是识别和降低。

从2004年起，我国银行业取消了贷款四级分类制，全面推行国际通行的五级分类制。贷款五级分类制是根据内在风险程度将贷款划分为正常、关注、次级、可疑、损失五类。使用这种分类方法，银行主要依据借款人最终偿还贷款本金和利息的实际能力，确定贷款遭受损失的风险程度，划分贷款类别。其中，次级、可疑和损失三类贷款总称为“不良贷款”。①

五级分类是国际金融业对银行贷款质量的公认标准，它建立在动态监测的基础上，通过对借款人现金流量、财务实力、抵押品价值等因素的连续监测和分析，判断贷款的实际损失程度，能更加准确地反映不良贷款的真实情况，从而提高银行抵御风险的能力。

贷款五级分类的规范性文件主要有三份：一是央行的《银行贷款损失准备计提指引》（银发〔2002〕98号）；二是银监会的《贷款风险分类指引》（银监发〔2007〕54号）；三是财政部的《金融企业准备金计提管理办法》（财金〔2012〕20号）。这三份文件均给出了五级分类的核心定义，并尝试列举了一些核心特征，给出了不同类别贷款的减值准备计提标准。

银行实践中的操作

实践中，很多银行会依据上述文件给出的核心特征，进行更精细化的管理，对贷款进行9级乃至12级的分类（如工商银行，就将贷款按照违约概率从0.1%到100%，对应划分12级分类）。这些分类方

① 有时，不良贷款又被人们俗称为“坏账”或“烂账”，似乎感觉上它们一钱不值了。但事实上，大部分不良贷款只是无法产生等于贷款本息原值那么多的现金流了，但依然是有价值、可以产生现金流的。

法，银行基本不对外披露。恰巧2016年有新的银行IPO，透过最新的招股说明书，我们得以了解到当前银行对什么样的贷款会归于关注，什么样的贷款会划入不良。了解这些特征，有助于投资者深刻理解银行核心资产质量，对银行价值分析而言非常重要。以下贷款分类特征罗列，约3000字，请不要嫌啰唆——它绝对重要到值得你花10分钟细看一遍！①

正常类贷款，指借款人生产经营正常，主要经营指标合理，现金流量充足，一直能够正常足额偿还贷款本息的贷款，具体分为四档。此处略去正常类贷款的主要特征列举，投资者关注重心是关注类贷款和不良贷款的划分。

关注类贷款，指借款人目前仍然能够按时归还本息，但已经出现了一些可能对偿还不利的因素。尽管如此，银行预计依靠贷款人的经营收入，必要时通过执行担保，能在规定期限内足额收回贷款本息，其主要特征如下。

（1）关注一档

① 宏观经济、市场、行业以及法律、政策环境等的变化对借款人的经营产生不利影响，并可能影响借款人的偿债能力；

② 借款人从事固有风险很大的行业，最终还款能力容易因市场波动或产品的成败出现负面大幅度变动；

③ 借款人的高级管理层、主要股东、关联企业或母子公司等发生了重大的不利变化（发生经济纠纷、诉讼，或退出），并可能影响借款人的偿债能力；

④ 借款人总体财务状况呈现一定的下降态势，关键财务指标呈现一定的不利变化，收益水平和盈利能力出现明显波动现象，可能会影

① 资料来自江苏银行IPO披露。

响借款人的还款能力；

⑤ 借款人生产经营基本稳定，核心业务出现变动，如主要业务的供销商出现不利变动或库存水平异常波动，可能对借款人生产经营产生影响；

⑥ 借款人股利分配行为与盈利状况不匹配，可能影响借款人最终的还款能力；

⑦ 借款人的资产处置、履行担保债务等行为对借款人持续经营产生不利影响，并可能影响借款人最终的还款能力；

⑧ 企业改制，对本行债权可能产生不利影响；

⑨ 保证人的资信状况出现疑问，出现抵/质押品价值下降，或开始对抵/质押品失去控制的迹象；

⑩ 银行对贷款管理存在瑕疵，如未能及时了解借款人经营及财务状况等；

⑪银行难以获得充分的资料对中长期项目的进展情况及其现金流量状况做出定期更新评估，因此很难确定项目是否能够产生明确的现金流在到期时作为还款来源。

（2）关注二档

① 宏观经济、市场、行业以及法律、政策环境等的变化对借款人的经营产生不利影响，以致削弱了借款人的偿债能力；

② 借款人总体财务状况呈现明显下降趋势，关键财务指标呈现重大的不利变化，收益水平和盈利能力出现重大波动现象，明显会影响借款人还款能力；

③ 项目长期被延迟或项目原有计划的重大更改对项目产生了负面影响以致削弱了借款人的还款能力；

④ 借款人的借款总额在短期内激增并与其业务发展不成比例，且

借款人不能提供合理的解释，以致有理由怀疑借款人的财务状况和偿债能力；

⑤ 借款人还款意愿差，不愿与本行合作，不配合贷后检查；

⑥ 存在明显违规、越权发放贷款行为，如保证金达不到规定比例要求的表外授信业务，但此类违规或越权行为未对贷款的正常归还形成不利影响；

⑦ 借款人提供的财务资料存在明显瑕疵（如：被出具保留意见的审计报告，存在对借款人财务状况产生负面影响的公开信息，监管机构因一些负面消息或从常规调查中发现问题，进而对借款人进行非常规调查），可能影响本行对借款人还款能力的评价；

⑧ 担保人信用等级下降，或经营已经开始出现问题。抵/质押品价值出现大幅下降。

（3）关注三档

① 借款人财务状况出现明显恶化，关键财务指标均低于行业平均水平，借款总额在短期内激增并与业务发展不成比例，盈利能力明显下降，严重影响借款人还款能力；

② 项目出现重大不利于贷款偿还的调整，如政策调整、投资缺口、投资延缓、工期延长、利率汇率等方面的不利重大变动；

③ 借款人经营管理存在较为严重的问题（如未按规定用途使用贷款，贷款发放严重偏离审批条件，借款法律手续不完善或不合规），如问题继续存在可能影响贷款的偿还；

④ 借款人经营净现金流已不能满足债务需要，其通过正常经营偿还贷款本息的能力已出现问题，但通过减少投资、处置非核心资产、对外筹资等可以保证净现金流基本满足偿还债务需要；

⑤ 借款人财务报表存在明显虚假现象，部分财务数据或财务指标

存在不真实或伪造，重大资产或负债项目未在报表中得以真实反映或列示；

⑥ 借款人信贷档案不齐全，重要文件或证据遗失，已对本行债权的保护构成实质性影响；

⑦ 借款人还款意愿较差，不愿与本行积极合作，经常出现欠息或短期逾期现象；

⑧ 借款人贷款记录或还款记录不佳，在向其他债权人还款方面出现困难；

⑨ 保证人的经营状况出现重大不利变化，对第二还款来源产生严重影响，抵/质押品价值明显下降，已无法足额偿还债务金额，或法律手续存在明显瑕疵，可能导致本行对抵/质押品的控制权发生重大影响。

次级类贷款，指借款人的还款能力出现明显问题，依靠正常的营业收入已经无法保证足额偿还本息，即使执行担保，也可能造成一定损失的贷款（一般预计损失在30%以内），其主要特征如下。

(1) 次级一档

① 借款人偿债能力和盈利能力较弱，出现持续财务困难，影响到其业务的持续经营，预计在较短时间内难以改善，且难以立即获得新的资金来源；

② 借款人仍能维持生产经营，但贷款的全部偿还，除依靠生产经营产生的现金流量之外，不得不寻求拍卖抵/质押物、履行担保等还款来源，抵/质押物合法、有效、足额且易于处置；

③ 借款人借款本息的逾期时间虽不到三个月，但已经出现大额亏损，净现金流量为负值；

④ 借款人未能提供最新的财务数据，且拒绝提供合理解释；

⑤ 借款人还款意愿差，有明显逃废债务企图；

⑥ 借款人将贷款挪作他用，将影响正常还款；

⑦ 贷款档案资料不全、重要文件缺失，影响对借款人经营状况及担保价值的正确判断或已实质上影响借款人还款及担保的法律责任。

（2）次级二档

① 借款人出现持续财务困难，影响到其业务的持续经营，表现为出现支付困难，并且难以获得新的资金，不能偿还其他债权人的债务；

② 借款人勉强维持主要生产经营，贷款的偿还除依靠生产经营外，还需要通过执行担保或依赖其他还款来源，预计会造成部分损失；

③ 借款人陷入重大经济法律纠纷，或借款人未能清偿司法机关已经裁定的债务，或借款人拖欠应缴纳的税款且金额较大，严重影响借款人还款能力；

④ 借款人采用隐瞒事实等不正当手段套取贷款，还款能力出现问题；

⑤ 借款人已无法足额偿还贷款，且担保方式为信用；

⑥ 借款人已无法足额偿还贷款，保证人已不具备足够的担保实力或保证人的担保为无效担保；

⑦ 借款人偿债能力或意愿出现问题，且抵/质押物不合法或登记无效；

⑧ 借款人的还款责任出现法律纠纷且已进入诉讼程序，预计法律程序完结后本行将收回绝大部分贷款。

可疑类贷款，指借款人无法足额偿还贷款本息，即使执行担保，也要造成较大损失的贷款（一般预计损失率在30%～75%之间），其主要特征如下。

（1）可疑一档

① 借款人主营业务部分脱离正常生产经营状态，收入来源不稳

定，即使执行担保，贷款也肯定会造成部分损失；

② 本行已起诉追债，审判程序或执行程序尚未终结，但预计法律程序完结后将回收大部分贷款；

③ 借款人虽资不抵债，但主要生产经营活动仍在进行，仍存在恢复正常生产经营的可能性；

④ 担保人具备一定代偿能力，但经多次谈判借款人和担保人明显没有还款的意愿或拒不还款（代偿）的。

（2）可疑二档

① 贷款预计会发生较大损失，但存在借款人重组、兼并、合并、抵/质押物处理和未决诉讼（仲裁）等因素，损失金额尚不能确定。

② 借款人陷入经营和财务危机：借款人处于停产、半停产状态；固定资产项目处于停建或缓建状态；借款人资不抵债，无力还款。

③ 本行已采取法律手段，但预计即使执行法律程序仍将发生较大损失。

④ 借款人因无力还款，虽经过重组、兼并、合并仍不能按还款计划偿还本金和利息。

⑤ 地方政府及其有关部门决定关闭或注销，有行政干预逃废银行债务嫌疑的。

⑥ 全额抵/质押的贷款已取得法院判决，但借款人未履行法院判决或者银行难以执行法院判决。

损失类贷款，指即使银行在采取所有可能或一切必要的措施后，本息仍然无法收回或只能收回极少部分的贷款（一般预计可能造成75%～100%的损失），其主要特征如下。

① 借款人完全停止经营活动，抵/质押品难以变现或保证人无代偿能力，银行对借款人和保证人进行追偿后，未能收回的债权；

② 借款人和担保人依法宣告破产，经法定清偿后，仍不能还清贷款；

③ 借款人死亡，或依照《中华人民共和国民法通则》的规定，宣告失踪或死亡，以其财产或遗产清偿后，未能还清的贷款；

④ 借款人遭受重大自然灾害或意外事故，损失巨大且不能获得保险补偿，确实无力偿还的部分或全部贷款；

⑤ 经国务院专案批准核销的逾期贷款；

⑥ 贷款企业虽未破产，工商行政部门也未吊销执照，但企业早已关停或名存实亡，由于计划经济体制等历史原因造成的，债务人主体已消亡的银行贷款；

⑦ 经法院强制执行未能收回的贷款、法院终审判决本行全额败诉的贷款、虽胜诉但未在规定时间内向法院申请执行或借款人无财产可执行，或其他不可抗拒因素无法执行而损失的贷款；

⑧ 借款主合同已超过诉讼时效，借款人对任何主张债权的文件不予确认，通过所有可能的措施和必要的法律程序均无法收回的贷款；

⑨ 未与借款人签订贷款合同（协议），或贷款合同（协议）原件灭失，以任何方式主张债权，但借款人均不予以确认的贷款；

⑩ 借款人已不能偿还到期债务，银行对依法取得的抵债资产，按评估确认的市场公允价值入账后，扣除抵债资产接收费用，小于债权的差额，经追偿后无法收回的债权。

……

贷款的分类标准是各类贷款的风险表现特征，采用的是列举法，不可能穷尽。它们只是贷款分类的重要参考因素，关键是由银行根据借款人的还款能力和贷款的损失程度，结合担保分析后，进行结果调整，依据五级分类的核心定义，确定分类结果。

不良贷款和逾期贷款

五级分类的后三类，即次级类、可疑类和损失类贷款，统称为“不良贷款”。由此带来了银行股分析的重要数据：不良贷款及不良贷款率的数量及变化。统计工商银行不良贷款金额及不良贷款率，可得到图7－4。

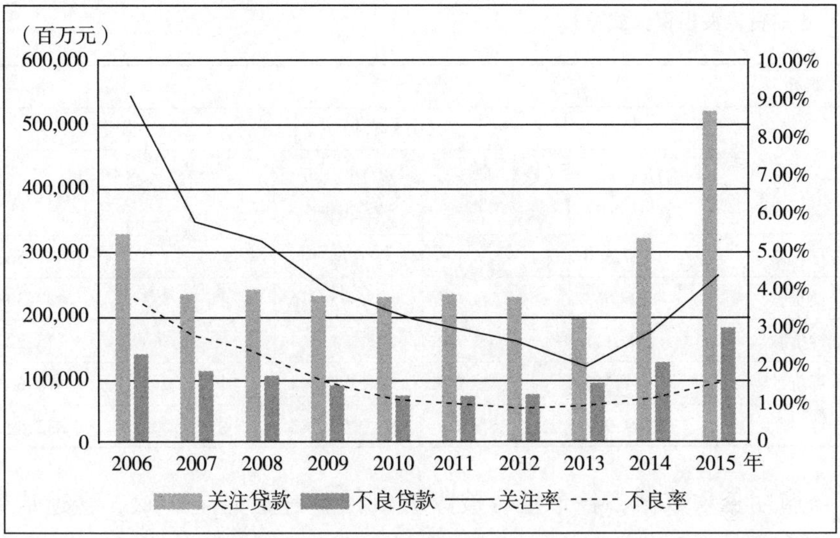

图7－4　工商银行不良贷款情况

为什么要把关注类贷款也统计出来呢？可简单粗暴地理解为：关注类贷款是不良贷款的预备役部队，保守的投资者，要习惯将关注当不良看待。绝大部分不良贷款，都曾经历过从正常滑向关注、从关注再变成不良的过程——注意，并非所有。有部分贷款会从正常突然变成不良。原因可以参看前面谈到的次级类、可疑类和损失类贷款的一些界定规则，有些特征会导致正常贷款发生跳跃。

关注重点一：逾期贷款

为更完善地披露不良贷款信息，银行还会依据贷款逾期的期限进行披露。之所以选逾期期限准则，是因为逾期期限是个确定的标准，只要本金或利息逾期一天，就是逾期贷款，没有什么调节的空间。在工商银行2015年财报里，231页（附件52页）就是逾期贷款信息披露。银行列举了逾期1～90天（含90天）、逾期90天～1年（含1年）、逾期1年～3年（含3年）、逾期3年以上的贷款具体数额及担保形式。投资者同样可以提取各年数据制表。

逾期贷款按担保方式分析

本集团					
	2015年12月31日				
	逾期1天至90天	逾期90天至1年	逾期1年至3年	逾期3年以上	合计
信用贷款	20,866	9,398	10,149	1,150	41,563
保证贷款	46,563	26,467	18,916	5,358	97,304
抵押贷款	98,111	43,537	25,814	7,760	175,222
质押贷款	4,362	5,406	7,904	937	18,609
合计	169,902	84,808	62,783	15,205	332,698

逾期贷款数据，各个银行披露的口径不一定完全一致，这造成银行财报数据对比时的一个困境。所以，当我们发现某银行该数据相比同行明显好或明显差时，不妨在财报中查询（或致电公司查询）它们逾期贷款披露的口径。

所谓披露口径差异，不是逾期时间的问题，而是当出现本金逾期、部分本金逾期、利息逾期、部分利息逾期这些情况时，逾期贷款究竟是计算全部本金、逾期部分本金、只计算全部利息（不计算本金）或是只计算逾期部分利息？这几种口径必然将同一种客户违约现象表现为不同的逾期数据及不良贷款数据。

例如，工商银行2015年财报77页就披露了逾期口径：当客户贷款及垫款的本金或利息逾期时，被认定为逾期；对于可以分期付款偿还的客户贷款及垫款，如果部分分期付款已逾期，该笔贷款的全部金额均被分类为逾期。

对于逾期贷款，可以在同行之间使用“逾期贷款比”指标观察和对比：用“逾期贷款合计数/贷款总额”，得到该银行逾期贷款占比的变化。这个比值可以用于同行对比，它代表银行对贷款合同的管理能力。指标越低，说明该银行对客户的信用风险管控越好。

同时，有一个投资者可以直接借用的监管指标，叫“逾期90天以上贷款/不良贷款”。这个指标用以衡量逾期90天以上贷款与不良贷款之间的关系。

从五级贷款的分类标准看，一般来说，逾期90天以上的贷款（上表灰色部分）应该归入不良贷款。但不良贷款里除了因逾期90天以上划入的贷款，还有因为其他因素划入的。同时，大部分银行对于信用贷款（包括信用卡透支），会在逾期超过30天后，直接划为不良贷款。因此，一般而言，逾期90天以上贷款/不良贷款应该小于1。

如果“逾期90天以上贷款/不良贷款>1”，很可能该银行不良贷款分类不够准确，或者有不同程度的数据美化，该数据的可信度就值得投资者打个折扣。当然，有些业内人士习惯将该公式颠倒过来，表述成“不良贷款/逾期90天以上贷款”，那么该比值大于1才比较正常。

关注重点二：已逾期但未减值

另外，财报披露的“已逾期未减值”贷款数据，也是投资者需要关心的。这部分数据隐藏较深，一般在附注的“金融工具风险管理”部分，如2015年工商银行财报的304页（附件第125页）。

已逾期但未减值

于资产负债表日，本集团已逾期但未减值的客户贷款及垫款逾期账龄分析如下：

	2015年12月31日			2014年12月31日		
	公司类贷款及垫款	个人贷款	合计	公司类贷款及垫款	个人贷款	合计
逾期时间：						
1个月以内	68,926	15,913	84,839	33,068	14,004	47,072
1~2个月	22,052	7,870	29,922	14,428	6,891	21,319
2~3个月	30,099	9,642	39,741	10,977	7,769	18,746
合计	121,077	33,425	154,502	58,473	28,664	87,137
担保物公允价值	118,814	65,453	184,267	57,332	54,452	111,784

这里披露的就是已经逾期，但银行根据自己的判断并未计提减值准备的贷款情况（没算进不良贷款里）。上表的主要观察角度有三个：一看已逾期未减值贷款占总贷款的比例，是否有扩大趋势。二看1个月以上逾期未减值贷款所占比例大小。一般来说，1个月以内的逾期贷款，有可能是技术问题（如信用卡用户忘记还款），但1个月以上的逾期，基本能够肯定是出问题了。所以，1个月以上逾期未减值占比越大，越说明银行有意识地减少了当期计提，财报数据的可靠性就相对偏低。三看逾期贷款担保物是否充足，如本表里工商银行的已逾期未减值贷款总额1545.02亿元，担保物公允价值1842.67亿元，担保物公允价值大于逾期贷款总额约20%，预期不会造成损失的理由基本可以接受。但如果某银行此处的担保物公允价值低于逾期贷款价值，那么调节不良的动机就比较明显了。

作为投资者，当面对这部分数据时，可以偏保守地把这部分贷款，尤其是逾期1个月以上贷款归入不良贷款数据中去，然后在此基础上考虑银行资产及利润数据。①

---

① 根据银监会年报，截至2015年底，我国商业银行整体不良贷款状况是：不良贷款余额1.27万亿元，比年初增加4,319亿元；不良贷款率1.67%，比年初上升0.43个百分点。

第八课　减值准备（上）

上节课我们谈了贷款的五级分类。依靠这种分类识别出正常、关注、次级、可疑和损失五类贷款，有什么价值呢？银行能不能只放正常贷款，不放不良贷款呢？

银行当然想只放正常贷款，不放不良贷款。然而，银行没有预知未来的能力，不知道哪些客户未来还款会出现问题。所以，贷出去的款一定有关注和不良产生，这是银行生意的宿命，不可能隔离。换个角度看，铁定会出现的关注和不良，就仿佛是银行为赚取正常贷款利息所支付的“成本”。这个成本如果算错了，贷款生意就可能亏损。

成本要怎么算呢？原理简单，有两大块：一是预先从银行的经营收入中抠一块出来去填，这叫计提贷款减值准备；二是在给贷款定价时，就将预期损失分摊在所有贷款人身上，这叫违约风险溢价。

这两部分都是理解银行业的重要环节，本节和下节课集中谈贷款减值准备，第十课谈违约风险溢价。

贷款减值准备

银行需要对所有承担风险和损失的资产计提减值准备金，包括发放贷款和垫款、可供出售金融资产、持有至到期投资、长期股权投资、应收款项类投资、存放同业、拆出资金、抵债资产、其他应收款项等，也包括转贷并承担对外还款责任的国外贷款及表外承担风险的资产。但以公允价值计量且变动计入当期损益的金融资产不需要计提准备金；不承担风险的资产也不需要计提准备金，如委托贷款或持有的国债等。这其中针对“贷款和垫款”所做的减值准备，就叫贷款减值准备。贷款减值准备是减值准备金的主要构成部分，以2015年工商银行财报数据为例，贷款减值准备占据所有资产减值准备总和的98.88%。

基本概念

这里的准备金术语，容易和前面说过的交给央行的法定准备金、超额准备金混淆。以免产生歧义，对银行因承担风险和损失的资产计提的准备金，一般称为“资产减值损失”“资产损失准备”或者“拨备”，拨备就是拨出来准备着的意思。

拨备是预估的损失。例如，某日银行发放1000万元贷款，银行会根据预估损失率（如2.5%）立刻拨出25万元备着，将剩下的975万元计入资产负债表的“客户贷款与垫款”科目。这25万元就算作了银行当期的经营成本，计入利润表的营业支出里，科目名就叫“资产减值损失”。

这拨出来的25万元在资产负债表里不见了，从利润表里支出去了，但它并没有实际支出去，它还在银行，只是相当于找了个黑屋子单独存放。这个黑屋子在银行账本上就叫“拨备余额”或者“资产减值损失余额”。等日后损失真的发生了，如果数量没有超过预估的损失，如损失了16万元，只需要从黑屋子里拿出16万元“烧掉”即可。这个“烧掉”的过程就叫“核销”。核销行为是假定损失变成真实损失的过程，对于利润表和资产负债表都没有直接影响。

从财务角度说，拨备是一种谨慎的态度，把可能的损失当作成本对待，提高了财报数据的可靠性。从银行业务角度说，拨备可以起到平滑盈利波动的作用。在盈利好的年份里，通过多提拨备，减少当期利润；在盈利差的年份，通过少提拨备，增加当期利润，从而使经营结果相对平稳，不出现大起大落。

拨备，通常包括专项准备和一般准备，也有比较少见的、在特殊情况下计提的特种准备金，如国家遇到政治动荡、金融危机，直接影响到该国所有公司偿还贷款的能力，这时银行就可能需要单独提取特种准备金。

专项准备指针对非正常类贷款（关注类、次级类、可疑类和损失类）计提的减值拨备；一般准备指在专项准备不足以覆盖资产潜在风险，或者专项准备总额无法满足监管要求时，额外计提的拨备。一般准备通常以正常贷款余额为基数计提，也有以全部贷款或全部贷款减去专项准备后余额为基数的。监管要求一般准备不低于年末贷款余额的1%。

初解拨备计提标准

计提拨备，主要依赖对资产预期损失的估算。这个估算，有条件的银行可以使用内部模型法，依照银行历史经营过程中积累的、至少一个以上经济周期（指经济整体经历了繁荣、衰退、萧条、复苏、繁荣循环的时间段）的完整数据，根据各种资产的违约概率、违约损失率、不同资产之间的相关性等多种数据，建立模型估算。这种方法对银行数据累积和技术能力要求较高，只有被监管机构批准使用资本管理高级法的银行才有能力采用。截至目前，我国只有工、农、中、建、交五大行和招商银行，合计六家银行被允许使用高级法，其他银行只能按照监管部门规定的标准操作。[①]

央行给的计提指引标准是：正常类贷款为1%，关注类贷款2%，次级类贷款25%，可疑类贷款50%，损失类贷款100%。其中，次级和可疑类资产计提比例可以上下浮动20%。实践中，银行内部会根据本行更细的分类，如九级乃至十二级分类，分别给予不同的计提比例。

按照指引计提出来的专项准备，是无法达到财政部要求的“拨备必须能够覆盖资产潜在风险值”。财政部要求银行对所有实施了五级分类的资产，按照正常类1.5%、关注类3%、次级类30%、可疑类60%、损失类100%的风险系数计算潜在风险值，未实施五级分类的非信贷资产，按照余额的1%~1.5%计算潜在风险值。所以，专项准备显然不够。

同时，专项准备也可能无法满足银监会的监管要求。银监会的监管要求是：“贷款减值准备/不良贷款≥150%”且“贷款减值准备/贷款余额≥2.5%”。这两个指标，前者叫“拨备覆盖率”，简称“拨备率”，后者叫“贷款拨备率”，简称“拨贷比”。从监管指标计算公式就可以看出，除非关注类贷款总额非常高，否则专项准备无法满足银监会监管要求。

由于“不良贷款率=不良贷款/贷款余额”，如果将不良贷款引入银监会拨贷比公式，我们就会发现三个指标之间的关系：

---

① 所谓高级法，全称“资本管理高级方法”。指银行可以利用自己的数据和模型，对资产的信用风险使用内部评级法、对市场风险采用内部模型法、对操作风险采用标准法或高级计量法。这部分内容将在第十二课详谈。这里暂时只需知道一点：银行的数据积累和技术能力得到监管部门审查认可后，就可以使用自己的、更吻合实际情况的各项预测数据来做决定；反之，就必须按照监管部门提供的、无论是否符合本银行实际情况的“一刀切”标准。这个“一刀切”标准，对于信用风险和市场风险而言，叫作“标准法”或“权重法”。对于操作风险而言，叫作“基本指标法”。

$$拨贷比=\frac{贷款减值准备}{贷款余额}=\frac{贷款减值准备}{不良贷款}\times\frac{不良贷款}{贷款余额}=拨备覆盖率\times不良贷款率$$

顺便，我们还可以推导出同时满足拨贷比2.5%、拨备覆盖率150%的不良贷款率数值≈1.67%。当不良贷款率小于1.67%时，银行主要盯着拨贷比，只要拨贷比满足了2.5%，则拨备覆盖率必然大于150%；反之，当不良贷款率大于等于1.67%时，银行主要盯着拨备覆盖率，只要拨备覆盖率大于等于150%，则拨贷比必然大于2.5%。截至2015年底，我国商业银行不良贷款余额1.27万亿元，不良贷款率1.67%。看明白了这段监管指标推导，再看这个1.67%，不得不会心一笑，说一声：呵呵，真巧。

专项准备无法满足监管要求怎么办？答：计提一般准备。也就是把不足部分从正常类贷款或全部贷款中提取出来。怎么提呢？举个例子来说明。

拨备的计提

为了解拨备究竟怎么计提，我们虚构两家同样拥有1万亿元贷款总额的银行，银行甲不良贷款率为1%，银行乙不良贷款率为3%。其贷款五级分类数据如表8-1所示。

表8-1　甲、乙银行贷款分类　　单位：亿元

科目	甲银行	乙银行
贷款总额	10000	10000
正常贷款	9000	8500
关注贷款	900	1200
次级贷款	70	150
可疑贷款	20	100
损失贷款	10	50

甲银行，不良率1%，小于1.67%，所以银行为满足拨贷比2.5%的监管要求，需要计提250亿元拨备。

银行首先对非正常类贷款进行计提，如按照关注2%、次级30%、可疑60%、损失100%的指引，合计计提专项准备900×2%＋70×30%＋20×60%＋10×100%＝61亿元。

差额250－61＝189亿元，则需要计提一般准备。以全部贷款余额为基数，比例为189/10000＝1.89%；以正常类贷款为基数，计提比例为189/9000＝2.1%。

对于乙银行，由于其不良贷款率为3%，高于1.67%，故银行需要盯着拨备覆盖率150%的监管要求。针对300亿元不良贷款，需计提拨备450亿元。

银行同样先对非正常类贷款进行计提，得到专项准备1200×2%＋150×30%＋100×60%＋50×100%＝179亿元。

差额450－179＝271亿元，计提一般准备，以全部贷款为基数，计提比例2.71%，以正常类贷款为基数，计提比例3.19%。[①]

从上面的例子也可以看出，当不良贷款率高于1.67%的时候，150%的拨备覆盖率对银行利润表形成很大压力。一般来说，由于抵押、质押、担保等因素的存在，并非所有的不良贷款都会损失殆尽，所以最低要求100%拨备覆盖率已是足够。监管部门目前150%的拨备覆盖要求，是针对银行业景气阶段，有意识地引导银行多提拨备，为可能到来的经济下行期做准备。一旦确认进入经济下行期，银行不良率普遍超过1.67%之后，监管部门很可能会选择降低过高的拨备覆盖

① 为描述简单，本例中直接用了按照不同级别贷款组合计提的方式。实践中，银行会先针对数额巨大的单项不良贷款，核查并计提减值准备，然后再对其他数额较小的不良贷款打包按比例计提。但原理相同，都是先确定符合监管需要的计提总数，然后对非正常贷款进行计提，最后把不足部分在正常类或全部贷款中分摊计提。

率监管要求，增加银行资本，引导银行释放信贷，对冲经济下行。

在不良贷款率较高的阶段，降低拨备覆盖率对银行降低经营成本有很大帮助。例如上面的银行乙，3%的不良贷款率时，按照150%拨备覆盖率要求，需要计提拨备450亿元。而如果按100%拨备覆盖率要求，则仅需计提拨备300亿元（仍然足够满足2.5%拨贷比要求），直接增加银行税前利润150亿元（按25%所得税率估算，约增加110亿元以上净利润）。按照银行业目前净利息收益率约2.5%的水平衡量，类似于银行乙贷款规模在1万亿元基数上暴增45%左右的效果；按照资本充足率要求8%毛估，110亿元净利润（核心资本）足够支撑银行发放1300亿元以上的新增贷款，意味着仅靠降低拨备覆盖率监管要求一项手段，就使银行具备了贷款规模增速达到13%以上的能力。

此处还需要提一点：有些银行通过将贷款化装为非信贷资产，进入应收款项类投资科目。由于非标资产的信息不透明，按照"未实施五级分类的非信贷资产，按照余额的1%～1.5%计算潜在风险值"的要求，非信贷资产在减值准备计提上操作空间较大。实践中，应收款项类投资中的非标资产，其拨备率通常远低于贷款的拨备率。这是否意味着非标的质量显著优于贷款呢？恐怕不能，投资者面对此种情况时，可能需要按照该银行贷款的拨备率水平，重新审视非标所需计提的拨备以及这样操作后对该行资产和利润产生的影响。

以2016年中报数据看，上市银行中，五大国有行应收款项类投资占总资产比例较低，最低的工商银行占比仅1.43%；股份行应收款项类投资占总资产比例较高，最高的兴业银行占比高达37.66%，超越客户贷款与垫款项（占总资产比32.92%），成为了兴业银行资产配置的第一选择。

超额贷款损失准备

银行按照拨贷比和拨备覆盖率要求计提拨备，甚至在此基础上主动以更高标准计提拨备，所超出监管最低要求的部分，称之为“超额贷款损失准备”。已经假设损失掉并丢进黑屋子的超额贷款损失准备，在计算资本充足率时，可以计入二级资本里。

所谓监管最低要求，针对使用高级法的银行，指银行依照内部模型计算出来的预期损失。由于银行按照2.5%拨贷比或150%拨备覆盖率计提拨备，所以实际计提必然大于模型计算出来的预期损失。超过部分可以计入二级资本，但不是全部计入，有个上限：计入二级资本的超额贷款损失准备，不得超过信用风险加权资产的0.6%。同时又设置了一个宽限期：从开始被允许以高级法计量起的3年内（中、农、工、建、交、招六家银行是2014年4月被批准使用高级法的），拨备覆盖率100%~150%之间的超额贷款减值准备，计入二级资本不得超过信用风险加权资产的0.6%；拨备覆盖率超过150%的部分，不受限制，全部计入二级资本。

针对不使用高级法的银行，最低监管要求指实行100%拨备覆盖率所需要减值准备和应计提的专项准备金二者中数值较大的那个。但也不是所有的超额贷款损失准备都可以计入二级资本，也有上限：可计入部分不得超过信用风险加权资产的1.25%。

这里需要特别提醒一个很多专业人士也容易犯糊涂的东西：拨备中的“一般准备”和资产负债表股东权益里的“一般准备”不是同一个东西。不同部门的“老爷”，出文件时没有统一口径，搞得把猫叫咪，把狗也叫咪，纯粹折腾业内人士和投资者。谈拨备时说到的一般准备，指为了满足拨贷比或拨备覆盖率监管要求，计提的超出专项准备之外的贷款损失减值准备，它可以部分计入二级资本；而资产负债表股东权益里面的一般准备科目，是银行税后净利润的一部分，用以弥补未来莫须有的损失，虽然不可以用于股东分配，但依然属于股东权益，是银行的核心一级资本。

资产质量关键指标

对于投资者而言，拨备相关的监管指标非常重要。因为拨备是作为成本计入银行利润表的，其计提的多寡直接影响银行当期利润，影响银行的每股收益，从而影响银行的股价。

指标的实际执行

不良贷款率、拨备覆盖率、贷款拨备率这三个与拨备相关的指标，构成了监控贷款质量的核心数据。我们可以在财报一开始的“财务概要”部分迅速地找到它们（还记得吗？我们前面在这儿找到过资本充足率指标），如工商银行 2015 年财报第 11 页。

资产质量指标（%）	2015 年	2014 年	2013 年
不良贷款率	1. 50	1. 13	0. 94
拨备覆盖率	156. 34	206. 90	257. 19
贷款拨备率	2. 35	2. 34	2. 43

老唐，站住，哪里跑！你前面不是说不良贷款率在 1. 67% 之下的时候，银行主要需要满足拨贷比 2. 5% 的监管要求吗？为何这里三年（上表加灰色的 2015、2014、2013 年数据）全部都不足 2. 5%？工商银行为何会堂而皇之地出现计提不足的现象呢？

待老唐另放一张图，再来解释这个问题。

图 8 - 1 是过去十年工商银行的拨贷比和净利润增速对比图。拨贷比 2. 5% 及拨备覆盖率 150% 的监管要求，是 2009—2010 年期间设计、2011 年 7 月正式公布的。如果你用手盖住 2010 年之后的数据，会发现

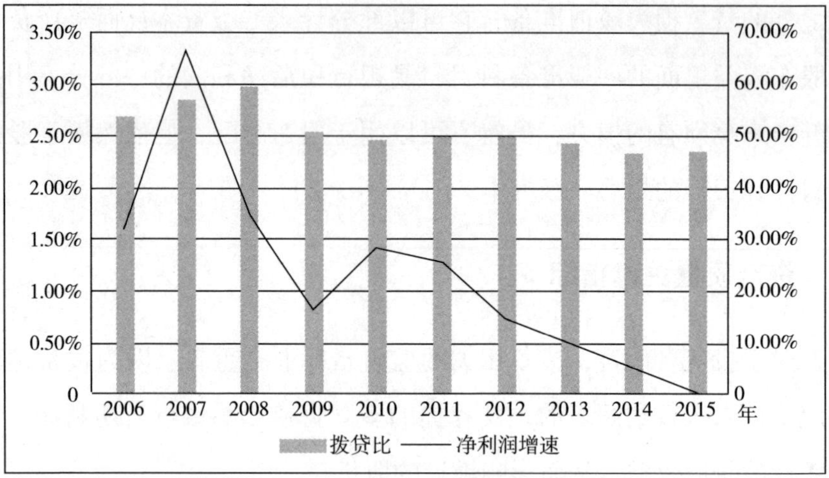

图8－1 2006—2015年工商银行拨贷比与净利润增速对比

这行业实在是太火爆了，太高成长了！净利润增速动辄百分之二三十，甚至有超过60%的，即便遭遇2008年全球次贷危机，最低增速也超过16%，且在2010年迅速扭转，重新回到近30%的高增长态势。用某银行行长知名言论表达，就是“赚钱赚的自己都不好意思了”。此时，无论监管机构还是业内人士，对未来均持乐观态度，此种心态下设计的监管标准很难不高。

然而，看监管标准执行以后的净利润增速曲线，2012年15%左右，还算远高于国家GDP平均增速，但2013年面临什么情况呢？净利润增速10.17%，这是在拨贷比2.43%的情况下达到的。如果按照监管要求增加拨备，将拨贷比提升至2.5%以上，会面临什么情况呢？

2013年末贷款余额99223亿元，需要额外计提0.07%约70亿元拨备，即减少税前利润约70亿元。按照工行实际税负约23%计算，减少净利润54亿元，当年净利润增速将从10.17%降低为约7.8%。10.17%和7.8%，首先，有两位数增长和个位数增长的区别；其次，7.8%的数据或许会低于当年我国GDP增长，导致工商银行扮演拖全国GDP增长后腿的角色（说或许，是因为工行做财报的时候，2013 年全国 GDP 增速数据尚未出炉，但已知 2012 年全国 GDP 增速是 7.8%）。

同样原理，如果 2014 年财报做到拨贷比 2.5%，净利润增长将从报表体现的 5.07%，变成 –0.2%。正增长和负增长之间的差异，对于国有大行领导的意义，你懂的；依然是同样原理，如果 2015 年财报做到拨贷比 2.5%，净利润增长将从报表体现的 0.52%，变成 –4.5%，也就是说这个 2.35% 的拨贷比，是在保证净利润增长为正数（虽然只有 0.52%，也是正数啊）的前提下倒推出来的。

这些数据说明什么呢？如果我们能读懂在同样拨贷比的条件下，2013 年的净利润增速是从 2012 年的 15% 左右，腰斩为 7.8% 左右，并且拨备里面有欠账等待 2014 年来填坑，一个理性投资者至少需要对银行业 2014 年的发展排除乐观，改持谨慎态度；当我们阅读了 2014 年财报，发现银行在贷款规模增长的情况下，仍然需要竭尽全力从报表上腾挪，来力保净利润持平时，行业的下行期已经可以基本认定；2015 年财报则进一步展示了银行依赖少提拨备，将 –5% 左右的负增长美化成 0.52% 的正增长，掩盖净利润加速下滑的事实。注意，这里说的是行业情况，不是谈股价。股价不仅受行业情况、企业情况影响，还受估值高低、市场情绪、短期热点等多种因素影响。

监管与被监管的博弈

可是，另一个问题出现了：监管部门要求的监管指标，下面的银行没达标就没达标吗？为什么银监会不管呢，为什么不强制要求增加拨备计提呢？

这里就要说到银行监管方面的一个指导理论：动态拨备理论。所谓动态拨备理论，指金融监管机构需要依据经济周期、宏观经济政策、产业政策、银行贷款分类偏离度、贷款损失变化趋势等因素对银行贷款损失准备监管标准进行动态调整。金融企业根据宏观经济形势变化，采取逆周期计提拨备的方法，在宏观经济上行周期、不良贷款率相对较低时多计提拨备，增强财务缓冲能力；在宏观经济下行周期、不良贷款率升高阶段，少计提拨备，并动用积累的拨备吸收损失。简单说也就是拨备覆盖率150%和拨贷比2.5%的指标值不是一成不变的，是可以由监管层根据多种因素进行动态调整的。

理论上说，高拨备要求在经济下行期本就不合理，必将和政府宏观经济调控的扩大信贷、刺激需求的要求相抵触。例如，当经济下行，银行的不良贷款率由1.67%以下变成3%的时候，如果拨备覆盖率维持为150%，拨贷比要从2.5%提升为4.5%。这样，银行就必须再提取所有贷款的2%作为拨备，这几乎就能吃掉银行贷款全部净息差，意味着银行全年所有贷款不创造一分钱利润，无法对资本进行补充。资本无法得到补充，资本充足率的硬指标就决定了银行将无法扩大信贷，除非继续融资。而经济下行期，从宏观角度讲，中央政府恰恰需要的是银行扩大信贷、刺激经济。正因如此，监管层才能够接受动态拨备的监管理念，并在拨备覆盖率和拨贷比等指标上，采取根据情况适时调整监管力度的弹性做法。

当然，制约监管层降低拨备覆盖率和拨贷比监管标准的问题也存在，主要是对金融动荡的恐惧。毕竟我国银行业贷款五级分类的真实性、可靠性都未经市场考验。包括使用高级法的银行在内的我国所有银行，都没有经历过一个完整的市场化经济周期，一直面临的是GDP平均增速高达10%以上的环境，没有机会积累GDP增速6.5%情况下的银行不良数据。无论是监管机构给的分类指引，还是银行自有数据对于违约概率、违约损失率等数据的估计，是否贴近真相，监管层心中也没有底。这种情况下，宁愿保守一些，放缓增长，也要高标准计提来保护银行资本，以免在意外危机来临时，银行资本不足以应对，出现系统性经济危机。

银行业和宏观经济现状需要监管标准降低，然而监管机构却担忧降低标准可能埋下金融危机的祸根。标准降或不降，就在两种力量之间博弈前行。国有大行主动暴露数据，突破监管指标数据要求，也算是这博弈的一部分（2016 年 10 月，工行为此被央行“打屁股”——MPA 考核扣分。关于央行 MPA 体系相关知识，在第十五课谈）。

附上工商银行过去十年的贷款质量指标数据，方便各位直接使用。

表 8－2　2006—2015 年工商银行贷款质量指标　　单位：百万元

年	不良贷款	不良率	贷款余额	拨备覆盖率	拨贷比	净利润	净利润增速
2006	137,745	3.79%	3,631,171	70.56%	2.68%	49,436	32.16%
2007	111,774	2.74%	4,073,229	103.50%	2.84%	81,990	65.85%
2008	104,482	2.29%	4,571,994	130.15%	2.97%	111,151	35.57%
2009	88,467	1.54%	5,728,626	164.41%	2.54%	129,350	16.37%
2010	73,241	1.08%	6,790,506	228.20%	2.46%	166,025	28.35%
2011	73,011	0.94%	7,788,897	266.92%	2.50%	208,445	25.55%
2012	74,575	0.85%	8,803,692	295.55%	2.50%	238,691	14.51%
2013	93,689	0.94%	9,922,374	257.19%	2.43%	262,965	10.17%
2014	124,497	1.13%	11,026,331	206.90%	2.34%	276,286	5.07%
2015	179,518	1.50%	11,933,466	156.34%	2.35%	277,720	0.52%

第九课　减值准备（下）

上节课说过，在资产负债表的资产部分汇报的各项资产数据，是已经去掉了拨备之后的净值。计提的拨备则直接送进一间银行单独建造的黑屋子里，假设已经亏掉了。这个假设并不会告知业务部门，也不会免除客户还款的义务。如果最终并没有产生损失，这笔拨备就需要从黑屋子里出来，重新回到光明正大的账上来。那么，这间黑屋子里的进进出出，投资者又如何通过阅读财报来了解呢？下面我们把目光投向这间神秘的黑屋子。

黑屋子里重点找什么

首先，需要银行承担风险的资产（以公允价值计量且变动计入当期损益的交易性金融资产例外），都会通过附注来披露资产原值、拨备及净值数据。我们随意拿“拆出资金”举例，2015 年工商银行财报 222 页（附件第 43 页）如下。

3. **拆出资金**

	本集团	
	2015 年 12 月 31 日	2014 年 12 月 31 日
拆放同业及其他金融机构:		
境内银行同业	55,375	90,107
境内其他金融机构	284,335	272,392
境外银行同业及其他金融机构	132,563	116,030
小计	472,273	478,529
减:减值准备	(39)	(26)
合计	472,234	478,503

上表的含义就是截至 2015 年 12 月 31 日，工商银行对同业的拆出资金总额是 4722.73 亿元，其中计提了 0.39 亿元的减值准备丢进黑屋子里，假设已经收不回来了。这样，剩余的净值 4722.34 亿元填在资产负债表的资产端的“拆出资金”科目里。

银行的现金类、投资类和经营类资产，要么无须拨备，要么就是损失的可能性极小，拨备比例很低。例如这里的拆出资金，拨备占拆出资金总额的比例仅为 0.008%，所以银行也就没有进一步披露相关明细。真正重要的、需要详细披露给投资者的拨备数据，主要集中在“客户贷款与垫款”科目下。

顺着资产负债表客户贷款与垫款科目后面的附注四第 7 条，我们能在财报的 230 页（附件第 51 页），看到如下表述。

7. 客户贷款及垫款

7.1　客户贷款及垫款按公司和个人分布情况分析如下:

	本集团		本行	
	2015 年 12 月 31 日	2014 年 12 月 31 日	2015 年 12 月 31 日	2014 年 12 月 31 日
公司类贷款及垫款:				
贷款	7,869,552	7,612,592	7,315,786	7,083,319

续表

	本集团		本行	
	2015 年 12 月 31 日	2014 年 12 月 31 日	2015 年 12 月 31 日	2014 年 12 月 31 日
票据贴现	522,052	350,274	511,707	344,099
小计	8,391,604	7,962,866	7,827,493	7,427,418
个人贷款:				
信用卡	419,499	366,245	415,134	362,624
个人住房贷款	2,516,197	2,070,366	2,486,150	2,047,764
其他	606,166	626,854	570,255	597,571
小计	3,541,862	3,063,465	3,471,539	3,007,959
客户贷款及垫款总额	11,933,466	11,026,331	11,299,032	10,435,377
减:减值准备(附注四、7.4)				
单项评估	(51,499)	(41,245)	(47,874)	(39,080)
组合评估	(229,155)	(216,336)	(224,682)	(212,082)
小计	(280,654)	(257,581)	(272,556)	(251,162)
客户贷款及垫款净额	11,652,812	10,768,750	11,026,476	10,184,215

这里展示了截至2015年12月31日，工商银行客户贷款及垫款的总额为119334.66亿元，减去拨备2806.54亿元，得出的客户贷款与垫款净额116528.12亿元，就是资产负债表中记录的工商银行的客户贷款与垫款数。

减值准备项目下又分单项评估和组合评估进行披露。这就是前面说过的银行计提减值准备的顺序：首先对大额不良贷款逐笔评估潜在损失，计提减值准备，这一步叫“单项评估”；接着对剩余的不良贷款按照分类，或根据银行自有模型估算的违约概率、违约损失率等数据，或根据监管部门的计提指引标准，计提减值准备，这一步叫“组合评估”。有些银行会采用将公司贷款细分为单项和组合、个人贷款全部按照组合评估的方法披露。

单项评估和组合评估加总起来，就是减值准备的总数。因为是财报里的损失项目，所以数字用括号括起来（括号的作用等于负号）。

这个减值准备数据是黑屋子里的存货总量，是历年累积变化的滚存数据，所以银行还需要披露期内变动数据。期内变动数据顺着减值准备四个字后面括号里所指向的“附注四、7.4”去阅读。

来到位于财报232页（附件第53页），看到了附注四、7.4的披露如下。

7.4 贷款减值准备

本集团

	单项评估	组合评估	合计
2014年1月1日	39,065	201,894	240,959
减值损失(附注四、40)	37,610	18,657	56,267
其中:本年新增	59,516	134,411	193,927
本年划转	861	(861)	—
本年回拨	(22,767)	(114,893)	(137,660)
已减值贷款利息收入(附注四、32)	(2,779)	—	(2,779)
本年核销	(33,875)	(4,489)	(38,364)
收回以前年度核销	1,224	274	1,498
2014年12月31日及2015年1月1日	41,245	216,336	257,581
减值损失(附注四、40)	63,728	22,294	86,022
其中:本年新增	91,878	134,262	226,140
本年划转	902	(902)	—
本年回拨	(29,052)	(111,066)	(140,118)
已减值贷款利息收入(附注四、32)	(4,156)	—	(4,156)
收购子公司	326	88	414
本年核销	(50,365)	(9,931)	(60,296)
收回以前年度核销	721	368	1,089
2015年12月31日	51,499	229,155	280,654

这张表对投资者而言，算得上整份财报中最重要的表格了，大部分的银行股投资者被难住，也是在这张表上。学会看懂这张表，银行财报阅读基本就不会有大障碍了。

解读大原则

首先，这是一份记录黑屋子里存货进出的流水账。

其次，我们只用看最后一列的合计数据即可。至于减值准备里有多少是单项计提的，有多少是组合计提的，相当于黑屋子里分设了两个大柜子，存货放在哪个柜子里，盘库的监管检查人员会关心，但与投资者关系不大。

然后，还得知道这份流水账仅仅记录的是客户贷款及垫款科目下的减值准备。至于其他资产对应计提的减值准备在哪里呢？上表中方框内显示“附注四、40”。在财报 271 页（附件第 92 页）可以找到资产减值损失构成如下。

40. 资产减值损失

	本集团	
	2015 年度	2014 年度
存放同业及其他金融机构款项减值损失	98	48
拆出资金减值计提/(回转)	13	(40)
贷款减值损失(附注四、7.4)	**86,022**	**56,267**
可供出售金融资产减值(回转)/计提	(4)	163
持有至到期投资减值(回转)/计提	(25)	3
固定资产减值损失(附注四、12)	324	123
抵债资产及其他资产减值损失	565	165
合计	86,993	56,729

上表中灰色的“资产减值损失”合计数 869.93 亿元，就是工商银行需要在 2015 年度利润表里作为经营成本扣除的。其中加粗字体“贷款减值损失”是核心部分，占据全部减值损失的 86022/86993 = 98.88%。也就是最重要的“7.4 贷款减值损失”表剖析的数据。

细读贷款减值准备

现在我们来看黑屋子占全部减值损失 98.88% 的“贷款减值准备”明细账（其他 1.12%，数字太小，银行没有提供明细）。

7.4 贷款减值准备表的上半部分，讲的是前一年（2014 年）贷款减值准备的变化，如下所示。

7.4　贷款减值准备

本集团

	单项评估	组合评估	合计
2014 年 1 月 1 日	39,065	201,894	240,959
减值损失(附注四、40)	37,610	18,657	56,267
其中:本年新增	59,516	134,411	193,927
本年划转	861	(861)	—
本年回拨	(22,767)	(114,893)	(137,660)
已减值贷款利息收入(附注四、32)	(2,779)	—	(2,779)
本年核销	(33,875)	(4,489)	(38,364)
收回以前年度核销	1,224	274	1,498

减值损失

上表最后一列第一行数字 240959（单位百万元，下同），是 2013 年财报里汇报的黑屋子里的总存货，也是 2014 年财报的起始数字。

第二行最后一列标注的减值损失 56267，代表 2014 年往黑屋子里送进去 562.67 亿元。它是直接成为 2014 年利润表里的支出项“资产减值损失”567.29 亿元的核心部分（占比约 99.19%）。

第二行下面的方框，是交代上面的 562.67 亿元是如何产生的。这里有三个关键术语需要解释。

（1）本年新增。本年新增代表当年新计提的贷款减值准备，这是黑屋子里的新增存货，有些银行写作“本年计提”。它是银行当年持有贷款资产付出的代价（本年计提与贷款平均余额之比，一般也被称为“信用成本”或“信贷成本”)。本年计提的具体方法上节课已经谈过。银行的不良资产率越高，本年需要计提的拨备就越多，当期利润表里需要减去的“资产减值损失”就越大，利润和净利润数据则相应减少。

(2)本年划转。本年划转合计数为零，而单项评估和组合评估数字一样，一正一负，啥意思呢?很简单，就是在黑屋子里从这个柜子搬到那个柜子的行为。为啥搬呢?回忆我们前面说的银行首先对某些大笔的不良进行单项计提(嗖!丢进单项评估的柜子里)，然后对于剩余的、较小数额的不良贷款，打包评估计提(嗖!丢进组合评估的柜子里)。过了一段时间，某些以前在组合柜里打包评估的贷款，成长为需要单独评估了。仓库管理人员进去库房，从组合柜里扯出来，丢进单项评估的柜子里。或者相反，有些以前单项评估的不良贷款，现在或由于部分还款，或由于其他更大的不良贷款挤压，重要性排名下降了，被库管从单项里扯出来丢进组合柜了。所以，对这个划转行为，你可以想象成库管在黑屋子里高喊：“我们不生产拨备，我们只是拨备的搬运工。”它既不影响黑屋子里拨备的库存总量，也不影响黑屋子外面的资产负债和利润状况。

(3)本年回拨。回拨是把存货从黑屋子里搬出来，回到银行正常账册上的行为。它会减少黑屋子里的拨备，对冲搬进来的“本年新增”，从而减少银行当期支出，增加银行当期利润，同时也会增加资产负债表的客户贷款与垫款科目的总额。为什么要从黑屋子里搬出来呢?通常是有两种情况：一是收回部分本金；二是贷款升级了!

某笔贷款收回部分本金，但原贷款编码未变(银行内部给每一笔贷款有个唯一的识别编码)，这样，这笔贷款期末所需的拨备小于期初拨备，所以，需要将收回本金部分的拨备从黑屋子里搬出来，叫作

"回拨"。这个很容易理解，不太好理解的是贷款升级。

什么叫贷款升级呢？例如，某笔贷款本来已经归入五级分类里的损失类，按照100%计提了。后来贷款客户或担保人好一通挣扎，居然败中求胜，打出一片天地，或者找到一个"接盘侠"投入资金，总之现金流等各项经营数据变好了。按照银行模型或分类指引特征，可以从损失类变成可疑类了，这就是贷款升级了。同样，也可以是可疑变次级、次级变关注、关注变正常。

贷款的升级引发计提比例的变化，对于该笔贷款的拨备就需要少提乃至不提了。这时候，把以前提的拨备从黑屋子里搬出来，这个行为就叫"本年回拨"，有些银行命名为"本年转回"或"转回"（有部分银行直接在"本年新增"科目下披露本年新增和本年回拨的合计结果数据，因而不再单设回拨或转回科目)。

由于贷款升级会通过本年回拨科目对冲本期新增拨备，减少当期利润表的支出，增加当期净利润，因而在经济周期好转的时候，除了银行正常经营的收益好转以外，还会通过本年回拨产生利润叠加效应，即所谓拨备反哺利润现象，从而使经济触底之后银行利润的增长明显优于经济复苏的程度。

扩展知识

另外有两个常见名词"转出、转入"，和转回长得很像，容易混淆，这里也一并解释一下。

转出指某些不良贷款进行了重组，变成了对其他主体的债权甚至变成了该公司或其他公司的股权（债转股，从贷款变成长期股权投资或可供出售金融资产），或者对相关资产处理后归还了不良贷款（如将不良资产转化成为抵债资产或者卖给资产管理公司），导致债权和拨备都不存在了，这个叫转出。

转入这个名词，指从原非信贷资产（贷款与垫款之外的其他银行资产）变成贷款时，一并跟着进来的减值准备。现在绝大部分银行已经不用这个名词了，它实际上可以看成“本年新增”的一部分。

回拨或转回，是债权本身还在（大部或全部），只是银行对其的评价和估值发生变化，造成的拨备减少；转出是债权和拨备都一起没了。在“债权和拨备一起没了”这个特点上，转出和核销类似，因而也有些银行将转出和本年核销放在一起汇报，叫“本年核销及转出”或“本年转销”。

另外还有一种针对可供出售金融资产的“转出”，虽与贷款拨备无关，但由于叫法一样，此处也顺带做个解释。前面谈资产的时候说过，可供出售金融资产的公允价值波动，是直接进入净资产、不影响当期利润的。但当有可靠证据确认可供出售金融资产发生减值的时候，无论该项资产是否终结，原来计入净资产里的累计损失，将从净资产里转出来，进入利润表的减值损失准备里，变成当期利润表的成本项，减少当期利润。这个行为也叫“转出”——从“净资产——其他资本公积”里“转出”至资产减值损失准备里。

当可供出售金融资产确认减值损失后，如有证据表明该金融资产价值已恢复，且客观上与确认该损失后发生的事项有关，原转出的减值损失又按以下三条规则处理：(1) 债权类可供出售金融资产，原转出的减值损失予以转回（回拨），影响当期损益；(2) 权益类可供出售金融资产，公允价值的上升直接计入净资产；(3) 以成本计量的权益类可供出售金融资产（一般为非上市公司股权），原转出的减值损失不允许转回。(参看《手把手教你读财报》83 页)

总结：这个方框里的变化结果，就是方框上面“减值损失”的总数，它直接与银行当期资产负债表和利润表相关。“本年新增”是从银行贷款里切了一块丢进黑屋子，减少银行当期利润，减少银行总资产和净资产；“本年划转”是黑屋子里面的腾挪，与利润表及资产负债表无关；“本年回拨”是从黑屋子里搬回银行资产负债表的行为，减少黑屋子存货总量，通过对冲“本年新增”，减少了利润表“资产减值损失”数据，增加银行当期利润，增加银行“客户贷款和垫款”净值（或现金类资产、长期股权投资等其他资产），增加银行总资产和净资产。

已减值贷款利息收入

已减值贷款利息收入，有的银行叫作“已减值贷款利息回拨”“已减值贷款折现回拨”或“已减值贷款折现转出”，它减少黑屋子拨备的总量。这个结论简单易记，对投资者而言，也够用了。但要完全理解它，还略显麻烦。

首先要知道，减值贷款产生的利息收入不符合会计的审慎原则，也不符合生活常识——本金的偿还都可能出问题，你显然不能继续假装它还在给你产生利润。但是，银行计算贷款利息收入的时候，会使用合同约定利率或者摊余成本法下的实际利率（关于摊余成本，请参看《手把手教你读财报》77～82页），从而导致部分不应产生利息收入的贷款产生了数字上的利息收入。这些收入是权责发生制下的“假收入”，会虚增贷款账面值（可以理解为老本金加上应收利息成了新本金），于是就需要有个方法将这个虚增部分对冲下来。

扩展知识

权责发生制与我们日常收支及利润概念不同。生活中的收支和利润概念，多以现金的收和支来界定收入和费用，收到手上的就是收入，支出去的就是费用。而会计准则里的权责发生制，不考虑是否在本期收到或付出现金，只是以权利或责任的发生来确定应收（应该得到的收入）和应支（应该支出的费用），差额就是会计意义上的利润。详细了解请参看《手把手教你读财报》132 页。

怎么对冲呢？方法是减少拨备，利用“已减值贷款利息收入”处理。例如，原某笔不良贷款 100 元，减值准备提了 30 元，贷款就由账面值 70 元和拨备 30 元组成了。年末，利润表计算了 5 元应收未收的利息收入，那么该笔贷款就变成了 75 元 + 30 元，虚增了资产值。为了解决这个问题，会计准则就要求记录 5 元利息收入的同时，记录负值的“已减值贷款利息收入”，减少 5 元拨备，使其变成 75 元面值和 25 元拨备。然后在计算本年计提时，这笔贷款只有 25 元的拨备了，在贷款分类和计提比例没有发生变化的情况下，拨备不足了。计算本年计提时，就会多计提 5 元拨备出来，补足 30 元，从而从账面上干掉那笔虚增的利息收入。

顺着该科目后面的附注四、32，会找到位于财报 268 页（附件 89 页）的附注 32 的说明：“（1）本年度的客户贷款及垫款利息收入中包括已减值贷款利息收入人民币 41.56 亿元（2014 年：人民币 27.79 亿元）。”这里的 27.79 亿元就是这笔 2014 年已减值贷款产生的利息收入，在方框下面用（2779）记录，代表存拨备的黑屋子减少了存货 27.79 亿元。

本年核销

核销比较简单，就是损失发生后，经过绞尽脑汁追讨，穷尽手段也没办法追回来，然后经过监管部门“恩准”，这笔不良贷款从不良贷款账本里划掉，把它所对应的拨备也从黑屋子里搬出来“烧掉”，有些银行命名为“本年处置”。

核销行为减少监管机构眼里的不良贷款总额（实际并没有减少，只是银行单独建一笔“追杀名单”讨债而已），同时直接减少黑屋子里的拨备存货。核销行为不改变资产负债表记录的贷款净额数据（会减少贷款总额），因而也不影响资产负债表，不影响利润表。但核销会影响不良贷款率、拨备覆盖率以及拨贷比等监管指标。

怎么影响呢？依然举个例子解释，假如某银行有贷款总额10000亿元，不良贷款250亿元，黑屋子里存着拨备350亿元，不良贷款率2.5%，拨贷比3.5%，拨备覆盖率140%。此时，拨备覆盖率低于监管要求。为了达到监管标准，一种方法是银行增加25亿元拨备，提升拨备覆盖率至150%，提升拨贷比至3.75%，代价就是当期税前利润会降低25亿元；另一种方法是核销50亿元不良贷款，在不新增拨备计提的情况下，不良贷款变成200亿元，拨备变成300亿元，不良贷款率由2.5%降低为2%，拨贷比由3.5%降低为3%（依然高于监管要求的2.5%），拨备覆盖率变成300/200＝150%，也达到监管要求，且无须付出减少当期利润的代价。两种方法的差异如表9－1所示。

表9－1　计提拨备VS核销坏账　　单位：亿元

	贷款总额	不良贷款	不良率	拨备	拨贷比	拨备覆盖率	税前利润
当前贷款现状	10000	250	2.5%	350	3.5%	140%	X
计提拨备25亿元	10000	250	2.5%	375	3.75%	150%	X－25
核销坏账50亿元	9950	200	2.01%	300	3.0%	150%	X

通过核销，不仅使拨备覆盖率达标，还使得不良率下降了，同时没有对当期利润造成任何影响。如果银行直接核销100亿元，不良率瞬间降为1.5%，满足拨贷比2.5%的同时，拨备覆盖率还可以升到250/150≈167%，报表会更好看。银行为什么不这么干呢？

不是不想干，是被监管部门卡着干不了。不良贷款的核销是有严格要求的，并非银行想核销就可以核销。它的认定和批准有一整套严格流程。根据《金融企业呆账核销管理办法》（2013 年修订版）规定，核销不仅要出具一大堆能够证明这笔钱确实收不回来的证据，还需要出具能证明银行已经使用过所有可行手段，且这些手段大部分还需要法院文书或者政府部门文件证明，甚至某些坏账还需要官司打了、法院裁决了、然后公安部门立案侦查两年以上不能追回这样一些急不来的时间限制。

财政部和银监会对银行核销不良贷款的行为进行监督和管理，每年检查的覆盖面不低于核销金额的 20%。虚假核销要根据金额和性质承担行政处分乃至刑事责任。其中各类令人头皮发麻的材料要求，如果您感兴趣的话，可以搜管理办法原文来看。

财政部这么严格盯着，很容易理解。因为核销代表确定的损失造成，这笔损失就可以抵扣税款，直接减少国家财税收入。对于财政和税务部门而言，财报上计提的减值损失准备，并非银行真实支出，你们怎么保守做账是你们的事。财政和税务部门必须坚守规则，严格审核不良贷款的核销，不让一个偷漏税分子得逞。银行的减值计提和税务部门的损失认定差异，也是银行递延所得税资产和负债的主要来源。

不过，若银行真是被逼急了，必须得满足什么监管指标的时候，也还是有办法走另一条核销之路的，就是将不良贷款打折转让给特殊目的载体（SPV）或者资产管理公司，使估算损失变成真实损失，从而满足税法规定，实现核销。当然，由于卖给 SPV 或资产管理公司，必定要让接手者有利可图，其转让价格相对于预计能够回收的金额是有折让的，银行一般情况下并不乐意这么做。

扩展知识

银行发行一个非保本理财产品，买入了某些理财协议约定好的资产，这些资产产生的盈亏均由购买理财产品的客户负担，此时银行就必须单独为这些钱建一笔账，这个账本就类似设立了一个虚拟的金融机构，称之为“特殊目的载体”或者“特定目的载体”，英文简称“SPV”。特定目的载体最常见的是理财产品、信托投资计划、证券公司资产管理计划、基金公司资产管理计划、保险公司资产管理计划等。

收回以前年度核销

说完本年核销，下面的“收回以前年度核销”也就容易理解了。当银行把不良贷款及其拨备从黑屋子里拿出来烧掉以后，居然有部分钱被收回来了。收回来的这部分钱，扣除收账的相关费用（如诉讼、执行、媒体、差旅等）后，就要召唤“月光宝盒”了，嗖的一声把原来烧掉的拨备和贷款对应数额一起还原。收回以前年度核销就是这个还原的过程，它增加黑屋子里的存货总量。

解读总结：以工商银行为例

通过上述步骤，工商银行财报展示了拨备这间小黑屋里存货总量在2014年度内的变动情况，具体过程如下。

期末减值准备余额 = 期初减值准备余额 + 本期减值损失 - 已减值贷款利息收入 - 本年核销 + 收回以前年度核销

= 期初减值准备余额 +（本期计提 - 本年回拨）- 已减值贷款利息收入 - 本年核销 + 收回以前年度核销

= 240959 + 56267 - 2779 - 38364 + 1498

= 240959 +（193927 - 137660）- 2779 - 38364 + 1498

= 257581

这个257581就是2014年12月31日拨备这间小黑屋子里存货的总量，也就是下一年的期初减值准备余额。接下来，财报继续汇报2015年的流水账。

2014年12月31日及2015年1月1日	41,245	216,336	257,581
减值损失(附注四、40)	63,728	22,294	86,022
其中:本年新增	91,878	134,262	226,140
本年划转	902	(902)	—
本年回拨	(29,052)	(111,066)	(140,118)
已减值贷款利息收入(附注四、32)	(4,156)	—	(4,156)
收购子公司	326	88	414
本年核销	(50,365)	(9,931)	(60,296)
收回以前年度核销	721	368	1,089
2015年12月31日	51,499	229,155	280,654

各项内容含义和上面谈的2014年一样。年初余额257581（单位百万元，下同），加上当年利润表里体现的减值损失86022（占利润表里减值损失86993的98.88%），减去已减值贷款利息收入4156，加上2015年内因收购子公司而计提的贷款减值准备414，减去2015年的核销数60296，加上2015年内收回以前年度核销1089，得出截至2015年拨备小黑屋里的存货总量2806.54亿元。

用2806.54亿元除以贷款总额119334.66亿元（注意，不是资产负债表客户贷款与垫款净额数据116528.12亿元），得出拨贷比2.35%；用2806.54亿元除以不良贷款总额1795.18亿元（次级、可疑和损失贷款合计，财报72页有披露），得出拨备覆盖率156.34%。[①]

这里唯一比2014年多了一项，叫“收购子公司”，并为此计提减

① 根据银监会年报，截至2015年底，商业银行贷款损失准备金余额2.3万亿元，比年初增加3,493亿元；拨备覆盖率181.18%，比年初下降50.86个百分点；贷款拨备率3.03%，比年初上升0.13个百分点。

值准备4.14亿元。查阅工商银行2015年财报，152页有披露，涉及子公司收购的主要是收购标准银行、收购Tekstilbank以及终止收购台湾永丰银行，这里产生了与贷款有关的减值损失4.14亿元，估计和放弃台湾永丰银行相关。因数额较小，财报未做详细披露。

至此，各位已经理解了拨备的构成及其变化，越过了银行财报阅读最困难的环节了，恭喜！

第十课　贷款的定价与管理

前面说过，银行生意的宿命是无法避开不良贷款。面对不良贷款可能带来的损失，银行通过两种方法处理：一是从银行的经营收入中抠出一块去填，叫作“计提减值准备”；二是在给贷款定价的时候，加上一个违约风险溢价，将预期损失分摊在所有贷款人身上，叫作“违约风险溢价”。前两节课我们谈了减值准备，这节课谈违约风险溢价。

违约风险溢价

基本原理

有过海淘经验的朋友都知道，同样的进口商品，海淘之所以比在国内买便宜，核心原因是躲过了海关羊毛大剪的缘故。但并非所有人都躲得过，海关会按照一定比例抽查部分包裹，被抽中的人就需要补税，网友戏称“被税了”。前段时间老唐海淘一双跑鞋，埋单时发现网站多了个设置：你付 10 元钱，网站包税，一旦你被税了，网站赔偿。这真是一个聪明的设置！如果没有被抽到，负担也不重，只当买个心安；如果不幸被海关抽中，大喜，花10元省200元甚至更多！

网站有额外支出吗？没有。它只是将必然有一定比例抽检带来的税款平摊到所有买家头上。这就是借鉴保险或银行的做法：通过定价，将必然损失提前分摊，完成成本转嫁。

银行通过让贷款的价格（利率）=资金成本+运营成本+损失平摊+目标利润，完成成本转嫁。其中损失平摊部分就叫“违约风险溢价”，是所有贷款客户为他们中间可能会诞生的违约者埋单。这个定价法就是银行最基础的定价模型：成本加成定价法。当然，在此基础上，还演化出其他定价模型，如风险调整资本收益定价法、单个客户综合盈利定价法，以及目前银行主要使用的基础利率加点定价法等，但基本原理与成本加成定价法一致。

成本加成定价法

成本加成定价法公式里，资金成本、运营成本、目标利润，都是可以计算或直接设定的，所以关系到贷款定价是否能够给银行带来利润的核心数据就是对于“损失平摊”的取值。平摊，不是摊过去的损失，而是平摊“未来可能发生”的损失。既然是“未来可能发生”，它就是个预期值。未来真实损失可能比这个预期值大，导致银行并没有取得预想的目标利润；同样，未来真实发生的损失也可能等于或者小于预期值，使银行获取等于或大于预定目标的利润。

举个例子来说明违约风险溢价的设定。如果某银行发放了1000笔金额为100万元的1年期贷款，银行的资金成本、运营成本分摊以及税务成本合计为3.5%，银行要求的目标利润为总金额的2%（由于银行放贷用的是“伪钞”，若按照10%资本充足率毛估，2%的目标利润相对净资产而言，收益率约20%），若不考虑预期损失，客户需要承担的贷款利率就是3.5%+2%=5.5%。但根据历史数据和模型计算，此类型客户平均违约率为2%，违约后平均损失率为50%（抵质押及担保等因素），预期损失就是1000×2%×100×(1+5.5%)×50%=1055万元，这1055万元就需要平摊到1000位客户头上，每位承担1.055万元，相对于100万元本金而言，意味着增加违约风险溢价1.055%，因此，这1000位客户获取贷款的利率就变成3.5%+2%+1.055%≈6.56%。

之所以详细介绍成本加成定价法，是想在当前市场对银行坏账的极度恐惧气氛中告诉投资者：不良贷款并不可怕。目前的上市银行，拨贷比基本都在2.5%左右甚至更高。那就是说，银行已经按照2.5%的预期损失定价，加在贷款定价里了。在这个比率范围内的坏账，只是让预提的成本实报实销而已。

真正能对银行造成损害的是非预期损失。拿上面的例子说，银行本来预计的违约率为2%，违约后损失率为50%。然而，贷款一放出去，经济危机来袭，经济恶化程度超乎想象，该群体平均违约率上升到5%，违约后平均损失率达到70%。那么银行起初按照6.56%的利率放出去1000笔100万元的贷款，实际收回来仅950×106.56+50×106.56×(1-70%)=102830.4万元，相对于1000×100×(1+3.5%)=103500万元，亏损0.65%，这部分就需要动用超额拨备（若有）或自有资本承受了。

经济周期：银行的轮回

前面说过，银行对于违约率、违约损失率等数据，要么直接使用监管层的指引，要么是至少一个完整经济周期以上的自有数据积累。一个完整的经济周期，指历经繁荣、衰退、萧条、复苏、繁荣的经济循环。

在经济繁荣期，购买力高涨，资本投入回报可观，企业尽最大可能维护和银行的关系以利于获取资金扩大再生产，因而繁荣期的不良贷款率一般都远低于银行采用的“经济周期内平均违约率”，银行获取除目标利润之外的额外利润。高利润刺激高投入，贷款需求的增加导致银行“伪钞”规模扩大，银行赚得盆满钵溢。

在经济衰退初期，企业和个人心存幻想（以为会和以前繁荣期的小回调一样，坚持一下就过去了），即便无利润甚至亏损的情况下，依然坚持还本付息。银行继续获取额外利润，但风险已露尖尖角：客户用本钱归还贷款不可能长久。部分风险管理能力高，更注重企业经营现金流而非抵押物价值的银行，警惕性地收缩贷款规模，加大贷款清收，报表显示贷款规模及利润增速变缓。部分风险管理能力低的银行，依然沉浸在低不良率、高利润率泡沫中，加大放贷，报表显示贷款规模及利润继续高增长。

伴随着衰退的加剧，经济萧条期来临，某些行业由于繁荣期扩大资本投入带来的过剩产能，商品或服务不仅单价不断杀低，产出数量也超过了潜在消费能力。部分企业库存积压，现金流锐减乃至枯竭，以致无法归还贷款本息，违约率和违约损失超过了银行采用的“经济周期内平均违约率和违约损失率”。贷款客户支付的违约风险溢价被高不良率消耗，银行目标利润部分或全部丧失，银行动用繁荣期预提的超额拨备甚至自有资本补“枪眼”。

通过萧条期大量企业停工乃至破产，过剩产能被消灭或重组，活下来的企业库存压力减轻，甚至低价吃下同行的产能，降低生产成本。供应和需求重新匹配，产销顺畅，经济进入复苏期。此阶段，银行放贷谨慎，且受到市场现实违约率和违约损失率影响，违约风险溢价加成比较高。伴随经济复苏，这部分加成又给银行带来超额利润，新的经济周期轮回出现。

银行股投资大原则

通过理解经济周期内银行和企业的互动，我们能够发现，作为一名银行股投资者，违约率低是意外惊喜，但违约率高也不会对银行造成实际损失。真正对银行有杀伤力的是银行定价时预期违约率低，但收贷时面对的实际违约率高，这种现象一般出现在经济繁荣末期或衰退初期。至于走进衰退后期乃至一片萧条时，反而并不可怕，只是羊毛出在羊身上的成本转嫁游戏。

从这个意义上说，银行股投资，最大危害来自于非预期损失的变化。假如有个阿拉丁神灯，能够帮助我们剔除非预期损失，银行生意完全可以看作无风险的印钞机生意。理解了这个本质，我们对于银行股的投资大原则便出现了：**尽量选择非预期损失小的银行，并在市场预期经济将进入衰退期或萧条期的时间段里寻找合适买点**。你看，选股和选时都有了。

衰退期和萧条期很难精确把握，但大体知道是不难的，普通人通过日常新闻，听听国务院会议定调，便能大致知道政府是忙着谈困难、谈压力，忙着想办法刺激经济；还是忙着谈成就、谈打压，忙着想法遏制过热，从而对处于繁荣期或是萧条期有个大体的印象。至于准确预测出拐点这种事儿，那是神仙干的，幸好投资不需要必须具备这种能力。

非预期损失有个特点：资产相关性越高，非预期损失波动可能越大。所以，业务集中在某些行业或某些较小区域的银行，非预期损失会出现较大波动。反之，贷款覆盖行业越多，分布地区越广的银行，抵御非预期损失的能力就越强。这个容易理解，就如同你全部买同一行业股票或集中在较少的几只股票上，市值涨跌幅度会比指数更大。

因而，对于不具备判断宏观经济拐点能力的投资者，建议将目光更多地放在规模较大、覆盖行业和区域较多的银行上。

违约风险溢价的测算与管理

基础利率加成法

上面谈的是银行贷款定价的原理和逻辑，现实中，我国大部分银行都是直接采用“基础利率加成法”定价。这种定价法的流程是：银行首先对企业风险等级进行评估，主要评估指标包括企业自有资金比例、资产负债率、企业现金流量、贷款种类、贷款期限、担保方式、其他因素等；然后将企业风险等级代入银行的评估体系，对企业信用进行分类；接着银行找出该类别企业对应的浮动系数，并根据客户对银行的重要性程度确定权重；最终将各项系数加权平均，得出利率浮动比例，并将其加在基础利率之上得出贷款利率。

这里面有两个要点，一是基础利率的采用，二是企业风险等级的划分。

基础利率，目前在央行的指导下，由九家商业银行组成报价团，每天在全国银行间同业拆借中心平台发布贷款基础利率（Loan Prime Rate，简称 LPR）。九家报价行是五大国有行加招商、浦发、兴业、中信四家股份行。成为报价行的基本要求是：符合央行的财务硬约束条件和宏观审慎政策框架要求；系统重要性程度高、市场影响力大、综合实力强；已建立内部收益率曲线和内部转移定价机制，具有较强的自主定价能力；已制定本行贷款基础利率内部管理流程、定价机制、定价公式和详细报价方案等。

每个交易日，平台会根据各报价行的贷款利率报价，剔除最高、最低各 1 家报价，对其余报价，以报价行上季度末人民币各项贷款余额占所有报价行上季度末人民币各项贷款总余额的比例为权重，计算出贷款基础利率报价平均利率，并于11时30分对外发布。

确定了基础利率，剩下的问题就是对客户的信用评级了。对客户的评级，常见的有5C系统，分别评估客户的品德（character）、资本（capital）、还款能力（capacity）、抵押（collateral）、经营环境（condition）；也有5P系统，考虑个人因素（personal factor）、资金用途因素（purpose factor）、还款来源因素（payment factor）、保障因素（protection factor）、企业前景因素（perspective factor）；或者5w系统，考虑借款人（who）、借款用途（why）、还款期限（when）、担保物（what）、如何还款（how）等。当前国际先进的违约评估模型有Credit Metrics模型、KMV模型、Credit Risk +模型以及CPV模型等。

银行的贷款管理

有读者会问，就靠这些东西，就能让100个客户里的97个以上都正常还款（假设不良率低于3%）？客户贷了款就是不还怎么办？针对这种想法，我们捋一捋银行的贷前审查和贷后管理流程，以投资者的视角，看看风险是否可以管理和接受。

无论哪种系统或模型，首先都是要筛选出优质客户。如果给优质客户画张肖像的话，他们应该至少具备下面这些特点的一项或多项（指企业客户，个人客户相对简单）：具有技术领先优势；具有成熟的市场（指自发需求形成的市场，不是靠补贴或政策人为培育出来的市场）；企业管理规范；有重要的行业地位，有市场话语权（可以从行业协会、地方政府公布的各种数据中分析判断）；专注，在某领域里有竞争优势；企业和股东有责任感，对债权人、投资人负责，对产品和消费者负责，对员工负责，重视企业声誉等（事实上，这也可以作为投资者选择企业的部分标准）。

找到优质客户后，接着就要分析客户贷款的原因。对于企业客户而言，贷款原因通常有：销售增长导致的贷款需求（销售增长过快，应收账款和存货需求的增加，超过了企业自有资金积累的比例）；营业周期变慢导致的贷款需求（如存货周转变慢，通过“存货/销售成本”观察；应收账款回收速度变慢，通过“应收账款/销售收入”观察）；更新或扩大固定资产导致的贷款需求；债务重组增加的支出；低效经营增加的支出；股息支出；不正常或意外的费用支出等。

然后分析企业的还款能力。按照银行业的本质理解，企业经营现金流应该是第一还款来源。银行应主要通过对企业盈利能力、营运能力、偿债能力进行分析，确认企业现金流能否满足还款需求。然而，由于第一还款来源分析对商业洞察力要求较高，且评测主观性较强，银行限于专业能力，实际上更侧重于第二还款来源，即抵/质押物价值或担保人偿债能力。只有无法提供可信财务报表和抵/质押物的小微企业，银行才会更多地从银行对账单，企业税单，水电费，法院、环保、公安部门的信息等角度入手，分析企业经营是否正常；从企业的订单或者销售合同分析销售收入实现的真实性和可靠性，反而算是吻合了更注重第一还款来源的理论原则。

确定了客户具备可信的还款来源，银行还会对客户提出一些约束，例如：客户必须按时提供财报；限制客户分红比例；限制客户的资本支出数额；未经银行允许，客户不得出售特定资产；未经银行允许，客户不得向其他银行申请授信；未经银行允许，客户不得更改与其他授信人的债务条款；未经银行允许，客户不得提前清偿其他长期债务；未经银行允许，客户不得进行兼并收购等活动；未经银行允许，客户不得为第三方提供额外债务担保；未经银行允许，客户不得向其他债权人抵押财产；未经银行允许，客户不得因主观原因停业，等等。

在银行内部，则实施审贷分离制。这制度将对客户的信用调查和贷款批准权归属不同部门，实现部门分离甚至地区分离，由贷审会集体审核贷款发放。前台营销人员承担调查失误和评估失准责任；后台审批人员负责审查贷款风险，承担审查失误的责任；放款部门既独立于营销部门，也独立于审批部门，负责审核银行内部授信流程的合法性、合规性、完整性和有效性，核准放款前提条件，审核合规性要求落实情况，审核限制性条款落实情况，核实担保落实情况，审核审批日至放款日期间借款人的重大风险变化情况，审核资本金同比例到位情况，审核提款申请与贷款约定用途吻合情况，审核提款金额与项目进度匹配情况等，并承担检查失误或清收不力的责任。通过制度，形成银行前后台之间的权力制约，保障信贷安全。

当客户出现可能导致还贷能力下降的特征时，银行需要重新评估客户贷款的风险，采取可行性手段控制风险的扩大。例如，当客户出现如下特征时：不能按期支付银行贷款本息；经营性现金流持续为负值；应收账款异常增加；流动资产占总资产比重大幅下降；不能及时报送会计报表或报表有造假迹象；客户涉及犯罪、涉赌、涉毒或包养情妇；账户出现与历史交易习惯、交易对象有明显差异的资金流动；在多家银行开户，数量明显超过其经营需要；对短期贷款依赖较多，要求贷款展期；借款人有抽逃资金迹象，同时仍在申请新增贷款；董事会、企业所有权或者重要人事有变动；部门内讧、职责不清；冒险兼并其他公司；冒险投资于其他新业务、新产品及新市场；丧失一个或多个重要客户；关系到企业生产能力的某重要客户的订单变化起伏很大；设备或固定资产维修不善，推迟更新过时设备，等等。

当然，目前国内银行在贷款的管理领域，上述制度的执行能力还不够完善，更多地体现为“重贷前，轻贷后；重清收，轻预防”的特点，不良贷款的数量和质量对宏观经济的依赖程度仍然较高，还具有较大的细化和改善空间。

贷款的展期与重组

从制度上说，当以上手段无法保证贷款如期归还时，接下来就是贷款的展期或重组了。

对于贷款展期，监管要求是一笔贷款只允许展期一次。短期贷款（1 年以内）展期不得超过原贷款期限；中期贷款（1 ~ 5 年）展期不得超过原贷款期限的一半；长期贷款（5 年以上）展期不得超过 3 年。到期不能按时归还，未申请展期或展期未获批准的，到期日次日计入逾期贷款。

对需要重组的贷款，主要手段有三大类。一是贷款重新设计。由双方协商修改贷款条款，增加偿还可能性，如免除部分本息、延长贷款到期日、减少阶段性偿还额、重新确定贷款定价方法以及修改其他条款等。二是强化安全保障。例如，增加抵押品、设置或增加担保人以及追加其他保障措施等。三是银行直接介入企业经营。例如，要求企业削减开支、要求企业减少投资、要求董事会撤换现有管理层等。

依照五级分类的指引，重组贷款至少要划为次级类贷款（属于不良贷款），经过半年的观察期后，达到标准后可以升级到关注类。若重组后的贷款再次逾期，必须归入可疑类或损失类。这规则和五级分类核心定义有部分小冲突，因而可能各银行在对重组贷款的分类上有不同标准。例如，有些贷款重组并非因为借款人财务恶化，而只是因为还款期限和借款人现金流期限不匹配，于是和银行商议，对贷款条款进行修订，这一类的贷款严格说来不属于不良贷款。

常见的如房地产开发贷款。签借款合同时，双方按照历史销售速度的惯性思维约定还款进度。当市场发生变化或者开发商调整销售策略时，销售速度可能会放慢。为了不影响企业经营，使还款和回款现金流匹配，双方可能对贷款进行重组，修改还款期限和数量安排，但这并不意味着该笔贷款的偿还出了问题。又或者，有些贷款重组后，由于担保物充足，银行确认即便借款人无法还款，执行担保后也有足够把握收回全部本息，这类重组贷款就不符合次级贷款的定义，而可能被银行归入关注类。例如，工商银行2015年财报305页（附件126页）就披露这样一些贷款，如下表所示。

经重组的客户贷款及垫款

本集团为了最大可能地回收贷款及管理客户关系，设立了贷款重组政策，即与客户重新商订合同条款。

经重组的客户贷款及垫款账面价值列示如下：

	2015年12月31日	2014年12月31日
经重组客户贷款及垫款	4,557	4,579
其中:已减值客户贷款及垫款	1,942	2,061

这里的重组贷款有45.57亿元，但其中只有19.42亿元是计提了减值准备的。原因如上所述。

不良贷款的处置

对于未能展期或重组，或者展期或重组后继续恶化的贷款，归宿就是不良贷款。不良贷款的最终处理方式无外乎四种：回收现金、资产抵债、转成权益、坏账核销。

回收现金

回收现金，指部分或者全部收回贷款本息。通常采用催讨清收、法律诉讼、扣划担保公司保证金、对企业进行破产清算、将债权转让给资产管理公司或其他第三方等。[①]

资产抵债

资产抵债，就是银行与债务人、担保人或第三人协商同意，或者经人民法院、仲裁机构依法裁决，债务人、担保人或第三人以实物资产或财产权利作价抵偿银行债权的行为。银行拿到抵债资产以后，要在规定时间内处理掉。处置期限一般是接手后2年内。两年内资产权重为100%。若超过2年未处置，风险权重提高至1250%，将大幅增加银行资本占用。

债转股

转成权益，常见的就是债转股和不良资产证券化。债转股，银行以债权作为出资，参与企业重组，成为股东（普通股或者优先股），等经济环境好转，企业渡过难关后，银行择机转让股权退出。这不是新鲜手法，在上一轮不良资产剥离的时候，就已经有债转股的处理方式了。例如，工商银行现在持有的上市公司中航机电（SZ.002013）的股份，就是2001年债转股取得的。

2016年10月10日，国务院发布了《关于市场化银行债权转股权的指导意见》，银行债转股方案基本成型。

该文件首先明确了债转股主要针对尚有前景但暂时遇到困难的企业。对于扭亏无望、毫无前景的僵尸企业、有恶意逃废债行为的企业、债权债务关系复杂且不明晰的企业、有可能助长过剩产能扩张和增加库存的企业，不得实施债转股。

---

① 截至2016年上半年，资产管理公司一共有30家。除老牌的东方、信达、长城、华融四大国有资产管理公司以外，还有26家业务范围限于一定区域内的地方资产管理公司。银行转让不良资产可以面对资产管理公司，也可以面对其他机构或个人。分界点在于：单项大于等于10户的批量转让，必须转让给资产管理公司；向资产管理公司以外的其他机构或个人转让，只能走公开拍卖途径，且只能单项拍卖，不能批量转让。

其次，确定了“先售后转”的模式，即银行不直接转股，而是先将债权转让给资产管理公司、保险资管、国资运营平台、银行的附属机构、社会资本等实施机构，再由实施机构转股并持股经营。先售后转，可隔离银行自持股份的风险，减少银行资本消耗（银行持有企业股权的风险权重很高），不用修改法律法规，在现有法律和监管体系下即可完成。由于转让给外部机构，与之前的不良资产处置模式区别不大，银行无法分享转股后的潜在收益，预计未来债转股模式会以转让给银行自己的附属机构，或者不同银行利用其附属机构交叉债权实施债转股的模式为主。

文件还确定了自主协商债转股价格和条件的市场化路线，各级政府及其部门不得干预债转股市场主体具体事务，不得确定具体转股企业，不得强行要求银行开展债转股，不得指定转股债权，不得干预债转股定价和条件设定，不得妨碍转股股东行使股东权利，不得干预债转股企业日常经营。对于资本市场而言，银行、企业和实施机构自主协商债权转让、转股价格和条件，是真正的利好。

文件要求，保障实施机构享有公司法规定的各项股东权利，在法律和公司章程规定范围内参与公司治理和企业重大经营决策，实施股权管理。同时，鼓励利用并购、全国中小企业股份转让系统挂牌、区域性股权市场交易、证券交易所上市等多种渠道实现转让退出。

该文件的出台，预计对于推动银行自主实施市场化债转股有积极意义。不仅有利于打消市场对于“债转股就是鼓励赖账”的担忧，同时也给困难企业的股权结构中注入新的力量，实现企业股权的多元化，改善企业治理水平。另外，企业通过债转股降低经营杠杆，能够增强经济下滑周期里的抵抗能力，增加渡过难关的可能性，最大限度减少银行损失。

不良资产证券化

不良资产证券化，是把不良资产打包然后拆细卖给投资者，由投资者获取资产未来收益，银行获得流动性（拿到钱再去放贷或投资）①。很遗憾，在西方金融市场大行其道的不良资产证券化，我国银行业在2016年2月才刚刚实现制度破冰。由工、农、中、建、交和招商6家银行获得首批不良资产证券化试点资格，总额度为500亿元。按照10%~30%折扣率，预计可发行不良资产支持证券约50亿~150亿元。截至2016年6月，中行的3.01亿元对公不良资产支持证券和招行的2.33亿元个人信用卡不良资产支持证券已经落地，从制度上来说没障碍了。理论上说，银行有推动不良资产证券化的动力，实现不良资产出表的同时，回收率也会比直接打包卖给资产管理公司要高。但实践效果究竟会如何，尚有待观察。

不良资产收益权转让

本来以前还有一种常见模式：不良资产收益权转让。后被2016年4月底的《中国银监会办公厅关于规范银行业金融机构信贷资产收益权转让业务的通知》（业内称“82号文”）基本废掉了。废掉这一模式的主要杀招是82号文规定：银行信贷资产收益权转让后，仍然需要按照原信贷资产全额计提资本，并且按照会计处理和风险实际承担情况计提拨备。这使得银行通过收益权转让模式实现不良资产出表的目的落空，这一模式也就失去了意义，不谈也罢！

坏账核销

坏账核销前面谈过，就是银行对于实在没办法的贷款，直接用核

---

① 资产证券化指银行把特定资产（如贷款、信用卡欠款、房屋按揭款、票据等）通过特定目的载体（SPV）向投资者融资，再以该特定资产最终产生的现金来回报投资者的行为。

销的方式处理掉。这里强调一点，银行账目上这笔资产变没了，并不意味着借款人就不用还了。按照规定，核销后的贷款，银行应对贷款本金、应收利息（含核销后的应计利息）单独建账、继续催收。

第十一课　票据贴现

票据贴现是银行的一大类生意，以至于银行财报在汇报贷款情况时，需要将其划分为公司贷款、票据贴现、个人贷款三大类。前面谈完了贷款，这里专开一节课谈票据贴现。

票据贴现是一种特殊贷款，是银行应持票人要求，通过买进持票人持有的尚未到期商业票据而发放的贷款。它和普通贷款相比，有几点小区别。首先，票据贴现给钱的时候，就已经把利息扣了，类似民间高利贷常见的“砍头息”，所以票据贴现的真实利率比名义利率略高一点。[①] 其次，票据时限都比较短。按照监管规定，票据最长只能是6个月的。再次，票据背后是真实贸易关系。一份票据无论转手多少次，所有的背书人都承担着担保责任。最后，银行持有票据后，可以通过转贴现或再贴现换取资金。

---

① 虽然票据贴现是砍头息，但如果票据到期日跨报表日，那么砍下来的利息收入不能全部算作本期营业收入，依然要按照权责发生制匹配成本和收入。

票据及票据贴现

票据的种类

银行涉及的票据品种很多，常见的有支票、本票、汇票。

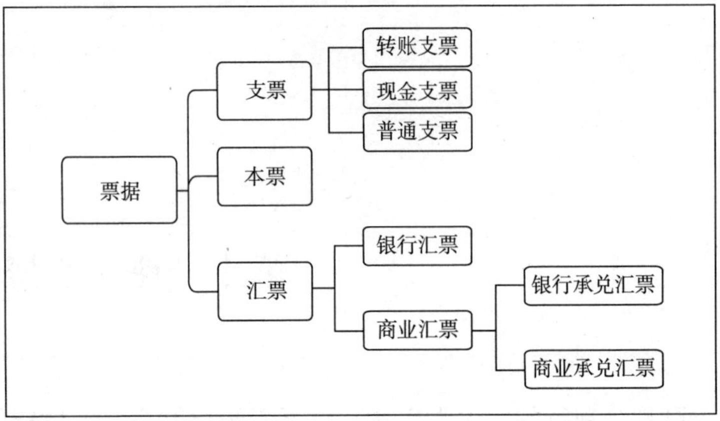

图 11－1 票据分类

支票是最常见的票据，又分为可以提取现金的现金支票、只能转账不能提现的转账支票以及既可以转账也可以提现的普通支票等。本票在我国由银行开出，等同于现金。香港赌片里常见本票，主人公输光 N 箱现金后，丢出一张瑞士银行本票，一群核数师（会计师）确认后开赌。汇票分银行汇票和商业汇票。银行汇票是公司或个人将钱存进银行，由银行签发给汇款人到异地去结算或取现的票据，它可以看作是现金的替代品，不涉及承兑（所谓承兑，就是承诺兑现的意思）和贴现。

我们谈到银行的票据贴现业务时，指的是商业汇票。商业汇票是企业因为购买商品或服务而给别人的付款承诺，约定未来某时间段，无论谁持有这张汇票，都可以来企业收钱，企业无条件支付。

商业汇票分两种，一种是由某银行替企业开出并承诺兑现，持票人到期找银行拿钱就是了，这叫作“银行承兑汇票”；另一种由企业开出并承诺兑现，持票人到期找出票企业或承诺兑现企业拿钱，这叫作“商业承兑汇票”。就我国的信用状况而言，银行承兑汇票的安全性显然比商业承兑汇票高。

银行为什么要帮助企业向其他人承诺兑现呢？当然是利益。银行帮企业开出银行承兑汇票，不仅需要手续费（一般是万五）、风险暴露[①]承诺费（通常是风险暴露部分的1%以下），通常还需要企业在银行里存入一定比例的保证金，保证金的存款利率也比较低。这三种收入总和，构成了银行做出承兑的收益。当然，银行的承兑，类似于发放贷款，仅有上述收益不代表银行就一定给开，重要的是银行要了解这家企业，能承兑的条件和可以对该企业放贷的条件是差不多的，只是不计入资产负债表，算是表外业务。只有在银行承兑汇票到期，若该企业无法或尚未支付款项，银行应垫款项时才计入资产负债表里，记录在“贷款与客户垫款——票据贴现”科目（按照票面值计入）。

贴现：流程与风险

所谓贴现，是企业或个人将持有的未到兑付时间的商业汇票，向银行申请兑现并愿意支付一定费用的行为。业内习惯将贴现叫作“直贴”，以区别于转贴现和再贴现。银行持有这张汇票期间，若有资金需求，可将汇票转让给另一家银行或机构，这行为就叫“转贴现”，简称“转贴”，期限最长6个月。如果银行将汇票转让给央行换取资金，就叫作“再贴现”，简称“再贴”，期限最长4个月。转贴和再贴又可分为买断式和回购式两种，以前手银行是否承担票据到期前的赎

① 风险暴露，可以简单理解为银行的债权扣除合格抵/质押品之后的余额。例如，一笔1000万元的贷款，风险暴露就是1000万元。但如果客户提供了300万元类似国债、保证金、定期存单等质押品，那么风险暴露就是700万元。

回义务为区分：回购式像抵押借钱，到期前还钱拿回抵押物（票据）；买断式就直接把票据及其收益卖给接手的银行了。

例如，甲公司向乙公司购买产品，合同金额1000万元，但甲公司暂时资金紧张，想4个月后付款。乙公司为了完成销售，愿意赊账。虽然晚点收钱不要紧，但收不到钱却很要紧。因为跟甲公司不熟，无法确定到期能否收到钱，所以这笔生意卡住了。

乙公司对甲公司不熟，但甲公司的开户银行A对甲公司很熟啊！甲公司的所有日常往来都在银行A，因此A知道甲有能力在4个月以后付款。于是，甲公司就向银行A申请一张银行承兑汇票，付给乙公司。

银行A根据自身拉存款的需求紧迫度以及对甲公司经营情况的了解，要求甲公司存入或高或低的某比例保证金，约定一个保证金存款利率，然后对风险暴露（汇票面值－保证金）收一个承诺费、再收一笔手续费，生意达成。

然后我们来看三方在此活动中的角色及各自的成本支出。甲公司支付了某比例的保证金（如300万元）、支付了剩余部分款项远低于贷款利息的承诺费（如700万元的1%）、支付了票面金额万五的手续费，完成了1000万元的支付。乙公司收到一张由银行A承诺4个月以后兑现的1000万元票据，因为有银行承兑，确定到期可以收到现金，销售得以完成。银行A收到300万元存款、7万元承诺费、5000元手续费，支出呢？没有！一分钱支出也没有！这是不是无本生意？当然不是，4个月一到，无论甲公司是否有钱，银行都必须支付1000万元给持票人。这当中银行承担了甲公司到期无法归还700万元垫款的风险——和放贷一样，利益是银行用承担和管理风险换来的。

承兑汇票用银行信用解决了贸易双方的信任问题，它是带有一定融资功能的贸易辅助工具。因此，监管机构也规定了，银行开具承兑汇票必须要获得能证明交易双方具备真实贸易关系的证据，如贸易合同原件和相关增值税发票或普通发票，且汇票承兑最长期限不允许超过6个月。

接着，公司乙拿着汇票回家了。过了一个月，自己要向公司丙买东西了。如果丙属于产业链弱势，可以“欺负”一下，乙就把这张汇票背面盖上自己公司的章，表示3个月后若银行A不付款给丙，自己承担连带担保责任，于是就把票据当钱支付给丙了，这叫“背书转让”。背书转让不限次数，只要每次都写清楚上下家即可。如果丙是产业链强势，乙“欺负”不了，乙就拿着这张汇票，找一家银行B，愿意出三个月贷款利息（如1.5%），把1000万元汇票换成985万元现金用以支付，这个行为就叫“贴现”。对银行B而言，相当于迅速放出了一笔985万元的3个月期限的贷款，贷款由银行A负责归还，近于零风险。

公司乙如果是上市公司，披露财报时，如果这笔票据还没到期，就需要在“应收票据”科目下，披露一项“期末公司已背书或贴现且在资产负债表日尚未到期的应收票据”，表示自己承担了连带责任。由于有银行信用在里面，这个连带责任基本可以看作仅限于理论。

银行B拿着这张汇票，可以等到期去银行A兑付1000万元资金回来，也可以在有资金需求或者有更好投资方向时，再找另外的银行贴现，这就是“转贴现”。如果找的是央行贴现，就叫“再贴现”。[①]

以上是汇票的正常业务。在这个过程中，由于各方承受的风险不同，票据计入风险资产的权重也不同，占用的银行资本也有区别。这

① 再贴现是央行的货币政策工具之一，用再贴现利率调节市场利率，向商业银行提供流动性。但实践中，再贴现更多体现的是一种央行对商业银行的“福利”，相当于央行提供给商业银行的低息资金。正因为此，再贴现额度挺难获得的，我国银行的再贴现业务规模很小。

部分内容在下一节风险加权资产环节谈。

银行承兑汇票的变形

在票据贴现的正常业务中，市场参与各方因各自的不同需求，衍生出了一系列新的操作方法，并逐步使票据从支付工具演变成融资工具。

例如，某日甲公司需要贷款500万元，可是银行A由于监管指标限制或信贷额度管理，没有了信贷额度。于是银行A说，这样吧，你存250万元保证金在我行，我们给你开一张750万元的承兑汇票，你再去别家银行贴现就行了。这样，银行A在不占用信贷额度的情况下，拉到一笔存款，并且赚到了手续费和承诺费。

甲公司拿着750万元承兑汇票去找有信贷额度的银行B（往往是农商行或地处中西部地区的银行）申请贴现。可是贴现需要贸易背景（转贴和再贴不需要再审核贸易背景），于是就冒出来一批中介公司，专门帮着企业“制造”全套贸易背景。当然，制造贸易背景涉及的费用及中介公司佣金，都是甲公司的贷款成本。

接着，可能甲公司对哪家银行有贷款额度也不熟悉。有需求就会有服务，自然有人能够帮你找到有额度的银行，只要付费就行。这样，一个庞大的票据贴现流水线就诞生了。

提供贴现的银行B，若是需要额度来发放贷款，或是有了愿意出更高价格的贴现申请人，银行B就把持有的票据转贴现，释放出信贷额度即可。

继续发展下去，中介公司不仅帮着企业对接银行，而且开始从企业手中收承兑汇票卖给银行，赚取差价。甚至继续发展为收到承兑汇票，和银行做卖出回购（银行则是买入返售），拿到的钱继续收购承兑汇票，再和银行卖出回购，持续循环，将杠杆放大，获取最大化利润。当然，也可能因对利率波动的判断错误，造成亏损。

以上就是票据贴现业务的市场现状，其中部分模式潜藏有较大风险。如银行目前接受的承兑汇票保证金存款比例大都在30%或以上。若假设保证金比例为50%，企业资金需求为100万元，那么银行收企业100万元保证金，给企业开200万元票据。企业则需要有200万元业务，能给银行200万元的合同及对应增值税发票或其他票证。如果一切顺利，这将是双赢。

但有可能存在的情况是，一是企业没有足够资金交保证金，二是企业没有足够多的真实业务量。此时，企业可能先开出无真实交易的票据并贴现，或先以其他用途贷出贷款用来交保证金，用假贸易合同、假发票（或真发票但事后声明作废）交给银行。然后开票、贴现，贴现后所得款项交保证金，再开票，再贴现。循环下去，企业以初始的资金套出相当可观的资金出来，银行相应获得巨大的保证金存款。

理论上说，假设保证金比例为50%，企业自有资金100万元，经过4次开票并贴现，企业编造3000万元的贸易背景，承担3000万元贴现成本，在银行有1500万元低利率保证金存款，另可获得1600万元减去贴现累计利息之后的现金。如果企业靠这些资金，能产生足以覆盖贴现成本的收益，那么以上操作不会给银行带来损失。但是，如果不能产生足够收益，则银行就可能面对风险。所以，目前银行一般会对保证金不能覆盖的风险暴露，要求申请人再提供房产或其他抵押担保。

对银行而言，票据贴现的平均收益率是低于贷款的。例如，2015年工商银行票据贴现业务的平均收益率为4.53%，低于公司贷款5.58%的平均收益率，也低于个人贷款5.32%的平均收益率（数据披露见财报24页）。但银行之所以热衷于票据业务，除了“制造”存款以外，最主要的作用是银行不仅可以通过贴现、转贴现，大量配置有银行担保的低风险资产，同时还可以通过灵活的转贴现、卖出回购、票据代持[①]等方式，腾挪信贷额度，加快资产周转，提高资产收益率。

2016年，市场发生了多起假票据事件。这种风险通常并不是票据业务本身的信用风险，而是“基于信任关系”的操作漏洞或管理漏洞。事实上，我国银行业的票据业务风险控制整体还是清晰可控的，否则也不足以支撑高达数以十万亿元计的交易规模，成为银行低风险理财产品及货币基金主要购买品种之一（买入票据或买入票据的收益权）。目前暴露的票据市场风险，主要集中在违规授权分支机构开展同业业务、分支机构违规对外签署合同、实物票据保管疏漏、违规开立同业账户等几方面。

对此，目前监管层的应对之道，可能主要会从推进承兑汇票全面电子化和严控同业账户开立程序两方面入手。其中承兑汇票的电子化，逻辑上说减少了验票、交割、保管等方面的费用，理应比纸质汇票更容易操作，但央行数据显示承兑汇票电子化推进远不如规划力度，2013—2015年电子票据在票据市场占比仅为8.3%、16.2%和28.4%。究其原因，估计还在于票据贴现有一个重要的、上不了台面的作用：不同银行间贷款额度的腾挪交易。而电子票据的优点和弱点都在于“透明”，可能造成银行有意识地躲避电票交易模式。

扩展知识

2016年9月7日，央行发文《中国人民银行关于规范和促进电子

① 票据代持，是一种基于两家金融机构信任关系的灰色交易。银行A将票据卖给银行B，并私下约定未来某一时间买回。这样，信贷额度不足的银行A，在这个时间节点的报表上，就腾挪出了信贷额度或缩小了风险资产规模。

商业汇票业务发展的通知》（银发〔2016〕224号），强制要求自2017年1月1日起，单张票据在300万元以上的，不允许出纸票，只能走电子票据模式。自2018年1月1日起，原则上超过100万元的票据都要走电票系统，并同时推出对电票承兑的优惠政策（主要是关于电票贴现的材料审核方面的）。换个角度看，是打压纸票的发展。

商业承兑汇票

以上内容，主要涉及银行承兑汇票。对于商业承兑汇票，在127号文后，已经不允许对其进行买入返售/卖出回购交易，故商业承兑汇票目前仅限于贴现和转贴现业务。这两种都是银行的信贷业务，需要对企业授信，承担企业到期无法兑付票据的信用风险。相对而言，要关注的问题比较多，如企业经营情况、诚信度、该企业商业承兑汇票的市场认同度、商业承兑汇票有无不能兑付的记录、贴现银行有无被迫垫款的记录，等等。再加上银行本身也不愿意随意向其他银行或机构披露自己核心客户的信息，因而相对于银行承兑汇票而言，商业承兑汇票市场规模较小。

但是，商业承兑汇票贴现却是银行开展产业链上下游客户拓展的利器。例如，在银行业的竞争下，某些广受银行追捧的大型企业集团（大型电力公司、电信集团、石油集团、高速公路集团等）及其子公司，它们或发债融资容易，或有很多未使用的银行授信额度，银行想引导他们在本行申请贷款往往比较困难。然而，银行却可以引导大企业利用其强势地位，使用商业承兑汇票（企业欠条）对产业链上下游付款，然后银行针对收款人做贴现，从而变相实现依托大型企业集团信用放贷，创造银行收入的目的。

或者银行可以利用关联企业间不同授信实力，借用强势者信用，向弱势者放贷。例如，某企业集团下属有上市的股份公司，生产某畅销产品，实力较强，财务资料透明度高，比较容易获得银行授信。集团公司或集团内部其他公司从股份公司采购产品或购买服务，但经营情况较差，缺钱，获取授信难度较大或成本较高。于是集团公司（或集团内其他企业）通过承担贴现费用的方式，向股份公司支付商业承兑汇票，股份公司利用本身的信贷额度向银行申请贴现。这样，股份公司依然如数收到现金，集团公司（或集团内部其他公司）则利用股份公司信用达到低成本获取/占用资金的目的，银行也借用股份公司信用达到了发放低风险贷款的目的。

又或者企业集团内部有财务公司，但由于财务公司的功能限制，只能服务于集团内部，缺乏物理机构。在集团对外支付时，财务公司就需要银行的帮助了。银行通过直接承诺贴现大型企业财务公司商业承兑汇票，担任财务公司的延伸机械臂，服务于企业上游供应商。给企业的商业承兑汇票增加变现能力的同时，借用财务公司信用，完成对上游供应商的放贷，并可以沿着服务关系，展开对相关企业的营销。

类似业务还有很多，例如，银行提供商业承兑汇票质押下的融资服务；银行提供大额商业承兑汇票拆零成小额银行承兑汇票服务；银行提供长期商业承兑汇票拆零成短期银行承兑汇票服务；银行控制提货权、卖方提供回购承诺的商业汇票保兑仓融资，等等，其核心都一样，借用某高信用企业（无论是规模大、级别高、商品俏、现金流好、融资渠道通畅等原因）的商业承兑汇票，衍生出对产业链上其他企业的放贷和服务。

票据贴现业务对于银行而言，市场潜力还很大。仅以上市公司披露数据来说，2016 年半年报统计数据显示 A 股上市公司的应付款项中，应付票据仅占约 20%，金额不足 8000 亿元。另外还有约 80% 的业务使用的是原始的赊账方式。引导上市公司及有条件的非上市公司更多使用承兑汇票支付，是银行票据贴现业务的扩张空间。

其他垫款业务

前面说过了，客户贷款与垫款科目主要包括银行针对公司或个人发放的贷款、因办理承兑汇票及其贴现和转贴现、开出保函或信用证以及其他业务而发生的各项垫款等。从定义上说，垫款除了因承兑汇票之外，还可能因为保函和信用证等业务而发生。此处也顺带简单介绍保函和信用证业务。

保函

保函是银行利用自身信用，帮助企业或个人对第三方做出的、担保保函申请人履行某种责任或义务、具有一定金额、一定期限的书面付款保证承诺凭证。

保函和银行承兑汇票有类似之处。无论银行出具保函或者承兑汇票，都承担到期支付的义务，都需要调查保函申请人的资信和偿付能力，都要收保证金存款和手续费（一般在保函金额的 0.1% ~0.4% 之间，最低 500 元起），发生垫款后都会对申请人产生债权。

和银行承兑汇票的不同之处在于，银行承兑汇票第一责任人是银行，银行承担见票无理由支付义务。而保函第一责任人是保函申请人（企业或个人），保函申请人如果正常履约，就没银行什么事儿了。并且，保函还可以设计成有条件保函，约定银行在符合约定条件的情况下，才向受益人支付款项。因而，银行保函在实践中应用范围比承兑汇票更广泛。它既可以直接作为支付工具，也可以作为担保工具。

常见的保函品类有：大宗商品进出口贸易下的预付款保函、付款保函；工程类的投标保函、履约保函、预付款保函、租赁保函、质量保函等。当申请人不能履行合约时，银行就可能发生垫款，该垫款进入资产负债表的客户贷款与垫款科目。

信用证

信用证是银行依据客户要求，承诺在一定期限内凭约定单据收款的票据。它主要为了解决贸易尤其是国际贸易中买卖双方互不信任的问题，其流程类似于淘宝购物的支付宝。简单理解，就是买卖双方签订了合约，但买方不敢先付款，卖方不敢先发货。怎么办呢？具体流程如下。

买方向自己的开户银行申请信用证，约定交货期限、商品数量质量等条件→买方开户银行开出信用证给卖方开户银行→卖方开户银行通知卖方按约定条款发货→卖方发货后提交发货及提货单据给卖方开户银行，收钱→卖方开户银行提交单据给买方开户银行，收钱→买方开户银行通知买方提货→买方按照约定条件，分批付款赎货或一次性付款提货。

信用证目前已经发展为国内国际贸易中重要的支付工具，其种类繁多，有不可撤销信用证，也有可撤销信用证；有保兑信用证，也有不保兑信用证；有跟单信用证，也有光票信用证；有即期信用证，也有远期信用证；有可转让信用证，也有不可转让信用证；有额度自动循环的信用证，也有半自动循环或者非自动循环，等等。这部分作为投资者，已经不需要过细了解了，知道银行利用自身信用协助企业完成贸易，并可以从中获取利益，发生违约时，垫款计入资产负债表的客户贷款与垫款科目足矣。

第十二课　风险加权资产

在资产项目介绍完毕后，我们来谈谈非常重要的资产风险加权概念。

风险的种类

银行是经营风险的，巴塞尔委员会根据银行的业务特征和风险诱发原因，将银行面临的风险划分为信用风险、市场风险、操作风险、流动性风险、法律风险、声誉风险、国别风险及战略风险八大类。银行财报会在“讨论和分析”章节专门设立“风险管理”小节向股东汇报，如工商银行2015年财报67～87页“7.4 风险管理”章节。下面我们首先了解一下各种风险的基本定义。

信用风险，指由债务人或交易对手本身信用质量发生变化，以及未能履行合同规定义务，给银行带来的风险。信用风险是银行经营中面临的主要风险。

市场风险，指银行持有的金融资产或大宗商品价格波动，对银行造成的潜在损失风险。市场风险包括利率风险、汇率风险、股票风险、商品风险和期权风险五大类。

操作风险，指由于不完善或有问题的内部程序、员工、IT 系统以及外部事件所造成损失的风险。信用风险或市场风险既可能给银行带来损失，也可能带来盈利，但操作风险不能给银行带来盈利，只是银行为了实现持续经营目的，不得不承担的风险。它广泛存在于银行业务流程的各个层面。

流动性风险，指银行无法及时或无法以合理成本获得资金，以偿付到期债务或其他支付义务、满足资产增长或业务发展需求的风险。

法律风险是一种特殊的操作风险，指银行业务无法满足法律规定或违反法律规定，导致合同无法履行或产生法律纠纷而造成损失的风险。

声誉风险，银行的经营必须依靠存款人、贷款人以及交易市场的信心，信心一旦失去，银行赖以创造利润的平台基础将不复存在。因而，若银行经营行为或外部事件导致利益相关方对银行做出负面评价，就产生声誉风险。

国别风险，指某一国家或地区发生经济、政治或其他重大变化，导致该国家或地区的债务人没有能力偿还银行债务或拒绝偿还银行债务，导致银行可能遭遇损失的风险。

战略风险，指银行管理层做出不合适的发展规划或战略决策，给银行造成损失的风险。

上述风险都是银行经营中必须面对的，尤其是信用风险，更是银行赖以赚钱的基石。银行面对这些风险时，选择承担哪些风险、规避哪些风险，是银行业经营中永恒的话题。

总体来说，银行业风险选择需具备五大原则：（1）能够识别。看不明白风险所在，自然谈不上控制风险。这和投资的能力圈原则（不懂不做）是一样的。（2）可以承担。本行具备承担该风险所需资本、资源和管理能力。(3）有利可图。本行通过承担该风险，获取的收益在扣除资金成本、运营成本、违约风险溢价以及所占用资本的成本之后，还能有合理利润。（4）擅长管理。本行具备该风险领域专业技术、管理优势以及对应制度基础。(5）市场潜力大。该风险领域具备广阔的同类市场空间，值得银行为之投入资源，并引导激励规则和运行制度为之服务。

银行持有不同类型资产，承担的风险大小不同。为了衡量银行同样数额资产所承担的不同风险，风险加权资产的概念就产生了。银行监管机构要求的资本充足率指标，都是以风险加权后的资产总数为分母的。与资产加权有关的风险是信用风险、市场风险、操作风险三项，下面分类谈。

信用风险加权资产

一切有交易对手的资产，都可能构成信用风险。在《巴塞尔协议Ⅰ》中，巴塞尔委员会确立了银行资产信用风险加权框架。根据资产类别、性质及债务主体的不同，分别赋予不同权重。但权重设置比较简单，一共四档，即 0、20%、50%、100%。具体分类如表 12 - 1 所示。

表 12 - 1　银行资产信用风险加权框架

风险权重	资产种类
0	(1) 现金
	(2) 以一国货币计价并以该货币融资的、对中央政府和央行的债权
	(3) 对经合组织中央政府和中央银行的其他债权
	(4) 以经合组织中央政府证券作为抵押或由经合组织中央政府担保的债权

续表

风险权重	资产种类
20%	（1）对多边开发银行的债权
	（2）对经合组织国家注册银行的债权
	（3）对经合组织国家注册的、受到监管的证券公司债权
	（4）对经合组织以外国家注册银行剩余期限在一年期内的债权
	（5）对非本国的经合组织国家公共机构（不包括中央政府）的债权
	（6）托收现金
50%	完全由借款人使用或出租的房屋为抵押的贷款
由各国自行决定0、10%、20%或50%	对国内公共部门（不包括中央政府）的债权和由此机构担保或以此类机构所发证券为抵押的贷款
100%	其他所有资产

注：（1）经合组织（OECD），经济合作与发展组织（Organization for Economic Co-operation and Development）的简称，成立于1961年，总部设在巴黎。由35个市场经济国家组成的政府间国际经济组织，旨在共同应对全球化带来的经济、社会和政府治理等方面的挑战，并把握全球化带来的机遇。

（2）多边开发银行是一些为发展中国家的经济和社会发展活动提供资金援助和专业咨询的机构。它是国际发展公共机构，主要依靠富裕工业化国家提供资金支持。其中历史最悠久、最有影响力的是1944年建立的世界银行。目前一般指世界银行和四大地区性开发银行：非洲开发银行、亚洲开发银行、欧洲复兴开发银行、泛美开发银行集团。

这种“一刀切”的办法，相对简单粗糙，并不能反映各银行实际风险状况，目前已经不再使用。之所以依然列出表格分类，是因为这个分类很清晰地展示了对不同资产给予不同权重的分类思路，后面《巴塞尔协议Ⅱ》和《巴塞尔协议Ⅲ》的改变，都是在此基础上的微调。

中国银监会于2013年1月1日起实施的《资本管理办法》，结合了《巴塞尔协议Ⅱ》和《巴塞尔协议Ⅲ》的成果，在信用风险加权资产的处理上，制定了适用于我国银行业当前阶段的具体规定。按照《资本管理办法》规定，银行可以使用权重法或内部评级法计量信用风险加权资产。

权重法

被允许使用高级法的六家银行（工、农、中、建、交、招）使用内部评级法计量信用风险资产，除此以外的其他银行使用权重法。

权重法严格来说是中国监管机构提出的对《巴塞尔协议Ⅱ》标准法的降格版本。《巴塞尔协议Ⅱ》规则分为标准法和内部评级法。所谓标准法，是指银行按照外部评级机构对一家公司的评级（如穆迪、标普、惠誉国际等国际知名评级公司。顺带说一句，我国银监会使用评级标准符号时，以标普的为准），对该公司相关债权采用不同权重计算风险资产。

表 12－2　不同评级水平对应的风险资产计算权重

评级	AAA 至 AA－	A＋至 A－	BBB＋至 BB－	BB－以下	未评级
权重	20%	50%	100%	150%	100%

（1）表内资产的处理方法。

我国使用的权重法，对于表内资产，首先从资产账面值中减去减值准备，然后乘以规定的风险权重。权重法规定的风险权重，忽略了外部信用评级，对银行债权采用低风险权重：三个月期限内的权重20%，三个月以上的权重25%。对银行之外的企业债权，无论是高风险企业还是信用评级 AAA 的企业，基本都按照100%权重计入风险加权资产。权重法相比《巴塞尔协议Ⅱ》标准法而言，更简单粗暴一些。

风险权重，是银行经营中的重要概念，它直接影响每类资产占用资本的多少。投资者只有理解了规定的风险权重，阅读财报时才能理解银行为什么大力发展这类业务，或者大力减少另外一类业务；又或者出台新规定对银行业的经营和业绩会产生什么样的引导作用。我国目前实施的权重法，各类资产具体风险权重规则如表 12－3 所示。

表12－3　权重法下各类表内资产风险权重

风险权重	资产种类
0	（1）现金、黄金、存放央行款项
	（2）对我国中央政府及央行的债权
	（3）对评级AA－（含）以上的国家或地区的中央政府及央行的债权
	（4）对我国政策性银行的债权（不含次级债）
	（5）四大资产管理公司为收购国有银行不良资产而定向发行的债券
	（6）对多边开发银行、国际清算银行和国际货币基金组织的债权
20%	（1）对评级AA－以下、A－（含）以上的国家或地区的中央政府及央行的债权
	（2）对我国公共部门实体的债权
	（3）对我国其他商业银行原始期限3个月以内（含）的债权（不含次级债）
25%	（1）对我国其他商业银行原始期限3个月以上的债权（不含次级债）
	（2）对评级AA－（含）以上国家和地区注册的商业银行和公共部门实体的债权
50%	（1）对评级A－以下、BBB－（含）以上国家或地区中央政府及央行的债权
	（2）对评级AA－以下、A－（含）以上国家或地区注册的商业银行和公共部门实体的债权
	（3）个人住房抵押贷款
75%	（1）对符合标准的微型和小型企业的债权
	（2）除个人抵押贷款及下一项权重150%的资产以外的其他对个人债权
150%	对已抵押房产，在没有还清贷款前，银行以再评估后净值为抵押追加的贷款中追加的部分
250%	（1）对金融机构的股权投资（未扣除部分）
	（2）依赖银行未来盈利的净递延所得税资产（未扣除部分）
400%	（1）被动持有的对工商企业的股权投资
	（2）因政策性原因并经国务院特别批准的对工商企业的股权性投资
1250%	（1）对工商企业的其他股权投资
	（2）除了因行使抵押权而持有并在法律规定处分期限内的其他所有非自用不动产
100%	本权重表其他项内未包含的表内资产

对于表格中各项资产，如果有质押物或者担保，质押和担保覆盖的部分，以质押或担保对应的权重计算。例如，一家公司贷款1000万元，假设该客户贷款属于100%风险权重的资产，贷款发放后，银行计提了2%的减值准备，那么该笔贷款折算成风险加权资产就是

（1000－20）×100%＝980 万元。但是，如果该客户的贷款由一张 600 万元的银行定期存款单提供连带担保，则 600 万元部分的风险权重为 0，该笔贷款折算成风险加权资产就是（1000－600－20）×100%＝380 万元。

（2）表外资产的处理方法。

对表外资产，则将表外资产名义金额乘以信用转换系数得到等值表内资产，然后再按照表内资产处理。权重法根据表外资产的特性和风险特征，将表外资产分为 11 个类别，并分别设置 0、20%、50%、100% 四个档次的信用转换系数，具体如表 12－4 所示。

表 12－4　权重法下的表外资产信用转换系数

表外资产项目		转换系数
等同于贷款的授信业务（一般负债担保、承兑汇票、具有承兑性质的背书及融资性保函）		100%
贷款承诺	原始期限不超过 1 年的贷款承诺	20%
	原始期限 1 年以上的贷款承诺	50%
	可随时无条件撤销的贷款承诺	0
未使用的信用卡授信额度	一般未使用额度	50%
	对个人无担保循环授信，额度不超过 100 万人民币，银行至少每年评估、按季监控并有权降低甚至取消的授信额度	20%
票据发行便利		50%
循环认购便利		50%
银行借出的证券或用作抵押物的证券		100%
与贸易直接相关的短期或有项目（主要指有优先索偿权的装运货物做抵押的跟单信用证）		20%
与交易直接相关的短期或有项目（投标保函、履约保函、预付保函、预留金保函等）		50%
信用风险仍在银行的资产销售与购买协议		100%
远期资产购买、远期定期存款、部分交款的股票和证券		100%
其他表外项目		100%

注：表外资产里有不少新名词，可暂时不管。

内部评级法

内部评级法，指银行不需要按照监管机构规定的资产权重系数来加权，而是按照经过监管部门验收通过的自建模型及内部积累数据，来计算资产所涉及的一年期限内违约概率（PD）、违约损失率（LED）、违约风险暴露（EAD），用“预期损失 = PD × LED × EAD”（也就是假设发放给某公司某数量的贷款，一年内违约的概率有多大，违约后会造成多大的损失），再根据该笔债权不同的剩余期限（M）来修正，最终计算出所需计提的拨备数量。

内部评级法又分为初级内部评级法和高级内部评级法。初级内部评级法由银行自行估计违约概率，但违约损失率和违约风险暴露仍然采用监管部门规定数据；高级内部评级法则由银行自行估计违约概率、违约损失率和违约风险暴露。我国被允许使用高级法的六家银行，目前对非零售业务信用风险使用初级内部评级法，对零售业务信用风险采用高级内部评级法。

监管部门要求：申请使用内部评级法必须保证使用内部评级法覆盖50%以上资产，并在获批后三年内达到80%。内部评级法不能覆盖的资产，采用权重法核算。

使用内部评级法，监管机构对数据积累、评估模型以及信息披露有一系列严格的标准要求。我国对工、农、中、建、交、招等6家银行内部评级法的审批用了近5年时间才通过。目前国内还有近30家银行正在开发内部评级模型，其中部分银行正在审批过程中。

两种方法的区别

理论上讲，权重法和内部评级法都是通过计提拨备覆盖信用风险，计算出的信用成本应该一致，都等于预期损失。但实践中，两种方法的计量结果往往存在较大差异。究其原因，除了出于调节利润原因的拨备计提和回拨以外，主要还有两大区别。

一是核心理念不同。内部评级法以内部评级为前提，并考虑未来经济波动影响，其原理更符合“预期发生的损失”概念。权重法以历史损失率为基础，在考虑行业、地区等因素后确定风险成本，其原理更符合“已发生的损失”概念。

二是计算基础不同。内部评级基于预期损失，并以此制定经营管理决策，更强调模型准确性。权重法基于会计准则或监管要求，是出于保障金融系统的稳定，是根据监管要求倒推的结果。对于风险管理稳健的银行而言，权重法人为放大了产品和客户的预期损失，其拨备往往会大于预期风险损失水平。

因此，通常而言，内部评级法更节约银行资本。然而，也正是这个节约资本的功能，使监管机构发现在过去的金融危机里，使用内部模型评级的欧美大型银行，实际损失超过了内部模型原测算数据，从而导致了银行业监管者对模型“黑箱”的担心和疑虑。2016 年 3 月，巴塞尔委员会最新发布了《降低信用风险加权资产差异性——限制内部模型方法的运用》（征求意见稿），明确了将修订内部评级法框架的总体思路和核心内容。此规则目前处于征求意见阶段，待正式推出实施后，预计可能对全球使用内部评级法的大银行（包括我国的六家银行）在资本节约力度上产生更强的约束。

无论采用权重法还是内部评级法，银行将所有资产经过加权后汇总，便得到银行的信用风险加权资产。

市场风险加权资产

市场风险，指银行持有的金融资产或大宗商品的价格波动，对银行造成潜在损失的风险。市场风险主要包括利率风险、汇率风险、股票风险、商品风险和期权风险五大类。

我国银行业面对的市场风险特点

由于我国限制银行持有企业股权，加上商品（主要是贵金属交易）及期权市场规模较小，对我国银行而言，面对的市场风险主要是汇率和利率。考虑到我国上市银行经营范围主要在国内，人民币资产占比非常高，因而利率风险是我国银行业面临的核心市场风险。涉及利率风险的资产主要包括债券（固定利率及浮动利率债券、央行票据、可转让存单、不可转换优先股以及按照债券交易规则交易的可转债）、债券衍生工具和利率衍生工具。

市场风险比信用风险变化快。信用风险的变化是缓慢的，常常以年或月为单位，而能带来市场风险的利率、汇率、商品、股票或期权，价格基本时刻在变。因而，在会计处理上，银行对能带来市场风险的资产，一般单独列为交易账户，采用盯市方式，以公允价值（市价）入账；对信用风险资产等其他资产，则计入银行账户，一般采用历史成本入账。

交易账户面对的市场波动风险，一般是银行无力管控的。银行能做的，主要是从组合的角度、从对冲后风险暴露总额的角度被动管理（银行账户则主要从资产负债结构安排的角度主动管理）。

虽然市场价格波动是市场风险的核心，但市场风险却不仅仅指价格波动，甚至市场风险主要管理和防范的风险也不是价格波动，而是由市价波动导致的交易对手信用问题。它会将市场风险向同业传递，并最终转化为系统性风险。这期间又可能经由流动性风险放大和加剧风险的存在。最明显的例子就是2008年次贷危机中，由于次级债及其衍生品的价格波动，导致雷曼和贝尔斯登等机构倒闭，引发整个市场流动性危机（所有交易者无法确定和谁交易可以确保交割实现），最终使市场价格波动演变成系统性危机。危机沿着“金融资产价格下降→银行资产负债表恶化→风险偏好收紧以满足资本充足率等监管要求（提升信贷标准、抛售风险资产、提高交易对手抵押品要求等）→流动性萎缩→金融资产价格持续下降→银行资产负债表恶化……”路径自我加强。①

计量方法

市场风险加权资产的计量方法，分为标准法和内部模型法两种，原理和概念与信用风险加权资产基本一致。被允许使用高级法的银行使用内部模型法计量市场风险（目前我国六家高级法银行，暂时还只具备用内部模型法覆盖部分市场风险，不能覆盖的部分使用标准法计量），其他银行使用标准法计量。

内部模型法计量风险资产时，可以使用方差—协方差法、历史模拟法和蒙特卡洛模拟法等方法。而标准法则同样是由监管机构对能带来市场风险的不同资产和不同期限规定不同权重，最后加总计算。

两种方法都是为了计算银行持有的、具有市场风险的资产所需配比的银行自有资本数量，称为“市场风险资本要求”。例如标准法中，市场风险资本要求 = 利率一般风险资本要求 + 利率特定风险资本要求 + 股票风险资本要求 + 汇率风险资本要求 + 商品风险资本要求 + 期权风险资本要求。

计算出市场风险资本要求后，将其乘以 12.5，得到“市场风险加权资产”的总额。这个 12.5，实际就是 8% 资本充足率要求的倒数（不考虑储备资本要求。还记得储备资本吗？第三课里那个以 0.5% 起

① 银行破产在我国还是“人咬狗事件”，大家体会还不深刻。对于发达国家金融体系，银行需要自己去判断和承担交易对手可能破产的风险，例如美国，仅 2007—2010 年间，就倒闭了 317 家银行。这也是中国未来市场化的方向，国家信用不可能始终为银行股东兜底。

步，每年加0.4%的资本要求），也就是说，首先根据标准法或者内部模型法计算出“市场风险资本要求”，然后按照“市场风险资本要求/市场风险加权资产＝8%”的巴塞尔协议资本充足率要求，倒推出市场风险加权资产总额。

投资者的关注要点：压力测试

关于市场风险，投资者主要关注银行自己做的压力测试：当利率或汇率变动100基点时（基点，英文缩写BP，一个基点指0.01%），能够对银行利润表产生什么样的影响即可。其他的市场风险计算模型或者权重规则，普通投资者没有更深入了解的必要。

银行的测试，一般会在财报的附注“金融工具风险管理——市场风险”部分披露，如工商银行2015年财报315页和318页（附件136页和139页）。

利率基点变化	对利息净收入的影响		对权益的影响	
	2015年	2014年	2015年	2014年
上升100个基点	(5,926)	(1,635)	(38,609)	(30,483)
下降100个基点	5,926	1,635	41,729	32,354

币种	汇率变动	对税前利润的影响		对权益的影响	
		2015年	2014年	2015年	2014年
美元	-1%	75	(42)	(280)	(184)
港元	-1%	402	572	(795)	(585)

这个数据的计算，投资者直接相信专业人士即可。但这个测试仅仅告诉我们，利率或汇率波动100个基点，收入、利润、净资产会怎么变。但利率或汇率究竟可能怎么变，则属于投资者的功课，财报里读不出来。

操作风险加权资产

操作风险，指由于不完善的或有问题的内部程序、员工、IT系统以及外部事件所造成损失的风险。从这个定义可以看出，操作风险既有来自内部的，包括人员、系统和流程，也有来自外部的，如盗抢侵害等。

操作风险分类

按照巴塞尔委员会的指引，对操作风险按照事件类型和业务性质两个角度进行分类。其中事件类型分为七种，业务性质分为八类，由此构成五十六种操作风险组合。

七种事件类型如下所示。

（1）内部欺诈。有内部人员参与的诈骗、盗窃、违反法律和银行制度的行为。

（2）外部欺诈。外部人员实施欺诈、盗窃、违反法律的行为，如抢劫、伪造、空头支票、黑客侵入等。

（3）就业政策和工作场所安全。由于不符合劳动健康、安全法规所引起的赔偿要求。

（4）客户、产品和业务操作。非主观故意的失误或由于产品设计缺陷造成的损失。

（5）实物资产的损坏。由于自然灾害或其他事件，造成的实物资产损失或损害。

（6）业务中断或系统失灵。业务流程因故中断或系统失效造成的损失。

（7）执行、交割及流程管理。由于交易过程失效或者对交易过程的管理失效造成的损失，以及由于和交易对手的关系而造成的损失。

八类业务性质为：商业银行业务（企业存贷汇传统业务）、零售银行业务（个人银行及银行卡业务）、支付与清算业务、代理服务业务、资产管理业务、交易和销售业务、公司金融服务业务（投行业务)、零售经纪业务。

以七种事件类型为行，以八种业务性质为列，制成表格，便是银行五十六种操作风险矩阵。

计量方法

操作风险加权资产的计算原理和市场风险加权资产一样，都是首先算出资本要求，然后再乘以12.5，得到操作风险加权资产总额。

同样，关于操作风险资本要求的计量，也有基本指标法、标准法和高级计量法之分。目前我国六家被允许使用高级法的银行，在操作风险上使用标准法，其他银行则使用基本指标法，暂时没有国内银行有能力使用高级计量法。

基本指标法，指按照银行过去三年总收入（包括利息收入、手续费和佣金收入、交易和投资净损益、营业外收入）的平均值，乘以一个固定比例（目前为15%），得出操作风险资本要求。它忽略了不同银行的不同风险特征和风险管理水平，使用统一比例，无法实现监管要求和激励要求的并存，属于相对粗放的计量模式，比较适合规模较小的银行。

标准法原理与基本指标法相同，只是按照银行八类业务性质细化出了不同的风险系数。银行先按照业务性质分类，将各类业务带来的收入分别乘以不同的风险系数，得出该笔收入所需的操作风险资本要求。然后将各类业务操作风险资本要求加总，得出总的操作风险资本要求。其中，若有业务涉及两种或两种以上的业务性质，按照资本要求较高的一种计算。目前的风险系数为：零售银行、零售经纪、资产管理三类业务所带来的收入，操作风险系数为12%；商业银行和代理服务所带来的收入，操作风险系数为15%；公司金融、交易与销售、支付和清算以及未归类的业务带来的收入，操作风险系数为18%。

高级计量法，指银行根据本行业务性质、规模和产品复杂程度以及风险管理水平，基于内部损失数据、外部损失数据、情景分析、业务经营环境和内部控制因素，建立操作风险计量模型，计算本行操作风险资本要求的方法。

下面以标准法为例，来说明操作风险资本要求计算的过程。例如，某家银行过去三年的收入分布如表12－5所示（收入数字仅为示意）。

表12－5　2013—2015年某银行收入及风险系数

业务	2013年收入	2014年收入	2015年收入	风险系数
零售银行	40	45	50	12%
零售经纪	2	3	4	12%
资产管理	2	3	4	12%
商业银行	100	200	300	15%
代理服务	3	4	5	15%
公司金融	2	4	6	18%
交易与销售	30	35	40	18%
支付和清算	150	250	350	18%
其他	5	6	7	18%

操作风险资本要求＝[（40＋45＋50）×12%＋（2＋3＋4）×12%＋（2＋3＋4）×12%＋（100＋200＋300）×15%＋（3＋4＋5）×15%＋（2＋4＋6）×18%＋（30＋35＋40）×18%＋（150＋250＋350）×18%＋（5＋6＋7）×18%]÷3

操作风险加权资产＝操作风险资本要求×12.5

风险加权资产透露的重要信息

最终，银行的风险加权资产＝信用风险加权资产＋市场风险资本要求×12.5＋操作风险资本要求×12.5。风险加权资产总额乘以规定的资本充足率指标，就是银行必须配备的自有资本总额。

再综合强调一次：在整个风险资产计量中，信用风险使用内部评级法计量、市场风险使用内部模型法、操作风险使用标准法或高级计量法的银行，就是使用资本管理高级方法的银行。银监会目前一共批准六家：工、农、中、建、交五大行及招商银行，批准时间是2014年4月。这六家银行目前对非零售信用风险使用初级内部评级法计量，对零售信用风险使用高级内部评级法计量；对部分市场风险使用内部模型法计量；对操作风险使用标准法计量。

其他银行信用风险使用权重法、市场风险使用标准法、操作风险使用基本指标法。这三种方法也统称为“权重法”。依据监管要求，使用高级法计量的银行，需要同时汇报采用资本管理高级方法和权重法并行计量资本充足率的结果，并遵守资本底线要求。

所谓资本底线要求，是为了防止高级法银行的模型“太过于”节省资本，而规定出来的节约幅度上限。即实施高级法前两年及以后，依照高级法计算出来的资本要求，若低于权重法计算结果的95%、90%和80%，需要调增至不低于95%、90%和80%（2016年为六家银行实施内部评级法的第二年）。

通过理解风险加权资产的计算原理，我们就可以轻松理解银行财报中“风险加权资产占总资产比率”指标的含义了。例如，工商银行2015年财报11页资本充足率指标最后一行。

资本充足率指标（%）	2015年	2014年	2013年
核心一级资本充足率	12.87	11.92	10.57
一级资本充足率	13.48	12.19	10.57
资本充足率	15.22	14.53	13.12
总权益对总资产比率	8.11	7.46	6.76
风险加权资产占总资产比率	59.51	60.53	63.34

该指标变大的过程，意味着银行更多地将资金投向较高风险权重的资产，代表着银行对未来经济走势较为乐观的展望，资产配置呈积

极主动姿态；反之，该指标变小的过程，意味着银行更多地将资金投入较低风险权重的资产，代表银行对未来经济走势较为悲观的展望，资产配置呈被动保守状态。

第十三课　利润表（上）

资产负债表是银行财务报告的重心，因此我们足足花了 11 节课谈资产负债表。从这节课开始，进入利润表环节。

利润表始终是资本市场最重视的报表。很多市场参与者以企业利润增长高于预期或低于预期，来决定股票的买进或卖出，从而使预期差成为影响股价的重要因素。然而，从前面聊过的资产负债表知识可以看出，银行的利润其实非常容易调节，只要在贷款分类或拨备计提上稍做腾挪，立刻就能得出差异巨大的利润数字。所以，老唐个人阅读银行报表时，更侧重于资产负债表。给银行估值，也更喜欢从净资产和拨备的假设入手。估值是后话，这节课我们先弄懂银行的利润表。

利润表概览

和普通企业一样，银行的利润表也遵循以下汇报顺序：

（1）营业收入 - 营业支出 = 营业利润；

（2）营业利润 + 营业外收入 - 营业外支出 = 税前利润；

（3）税前利润－所得税费用＝净利润；

（4）净利润－少数股东损益＝归属母公司股东所有的净利润；

（5）归属母公司股东所有的净利润/股本＝每股收益（英文缩写 EPS）。

以工商银行 2015 年财报为例，这个汇报过程在财报 183 页（附件第 4 页）。

中国工商银行股份有限公司
合并利润表和利润表
2015 年度
（除特别注明外，金额单位均为人民币百万元）

	附注四	本集团		本行	
		2015 年	2014 年	2015 年	2014 年
利息净收入		507,867	493,522	491,201	477,411
利息收入	32	871,779	849,879	834,340	816,268
利息支出	32	(363,912)	(356,357)	(343,139)	(338,857)
手续费及佣金净收入		143,391	132,497	137,422	127,935
手续费及佣金收入	33	161,670	146,678	153,331	140,095
手续费及佣金支出	33	(18,279)	(14,181)	(15,909)	(12,160)
投资收益	34	10,409	4,920	7,065	4,261
其中:对联营及合营企业的投资收益		2,330	2,157	2,249	2,054
公允价值变动净收益	35	2,796	680	2,224	469
汇兑及汇率产品净收益	36	1,894	3,673	816	2,517
其他业务收入	37	31,290	23,600	2,454	2,325
营业收入		697,647	658,892	641,182	614,918
营业税金及附加	38	(42,320)	(41,351)	(41,759)	(40,958)
业务及管理费	39	(177,823)	(176,261)	(164,580)	(164,297)
资产减值损失	40	(86,993)	(56,729)	(85,015)	(55,275)
其他业务成本	41	(30,976)	(24,939)	(7,406)	(10,073)
营业支出		338,112	(299,280)	298,760	(270,603)
营业利润		359,535	359,612	342,422	344,315
加:营业外收入		4,392	3,062	2,570	2,748
减:营业外支出		(692)	(1,062)	(623)	(1,055)

续表

	附注四	本集团		本行	
		2015 年	2014 年	2015 年	2014 年
税前利润		363,235	361,612	344,369	346,008
减:所得税费用	42	(85,515)	(85,326)	(81,104)	(81,780)
净利润		277,720	276,286	263,265	264,228
净利润归属于:					
母公司股东		277,131	275,811		
少数股东		589	475		

刊载于第 14 页至第 166 页的财务报表附注为本财务报表的组成部分。

老唐将汇报纲要简化成表 13 -1。

表 13 -1　简化的利润表

顺序		科目	金额(亿元)
A		营业收入	6976.47
B		营业支出	3381.12
C = A - B		营业利润	3595.35
D		营业外收入	43.92
E		营业外支出	6.92
F = C + D - E		税前利润	3632.35
G		所得税费用	855.15
H = F - G		净利润	2777.2
H	Ha	归属于少数股东的净利润	5.89
	Hb = H - Ha	归属于母公司股东的净利润	2771.31

最后再加上每股收益的计算。每股收益等于归属于母公司股东的净利润 2771.31 亿元，除以工商银行股本总数 3564.07 亿股，为 0.77 元/股（保留到分），传统的利润表汇报完毕。

但自 2014 年 7 月新会计准则发布，关于利润表信息披露，要求企业增加“其他综合收益”科目。于是利润表在第 Hb 之后，插入一名“新人”：其他综合收益。

其他综合收益

所谓其他综合收益，就是那些影响银行本期净资产，但不影响本期净利润的各项利得和损失扣除所得税影响后的净额。这部分以前是记入“资本公积——其他资本公积”科目里的。

扩展知识

利得和损失，是为了区别企业日常经营活动的收入和支出而专门定义出来的一组财务概念。所谓利得，指由企业非日常经营活动所形成的、会导致净资产增加、与股东投入资本无关的经济利益流入；所谓损失，指由企业非日常经营活动所造成的、会导致净资产减少、与向股东分配利润无关的经济利益流出。

经过其他综合收益插队以后，利润表就增加了一页，如工商银行2015 年财报附件第 5 页。

中国工商银行股份有限公司

合并利润表和利润表（续）

2015 年度

（除特别注明外，金额单位均为人民币百万元）

	附注四	本集团		本行	
		2015 年	2014 年	2015 年	2014 年
本年净利润		277,720	276,286	263,265	264,228
其他综合收益的税后净额	44	20,405	32,567	18,784	30,659
归属母公司股东的其他综合收益的税后净额		19,893	32,311	18,784	30,659
以后不能重分类进损益的其他综合收益		(8)	—	(8)	—
权益法下在被投资单位不能重分类进损益的其他综合收益中享有的份额		(8)	—	(8)	—

续表

	附注四	本集团		本行	
		2015 年	2014 年	2015 年	2014 年
以后将重分类进损益的其他综合收益		19,901	32,311	18,792	30,659
可供出售金融资产公允价值变动损益		25,147	34,188	24,637	32,993
现金流量套期损益的有效部分		(73)	108	(43)	44
权益法下在被投资单位以后将重分类进损益的其他综合收益中享有的份额		156	80	156	80
外币财务报表折算差额		(5,329)	(2,065)	(5,958)	(2,458)
归属于少数股东的其他综合收益的税后净额		512	256	—	—
本年其他综合收益小计		20,405	32,567	18,784	30,659
本年综合收益总额		298,125	308,853	282,049	294,887
综合收益总额归属于:					
母公司股东		297,024	308,122		
少数股东		1,101	731		
		298,125	308,853		
每股收益	43				
基本每股收益(人民币元)		0.77	0.78		
稀释每股收益(人民币元)		0.77	0.78		

老唐将表13－1的汇报纲要续写如下,如表13－2所示。

表13－2 简化的利润表(续)

顺序		科目	金额(亿元)
H		净利润	2777.20
I		其他综合收益的税后净额	204.05
I	Ia	归属于母公司股东的其他综合收益税后净额	198.93
	Ib = I - Ia	归属于少数股东的其他综合收益税后净额	5.12
J = H + I		本年综合收益总额	2981.25

续表

顺序		科目	金额(亿元)
J	Ja = Hb + Ia	归属于母公司股东的综合收益总额	2970.24
	Jb = Ha + Ib	归属于少数股东的综合收益总额	11.01
K		每股收益 = 2771.31/3564.07	0.77 元/股

这其中最重要的内容就是第 Ia 项：归属于母公司股东的其他综合收益税后净额。按照最新的企业会计准则规定，其他综合收益项目需要分为两类列报。

一是以后不能重分类进损益的其他综合收益项目，主要包括重新计量受益计划净负债或净资产导致的变动、按照权益法核算的在被投资单位以后会计期间不能重分类进损益的其他综合收益中所享有的份额。

前者指银行调整了受益计划（如职工福利计划、养老金计划等）的相关财务变量取值或者精算假设（例如死亡率、职工离职率、职工寿命、折现率、未来平均工资水平、受益计划投资回报率等），造成的资产或负债数量变动；后者指投资的非控股企业该项数值中，归银行所有的对应份额（下同）。这部分一般数额极小，不需太多关注。如表中显示，数额仅 -0.08 亿元，相对于超过 2700 亿元的净利润而言，实在太过微小了。

二是以后满足规定条件时，将计入损益的其他综合收益项目。主要包括可供出售金融资产公允价值变动形成的利得或损失、持有至到期投资重分类为可供出售金融资产形成的利得或损失、现金流量套期工具产生的利得或损失中的有效部分、外币财务报表折算差额、按照权益法核算的在被投资单位以后会计期间在满足规定条件时将计入损益的其他综合收益中所享有的份额等。

对于银行而言，一般很少有将持有至到期投资重分类为可供出售金融资产的情况（关于重分类，请参看《手把手教你读财报》81～82页），因而这部分主要就四项：可供出售金融资产公允价值波动、现金流量套期工具产生的利得或者损失中的有效部分、外币财务报表折算差额、投资的非控股公司中该项对应份额。

可供出售金融资产，在资产负债表资产部分“可供出售金融资产”的附注有披露，明细在财报的234和235页（附件55和56页）。这部分资产公允价值的波动，暂时列入其他综合收益。待其卖出时，将其盈/亏计入“营业收入——投资收益”里，同时从其他综合收益里转出。

现金流量套期工具产生的利得或者损失，指银行针对未来某时间点确定会发生的、能给银行带来现金流的资产、负债或者交易行为，预先使用衍生工具锁定该现金流的收益或对冲该现金流的风险，由此而产生的利得或损失。以套期工具是否完全匹配该现金流，分为无效部分和有效部分。不能完全匹配的部分称为“无效部分”，盈亏直接进利润表的投资收益；有效部分进入其他综合收益。其详细披露在财报226页和227页（附件第47页和48页）。

外币财务报表折算差额，指银行合并其境外的子公司或分支机构报表时，需要将外币折算为人民币。由于不同的报表项目采用不同汇率折算而形成的汇兑损益，它是一种尚未实现的损益。

这几项道理上都不难理解，无须一一解释。这里只强调一点：其他综合收益数据，是已经按照25%企业所得税率扣除所得税之后的净额。

利润表和资产负债表均有其他综合收益科目，两者之间的关系可以用一个等式表达：

资产负债表股东权益里其他综合收益年初余额＋利润表中归属母

公司股东的其他综合收益税后净额 = 资产负债表股东权益里其他综合收益年末余额

例如 2015 年的工商银行财报，就是：

−24548 + 19893 = −4655 百万元

提请注意：利润表里披露的其他综合收益本年度变化，虽然不影响净利润，但会改变净资产数据。而净资产是银行的资本（大部分是核心一级资本，请回忆第三课），所以，其他综合收益变化是会影响资本充足率等相关监管指标的。

披露完其他综合收益后，将净利润项和其他综合收益项相加，就得出“综合收益”项。综合收益反映企业除股东增加投入或对股东分红以外的其他所有事项引起的净资产变动。

综合收益项目下，同时分别披露归属于母公司股东的综合收益（即归属于母公司股东的净利润 + 归属于母公司股东的其他综合收益）和归属于少数股东的综合收益（即归属于少数股东的净利润 + 归属于少数股东的其他综合收益）。

最终，依然披露每股收益数据。每股收益等于归属于母公司股东的净利润 2771.31 亿元，除以工商银行股本总数 3564.07 亿股，等于 0.77 元/股（保留到分）。

利润表整体结构便是如此了。下面，我们进一步了解利润表的营业收入、营业支出、营业利润、所得税费用和净利润等科目。

银行的营业收入

银行的业务可以分成三大板块来看：利差业务、中间业务、其他业务。因而，银行的营业收入也分三大块来汇报，如工商银行 2015 年财报 183 页（附件第 4 页）利润表。

	附注四	本集团		本行	
		2015 年	2014 年	2015 年	2014 年
利息净收入		507,867	493,522	491,201	477,411
利息收入	32	871,779	849,879	834,340	816,268
利息支出	32	(363,912)	(356,357)	(343,139)	(338,857)
手续费及佣金净收入		143,391	132,497	137,422	127,935
手续费及佣金收入	33	161,670	146,678	153,331	140,095
手续费及佣金支出	33	(18,279)	(14,181)	(15,909)	(12,160)
投资收益	34	10,409	4,920	7,065	4,261
其中:对联营及合营企业的投资收益		2,330	2,157	2,249	2,054
公允价值变动净收益	35	2,796	680	2,224	469
汇兑及汇率产品净收益	36	1,894	3,673	816	2,517
其他业务收入	37	31,290	23,600	2,454	2,325
营业收入		697,647	658,892	641,182	614,918

利差业务收入

获取资金利息差便是银行的利差业务了。上表中,工商银行 2015 年支付利息 3639.12 亿元,产生利息收入 8717.79 亿元,两者之差 5078.67 亿元为当年利息净收入。

利息收入包括发放各类贷款的利息收入、与同业及央行往来产生的利息收入、投资债券等金融资产产生的利息收入等。财报 268 页(附件第 89 页)附注四的 32 项有清晰易懂的明细披露。有了前面资产负债表知识垫底,这一页内容基本一看就懂,不再详述。唯一有个细节需要提示:银行投资很多金融资产,其中投资债券产生的利息收入,归在利息收入里。其他投资品虽然也可能产生股息之类的收入,但在财报里是归入投资收益里的。

32. **利息净收入**

	本集团		本行	
	2015 年	2014 年	2015 年	2014 年
利息收入:				
客户贷款及垫款:	616,541	615,488	589,956	588,536
公司类贷款及垫款	421,877	437,789	398,556	413,552
个人贷款	174,503	164,612	171,798	162,242
票据贴现	20,161	13,087	19,593	12,742
债券投资	170,833	159,262	163,832	154,825
存放中央银行款项	47,867	48,384	47,683	48,162
存放和拆放同业及其他金融机构款项	36,538	26,745	32,869	24,745
合计	871,779	849,879	834,340	816,268
利息支出:				
客户存款	(298,010)	(298,941)	(289,682)	(290,006)
同业及其他金融机构存放和拆入款项	(49,801)	(42,801)	(40,503)	(36,373)
已发行债务证券	(16,101)	(14,615)	(12,954)	(12,478)
合计	(363,912)	(356,357)	(343,139)	(338,857)
利息净收入	507,867	493,522	491,201	477,411

（1）分部门的利息收入与支出披露。

银行财报还披露了银行内部不同部门、不同区域的利息收入和利息支出，这部分内容在财报 285 ~292 页（附件 106 ~113 页）“附注五、分部信息”中披露，如下所示。

	2015 年度				
	公司金融业务	个人金融业务	资金业务	其他	合计
利息净收入	241,524	179,721	86,622	—	507,867
其中:外部利息净收入	287,137	26,963	193,767	—	507,867
内部利息净(支出)/收入	(45,613)	152,758	(107,145)		

这里将银行产生利息收入和支出的业务分成了公司金融、个人金融、资金业务和其他四类披露。公司金融和个人金融都无须再解释；

资金业务指银行从事的货币市场业务、证券投资业务、自营及代客买卖外汇和金融衍生品业务；如果有无法分类归入公司金融、个人金融和资金业务的，就暂时归入其他（工行此处没有）。

上表中利息净收入一行好理解，是说2015年工商银行创造的5078.67亿元利息净收入，其中2415.24亿元是公司金融业务创造的，占比近48%；1797.21亿元是个人金融业务创造的，占比35%出头；另外约17%计866.22亿元利息净收入是资金业务创造的。

但下面两行的“外部利息净收入”“内部利息净（支出）/收入”又是什么东西呢？外部利息净收入概念简单，就是该部门从银行之外的地方赚来的利息收入。但内部利息净（支出）/收入稍微难理解一点，需要引入银行内部管理的一个术语：FTP。

（2）FTP：一种重要的银行内部经营管理模式。

传统银行的经营中，曾面临一个难题：如何评估存贷款的盈利能力？当银行评估负债业务（如吸收存款）盈利能力时，成本（向储户支付的利息及吸收存款所应分摊的营业费用等）是已知的，但收益无法确定。因为这些钱可能当作公司贷款发放，也可能作为个人贷款发放，或者买成债券，借给同业等，其带来多少利息收入是不确定的。当银行评估资产业务（如贷款）盈利能力时，情况刚好相反，收益（利息收入减去预期坏账损失）是已知的，然而资金成本是未知的，不知道这笔资产业务所花掉的钱究竟是哪笔资金，资金成本是多少。

在漫长的经营摸索中，20世纪80年代，美洲银行首创FTP模式，历史性地完成了银行负债业务和资产业务的独立核算，推动了银行负债业务本身变成可独立核算和销售的“产品”，使银行业的经营进入精细化管理阶段。此后，FTP模式在全球银行业逐步得到认可和应用。

FTP，全称Funds Transfer Pricing，中文译为“内部资金转移定

价”，是银行内部核算单笔业务资金成本或收益的经营管理模式。简单理解，就是银行内部设置有一个虚拟的资金中心，所有吸收资金的业务部门均可以按照 FTP 价格将资金卖给资金中心；同样，所有放贷、投资或者拆出所需资金，也需要以 FTP 价格向资金中心购买。

对于吸收资金的负债业务而言，FTP 确定了产品（金钱）的销售价格，扣除运营成本分摊后，自然就划定了“采购”资金的出价上限；对于资产业务而言，FTP 就是原材料（金钱）成本，有了成本约束，才知道哪些生意能做，哪些生意不能做。银行年终考核的时候，也才能知道哪些业务赚了钱，哪些业务亏了钱，哪些人员该升职加薪多发年终奖，哪些人员该斥责加压炒鱿鱼。

做资产业务的，按照 FTP 价格从资金中心买钱，这部分用来买钱的钱，就是上表方框中的内部利息支出，写在括号里；做负债业务的，按照 FTP 价格把钱卖给资金中心，就得到了内部利息收入。因此，上表中“内部利息净（支出）/收入”后面的三个数字（45,613）、152,758 和（107,145），就代表着 2015 年全年，个人金融部门在银行内部净卖出资金，通过将本部门吸收的资金卖给虚拟资金中心，得到 1527.58 亿元的利息收入。而这 1527.58 亿元的利息收入，则来自银行内部两大土豪：公司金融部门支付了 456.13 亿元，资金业务部门支付了 1071.45 亿元。我们可以简单地将它理解为银行内部的“同业间资金拆借市场”。

通过 FTP，银行不仅实现了公平的内部绩效考核，也能够很方便地通过 FTP 价格的上下浮动，引导各业务部门按照总行的战略意图，增加或减少对某种业务的资源投入。FTP 定价一般基于市场利率（适用市场化产品，如同业、债券投资融资、票据贴现等），或者基于存贷款基准利率（适用于管制型产品定价，如一般性存贷款业务）。常见的定价方法有：指定利率法、原始期限匹配法、重定价期限匹配法、现金流定价法等。具体定价模型和公式普通投资者无须关心。

（3）分地区的利息收入与支出披露。

同样在财报289～292页（附件109～113页）“附注五、分部信息”中（如下表所示），银行还会按照不同的地理区域披露利息净收入情况，解读方法和上面不同部门一样，不再重复。

	2015年度									
	中国大陆境内（总行和境内分行）									
	总行	长江三角洲	珠江三角洲	环渤海地区	中部地区	西部地区	东北地区	境外及其他	抵销	合计
利息净收入	74,467	82,507	57,540	100,110	63,041	81,859	25,277	23,066	—	507,867
其中：外部利息净收入	210,421	56,386	47,333	24,031	49,421	78,677	17,092	24,506	—	507,867
内部利息净(支出)/收入	(135,954)	26,121	10,207	76,079	13,620	3,182	8,185	(1,440)	—	—

（4）工商银行10年来净利息收入占总收入状况。

利息净收入一直是银行业收入的主要来源。统计过去十年工商银行利息净收入与营业收入数据，可以得到图13－1。

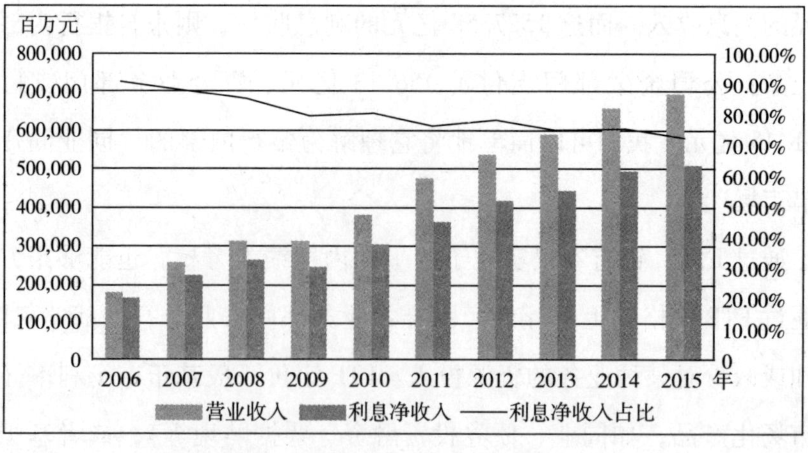

图13－1 2006—2015年工商银行利息净收入占比

从图 13－1 占比曲线可以看出，工商银行净利息收入占总收入的比例虽然总体趋势向下，但一直保持在 70% 以上。正因为此，对银行利息收入进行分析，是银行盈利能力分析的重要环节。

中间业务收入

手续费及佣金收入来源于银行的中间业务。中间业务指银行自己不投入资金，只是依托银行信誉、业务、技术、机构和人才等方面的优势，不形成银行资产负债表内的资产与负债，给银行带来非利息收入的业务，包括支付结算业务、银行卡业务（不含银行卡透支）、代理业务、担保及承诺类业务、交易类业务（不含已构成资产负债表表内资产与负债的交易类业务）、基金托管业务、咨询顾问业务、保管箱业务等。

如果某些业务需要委托其他机构代办，则产生手续费及佣金支出。手续费及佣金净收入的明细披露，在工商银行 2015 年财报的 269 页（附件第 90 页），如下表所示。

33. 手续费及佣金净收入

	本集团		本行	
	2015 年	2014 年	2015 年	2014 年
手续费及佣金收入：				
银行卡	37,684	35,133	36,446	33,895
个人理财及私人银行	35,910	20,676	36,635	21,271
结算、清算及现金管理	27,986	30,422	27,067	29,533
投资银行	26,791	30,474	24,697	28,506
对公理财	18,305	14,929	14,981	12,991
资产托管	5,544	5,923	5,354	5,779
担保及承诺	4,687	4,614	4,247	4,207
代理收付及委托	1,979	2,019	1,724	1,819
其他	2,784	2,488	2,180	2,094
合计	161,670	146,678	153,331	140,095

续表

	本集团		本行	
	2015年	2014年	2015年	2014年
手续费及佣金支出	(18,279)	(14,181)	(15,909)	(12,160)
手续费及佣金净收入	143,391	132,497	137,422	127,935

银行的中间业务品种繁多，潜力巨大。它是依托于银行传统的存贷汇功能而发展出来的衍生功能，已经远远不限于起初的代缴水电费、代发工资等简单形态了。国际先进银行中间业务收入占比，大约从20世纪90年代就提升到40%左右了，目前甚至有部分国际先进银行中间业务收入占比高达70%以上的。我国银行业中间业务尚处于发展初期，加上银行业目前实施分业经营制（1993年出台的分业经营规定），很多中间业务受到法律限制，所以银行中间收入占比总体偏低，平均水平基本在20%上下，只有少数银行超过30%（且其中部分是由贷款利息转移化装而来，如将6%利率贷款变成5%的贷款利率+1%的咨询费、顾问费）。悲观地看，是落后；乐观地看，差距意味着潜力。

工商银行财报将中间业务分类为银行卡、个人理财及私人银行、结算清算及现金管理、投资银行、对公理财、资产托管、担保及承诺、代理收付及委托和其他九大项。

其中担保及承诺属于“或有债权/债务类中间业务”，即虽然银行现在并不需要出钱，但收益是靠承担了未来“莫须有（也许有，也许没有）”的风险换来的。这类业务常见的有承兑汇票、银行保函、信用证、应收账款保理、贷款承诺、循环融资承诺等。担保及承诺业务目前规模相对较小，2015年担保及承诺创造的中间业务收入仅占工商银行全部中间收入的不足3%（注意，若这些业务发生垫款了，就归于信贷业务，记在“客户贷款与垫款”里了）。

除了担保及承诺以外的其他八大项，属于金融服务类中间业务。下面老唐逐一讲解。

(1) 银行卡业务。

银行卡业务指借记卡和信用卡业务，不包含信用卡透支业务。银行卡业务是银行中间收入的重要来源，以2015年工行财报数据看，银行卡业务收入占据全部中间业务收入的近1/4。而且，银行卡发卡量也是其他中间业务得以扩大的基石。财报在“讨论与分析——业务综述——银行卡业务”（财报45页）里会披露银行的发卡量及年消费额情况，这部分的增长率，是银行股投资者需要关注的重要信息之一。投资者可以统计银行卡发卡量和卡均消费额的增长趋势和相对强弱，作为预估不同银行中间业务增长潜力的参考数据。以下为工行财报对相关信息的汇报。

2015年末，银行卡发卡量7.5亿张，比上年末增加8,287万张。银行卡年消费额88,416亿元，比上年增长18.0%。银行卡业务收入376.84亿元，增长7.3%。

项目	2015年12月31日	2014年12月31日	增长率（%）
银行卡发卡量(万张)	74,575	66,288	12.5
借计卡	63,684	56,232	13.3
信用卡	10,891	10,056	8.3
项目	2015年	2014年	增长率(%)
年消费额(亿元)	88,416	74,915	18.0
借计卡	65,146	56,229	15.9
信用卡	23,270	18,686	24.5
卡均消费额(元)	12,578	12,056	4.3

注:卡均消费额=报告期消费额/报告期月平均卡量。

(2) 个人理财及私人银行业务。

银行通过发行非保本理财产品，帮助个人进行债券型、信托型

(投资于银行或其他高信用级别机构担保或承诺回购的信托产品或资产受益权产品)、结构性(最终收益与某产品或某市场挂钩的理财产品,如挂钩汇率、挂钩利率、挂钩金价、挂钩原油、挂钩股票指数、挂钩个股等)等理财产品的投资,以及代理出境投资。

私人银行方面,国内私人银行规模领先的是招商银行和工商银行。2015 年,招商银行私人银行客户 4.9 万户,管理资产规模 1.25 万亿人民币,位列全球最大私人银行排行榜第 20 位;工商银行紧随其后,拥有私人银行客户 6.24 万户,管理资产规模 1.06 万亿人民币,位列全球最大私人银行排行榜第 23 位。

(3)对公理财。

类似个人理财。2015 年工商银行对公理财、个人理财和私人银行业务,创造的手续费及佣金收入,超过全部手续费及佣金收入的 1/3,是银行中间业务的中流砥柱。其中尤以个人理财和私人银行业务发展喜人,手续费及佣金收入 359.1 亿元,同比增速高达 73.7%。

(4)结算清算及现金管理。

指银行为客户办理因债权债务关系引起的与货币支付、资金划拨有关的收费业务,该类业务也是中间业务收入的主要来源之一,在工行 2015 年中间收入里占比约 17%。

(5)投资银行。

包括各类咨询顾问类业务及并购重组上市等服务。例如,承销与兑付债券、技术贸易中介咨询、资金信用咨询、专项调查咨询、信用评估、项目评估、资产评估、企业投资顾问、项目融资顾问、企业间并购重组顾问、政府部门财务顾问、资产证券化过程顾问服务,等等。

目前我国金融系统是分业经营制,银行做投行业务还受到颇多约束,收入占比相对较小。以 2015 年工行数据看,仅占中间收入的

11%左右。如果金融系统逐步开放混业经营（即银行、保险、证券、信托机构等金融机构都可以进入对方领域竞争。我国监管机构2007年已经正式提出“稳步推进金融业综合经营试点”)，投行业务规模将大有潜力，毕竟我国银行的信誉和口碑和其他金融机构相比有着明显优势。

（6）资产托管。

指基金托管、证券期货保证金第三方存管、其他资金托管，例如，股权交易资金托管、土地使用权交易资金托管、商品贸易资金托管、房地产交易等资金托管以及各类保证金监管等。银行业的资产托管业务近几年持续保持着超过50%以上的复合增速。截至2015年末托管规模已经达到惊人的87.7万亿元（2016年6月末，托管规模超过百万亿元)，相比2009年增长了20多倍，其中工商银行和兴业银行以11.5万亿元和7.2万亿元的托管规模，领先该细分行业。

（7）代理收付及委托。

代理公用事业收费、行政或财政收费、社保资金收付、代发工资、代扣按揭等；代理央行财政性存款、国库、金银等业务；代理网点不足的政策性银行及其他商业银行业务；代理委托贷款（银行根据委托人确定的借款人、用途、金额、币种、期限、利率等，代为发放、协助监督使用并协助收回的贷款)；代理保险销售；代理基金销售；代理国债买卖等。

（8）其他业务。

银行保管箱业务以及其他不能归入以上八类的业务。其他业务、资产托管和代理收付及委托三类创造的手续费及佣金收入占比较小，合计仅占2015年工商银行中间收入的6%左右。

扩展知识

中间业务，有时又被称为“表外业务”。这两个名词容易被混用，它们既有交叉，也有区别。

从广义上说，中间业务=表外业务，它们都不产生资产负债表内资产和负债；从狭义上说，狭义的表外业务指银行承担了信用风险的中间业务，也就是担保和承诺类中间业务。其他不承担信用风险的表外业务，就是狭义上的中间业务。

因此，中间业务和表外业务之间的关系，可以用一个等式来表达：

广义中间业务=狭义表外业务+狭义中间业务=广义表外业务。

（9）投资者观察中间业务收入占比的主要思路。

将工商银行过去10年中间业务带来的手续费及佣金收入统计后，可以得出图13-2。

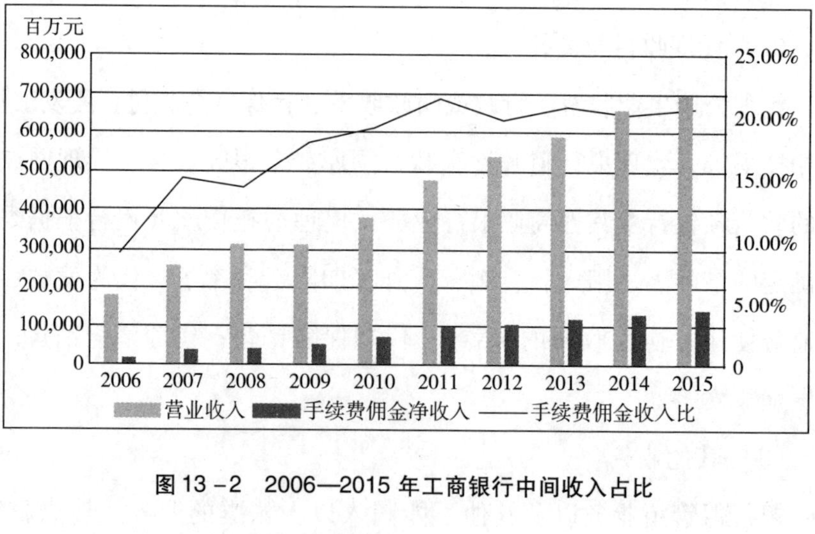

图13-2　2006—2015年工商银行中间收入占比

中间业务，尤其是金融服务类中间业务，比较容易形成客户黏性，增加用户的转换成本（客户使用越多的银行中间业务，转移和更换银行账户就越麻烦），加上中间业务除了本身的收入之外，也是拓展银行其他业务的潜在资源。因而，资本市场通常更青睐中间业务收入占比高的银行。

不过，由于我国在贷款的发放对象和利率上长期存在诸多管制，很多本应成为利息收入或投资收益的业务，可能出于规避监管的目的，化装成中间业务收入，如咨询服务费、额度承诺费等，使这个中间业务收入比指标变得扭曲失真。好在伴随着利率市场化改革进程，这些关于贷款对象及利率的管制正在逐步减少。中间业务收入比未来必将越来越具有观测价值。

其他收入

除了利息收入和手续费及佣金收入以外，银行还有些其他收入，在营业收入的第三部分向股东汇报。

项　目	附注四	本集团 2015 年
投资收益	34	10,409
其中:对联营及合营企业的投资收益		2,330
公允价值变动净收益	35	2,796
汇兑及汇率产品净收益	36	1,894
其他业务收入	37	31,290

其他收入分为四项：投资收益、公允价值变动净收益、汇兑及汇率产品净收益、其他业务收入。以上表为例即其他收入 = 104.09 + 27.96 + 18.94 + 312.9 = 463.89 亿元，约占全部营业收入的 6.65%。相关明细可以查阅位于财报 269 和 270 页（附件 90 和 91 页）的披露，这几项都比较简单。

投资收益，主要指期内已经实现的债券、股权等交易盈亏，银行投资的各类金融资产产生的期间利息收入（债券除外），对联营及合营企业股权投资带来的权益利润或分红收益等。

公允价值变动净收益，指银行持有的以公允价值计量且其变动计入当期损益的金融资产和金融负债的公允价值（通常就是市场交易价格）波动盈亏，以及银行持有的其他采用公允价值计量的投资性房地产、衍生金融工具和套期保值形成的当期盈亏。

汇兑及汇率产品净收益，是自营外汇业务带来的汇差收入、货币衍生金融工具产生的损益（包括交易完成的盈亏和市价波动的浮动盈亏）以及外币资产和负债折算成人民币产生的汇兑损益。

对于工商银行来说，其他业务收入主要是工商银行下属的工银安盛人寿保险公司产生的保费净收入（保费收入减去再保险支出），以及其他一些与银行经营范围存在一定关系的经营活动产生的收入，比如，抵债资产租赁取得的租金、固定资产或无形资产出租形成的收入、金融衍生产品交易产生的期权费等。

第十四课　利润表（下）

上节课谈了银行业的几种收入来源：利息净收入、手续费及佣金收入和其他收入三大类，组成了银行的营业收入。利息收入之外的收入，通常也被合称为“非利息收入”（或“非利息净收入”）。如下表所示。

	附注四	本集团	
		2015 年	2014 年
利息净收入		507,867	493,522
利息收入	32	871,779	849,879
利息支出	32	(363,912)	(356,357)
手续费及佣金净收入		143,391	132,497
手续费及佣金收入	33	161,670	146,678
手续费及佣金支出	33	(18,279)	(14,181)
投资收益	34	10,409	4,920
其中:对联营及合营企业的投资收益		2,330	2,157
公允价值变动净收益	35	2,796	680
汇兑及汇率产品净收益	36	1,894	3,673
其他业务收入	37	31,290	23,600
营业收入		697,647	658,892

即：营业收入 = 利息净收入 + 非利息收入

=利息净收入+手续费及佣金净收入+其他收入

=（利息收入-利息支出）+（手续费及佣金收入-手续费及佣金支出）+（投资收益+公允价值变动净收益+汇兑及汇率产品净收益+其他业务收入）

与这些收入对应的成本又是什么呢？我们往下看。

营业支出

营业收入之后是营业支出，见财报183页（附件第4页）。

	附注四	本集团		本行	
		2015年	2014年	2015年	2014年
营业税金及附加	38	(42,320)	(41,351)	(41,759)	(40,958)
业务及管理费	39	(177,823)	(176,261)	(164,580)	(164,297)
资产减值损失	40	(86,993)	(56,729)	(85,015)	(55,275)
其他业务成本	41	(30,976)	(24,939)	(7,406)	(10,037)
营业支出		338,112	(229,280)	298,760	(270,603)

这里面有一个工商银行的财报披露瑕疵：对于2015年的营业支出，无论是本集团数据（338,112）还是本行数据（298,760），财报都忘记了加括号。

营业支出由四项科目构成：营业税金及附加、业务及管理费、资产减值损失、其他业务成本。

营业税金及附加

营业税金不是营业税，不能混淆。银行的营业税金及附加科目，指银行日常活动应负担的税金及附加，包括营业税、城市维护建设税和教育费附加。[①] 营业税只是营业税金里包含的一种具体税种。[②]

---

① 如果银行有投资性房地产，与之相关的房产税、土地使用税，也归在营业税金及附加里。银行涉及的其他税种还有：所得税，在利润总额之后单列；房产税、车船使用税、土地使用税和印花税，归于业务及管理费用里；车辆购置税，归于固定资产科目。

② 自2016年年报开始，“营业税金及附加”科目修改为“税金及附加”，并将原归于业务及管理费用的四项税种并入“税金及附加”。

银行的营业税税率是应纳税营业收入的5%（有些营业收入不用纳税，如国债利息）；城市维护建设税是实际缴纳营业税的7%；教育费附加按照区域不同，分别按照实际缴纳营业税的3% ~5%计算。

自2016年5月1日起，银行业实施营业税改增值税（营改增），税率由应纳税营业收入的5%，修改为增值部分的6%。为了应对税率的提高，财政部将金融机构间同业往来利息收入（含同业存款、同业存单、同业借款、同业代付、买入返售金融资产、持有金融债券——注意，仅限持有产生的利息收入。如果是买卖债券获取的价差，依然要对增值部分征收6%增值税）纳入免税范围，以响应李克强总理“总体税负不增加”的保证。但据业内人士对2016年上半年实践情况测算，银行业的税负可能有轻微增加（约0.7%）——国有大行和城商行税负增加较小，股份行税负增加稍大。股份行税负增加略大的主要原因有两个：一是股份行手续费及佣金收入较高，增值税可抵扣项较少；二是股份行普遍非标资产较多，尤其是资管计划、信托计划占比较大，而这类非标资产的利息收入按照现行政策规定，不计入免税的同业往来，需要按照标准税率6%缴纳增值税。

营改增之后，利润表口径会发生变化，投资者在做历史数据对比的时候，需要注意口径调整。由于营业税是价内税，包含在财报的营业收入数据里，而增值税是价外税，不包含在营业收入里。营改增以前，100元贷款利息净收入，体现为利润表100元营业收入，然后营业税金及附加里体现5元营业税支出；营改增之后，100元贷款利息净收入，体现在利润表上只有100/(1+6%)=94.34元营业收入，但营业支出里既不体现5元营业税，也不体现5.66元增值税（仅有代收后尚未缴纳的增值税，体现在财报的应交税费科目里）。

业务及管理费

业务及管理费，包含职工工资、奖金、福利、退休计划、日常业务费用（如业务宣传、业务招待费、设备运转、钞币运送、安保、水电、物业、诉讼、差旅、中介机构、董事会，等等）、资产摊销和折旧。这些内容都十分易懂，详细数据披露在财报 271 页（附注第 92 页）。

该项内容虽然简单，但由它衍生出的“成本收入比”却十分重要，是评价银行经营效率的重要指标。成本收入比是营业费用加折旧（即工行的业务及管理费口径）与营业收入之比，目前的监管要求是不高于 35%，即：

成本收入比 = 业务及管理费/营业收入≤35%

成本收入比是成本控制和经营效率的综合体现，数据越低证明银行获取同等营业收入所需支出越低。这个指标可以在所有上市银行间进行横向对比。例如，当我们需要对比工商银行和农业银行的经营效率时，可以制作成本收入比图，如图 14 - 1 所示。

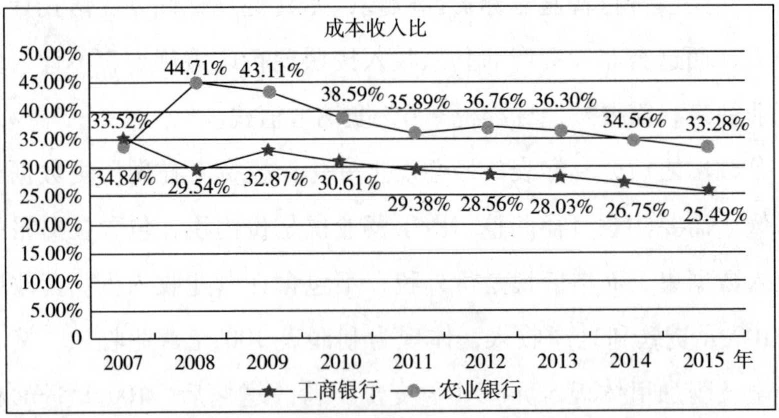

图 14 - 1　2006—2015 年工商银行与农业银行成本收入比

资产减值损失参看第八课和第九课内容，此处省略。

其他业务成本

其他业务成本，是前面介绍的其他业务收入的对应成本。对于工商银行而言，里面装的是下属保险公司的保险业务支出，以及其他无法归类的支出。明细披露在财报 272 页（附件第 93 页）。

最终，营业税金及附加 + 业务及管理费 + 资产减值损失（拨备） + 其他业务成本 = 营业支出。

净利润

收入和支出都有了，便可以计算银行的利润了。但这里需要再强调一遍《手把手教你读财报》里讲过的一个重要原则：企业财报的收入和支出，都是按照权责发生制记录的。所谓权责发生制，又称“应收应付制原则”，是以权利或责任的发生来确定应收（应该得到的收入）和应付（应该付出的费用），不考虑是否在本期收到或付出现金。因此，利润表中的利润并不等于企业赚到的真金白银，它只是表述了本企业“理应”收到这么多钱，“理应”支出这么多费用，“理应”获取这么多利润。关于利润表的权责发生制和现金流量表的收付实现制的区别，可以参看《手把手教你读财报》132～133 页内容。要算出净利润，投资者需要了解几个概念，下面老唐逐一讲解。

营业利润

营业收入减去营业支出，得出营业利润。

营业外收入和营业外支出

指跟银行业务无关的一些收入和支出，例如，银行出纳长款/短款、固定资产盘盈/盘亏、固定资产净收益/损毁、罚没收入、抵债资产处置超过抵债金额部分、证券交易差错收入、非货币资产交换盈亏、各类赞助、行政性补助、退税和罚款等。

很多投资者容易混淆营业外收入和营业收入科目里的其他业务收入。这两者的主要区别有二：一是其他业务收入来源是与银行经营范围有关的非主营业务，而营业外收入与银行经营活动无关；二是其他业务收入在营业税金及附加的征收范围内，而营业外收入不在征收范围内。

税前利润

也叫利润总额，它等于营业利润加营业外收支净额。

所得税费用

用公式表达就是：所得税费用 = 当期应交所得税 + 递延所得税费用 + 以前年度所得税调整。数据在财报 272 页（附件第 93 页）有披露。

42.1 所得税费用

	2015 年度	2014 年度
当期所得税费用：		
中国大陆	86,541	88,981
中国香港及澳门	1,837	1,613
其他境外地区	2,238	2,151
小计	90,616	92,745
以前年度所得税调整	(1,232)	254
递延所得税费用	(3,869)	(7,673)
合计	85,515	85,326

应交所得税

指依照税法规定税率，公司税前利润对应的所得税。例如，工商银行 2015 年税前利润 3632.35 亿元，按照 25% 的所得税率就是 3632.35 × 25% = 908.09 亿元。但由于其中有部分利润是在不同所得税率的地区和国家获得的；同时，银行投资税法规定免税的金融资产（如国债）产生的利息收入，对应的税款要减去；按照权益法并进来的投资收益，由于下属子公司计算净利润的时候，已经扣过所得税了，所以工行利润总额里包含的这部分投资收益，不再重复征税，需要去掉；银行或银行下属子公司过去五年内的未抵扣亏损（若有）也可以从税前利润里扣除；再加上有些实际支出的费用，税法不允许当作费用扣除，如行政罚款、滞纳金和超过税法规定标准上限的员工福利、工会费用、职工教育支出、业务招待费、广告费、对外公益捐赠等，也要调整。在这一番调整之下，最终工商银行汇总的2015年应交所得税就是906.16亿元。

递延所得税费用

递延所得税前面解释过，是税法和会计准则的不同规定，导致的所得税计算暂时性差异。按照我国税法规定，如果税法和会计规则发生冲突的时候，以税法为准，称之“税法优先原则”。也就是说，企业会计可以按照会计准则做报表，计算应交所得税。但当期究竟应该交多少税，则必须以税法计算数据为准。两种规则的不同，造成的纳税时间差异，建立递延所得税科目放置中转。递延所得税又分为递延所得税负债和递延所得税资产。

所谓递延所得税负债，是税务局少算了税。银行会计认为这是银行欠税务局的负债，迟早要还，所以记为欠税务局的负债。递延所得税资产，则是税务局多算了税。银行会计认为是银行预缴了税款，迟早要抵扣的，所以记为暂时放置在税务局的资产。

银行会计和税务局之所以会发生计算差异，主要是因为会计准则和税法的规定差异。例如，银行会对各项资产计提减值准备，视为利润表的费用，进入当期营业支出，减少了当期税前利润；而税法规定，减值损失只有在实际发生的时候，才可以从税前利润里扣除。由此造成双方计算差异。

银行的或有负债，如诉讼、担保等，银行会计会按照估计值计提费用，而税务局则坚持费用发生时，才可以从税前利润里扣除。由此也造成双方计算差异。

又比如，银行持有的一些以公允价值计量且变动计入当期损益的金融资产，市价波动产生利润/亏损，银行会计根据会计准则将其计入利润表，但税法规定，只有当交易完成时，才计算利润/亏损，由此造成双方的计算差异。

又比如，银行持有至到期投资的债券，按照摊余成本法[①]计算实际利率来界定收入多寡和收入时间，而税法则按照合同约定的利率和应付利息日来确定收入多少和时间。

另外，国家的一些税收优惠，也会造成双方计算产生差异，等等。

将调整过后的各项递延所得税分别计算以后，用净增加的递延所得税负债（应交未交的税款），减去净增加的递延所得税资产（预缴给税务局的税款），所得净额就是递延所得税费用（如果得数为负，一般称为“递延所得税收益”）。其含义可以简单理解为本期净增加的应交未交税款，即递延所得税费用 =（递延所得税负债年末余额 - 递延所得税负债年初余额）-（递延所得税资产年末余额 - 递延所得税资产年初余额）。

但是，如果某项交易或事项按照会计准则规定，应计入所有者权益，由该交易或事项产生的递延所得税资产或负债及其变化，计入所有者权益（还记得咱们聊其他综合收益的时候，谈到的递延所得税吗），不构成利润表里的所得税费用。正因为此，公司财报里披露的所得税费用，数据并不直接等于上面的递延所得税费用公式计算出来的数据。例如，工商银行 2015 年财报附件 93 页披露的递延所得税费用是 -38.69 亿元，但若根据资产负债表的递延所得税资产和负债数

① 关于摊余成本法，可以参看《手把手教你读财报》77 ~ 82 页，这里举个极端的例子简单解释一下。比如，银行买了某家企业的债券，约定 2 年到期一次性还本付息。银行依据会计准则规定，会将这些利息收入分摊在 2 年里。而税法第 1 年算成零收入，第 2 年一次性计算收入。

据直接计算的话，得数是-42.36亿元。

以前年度所得税调整

指本期内发生的调整以前年度损益事件、本期内发现的以前年度的会计差错以及财报日后事项引发的损益调整。这一项可能有，也可能没有。[①]

以上三项加总，便是当期所得税费用了。即当期所得税费用=应交所得税（906.16亿元）+递延所得税费用（-38.69亿元）+以前年度所得税调整（-12.32亿元）=855.15亿元。

所得税费用计算实例

所得税费用这部分相对难懂，很多读者在阅读《手把手教你读财报》的过程中也多次向老唐问过这一问题。这里老唐顺便举一个普通企业的例子演示一遍，也作为对上一本书读者疑问的解答。

假设某公司当年利润总额5000万元，所得税率25%，期初递延所得税资产和负债均为零。

公司年内购买了部分设备，购入价350万元，十年折旧完毕，残值为零，当年计提35万元。但该设备按照税法鼓励政策，可以双倍折旧。此处产生应纳税暂时性差异35万元，即公司财务认为当年产生35万元费用，税务部门会算70万元费用。

公司有存货1000万元，由于市价走低，公司计提跌价准备50万元。此处产生可抵扣暂时性差异50万元，即公司财务算的50万元费用，税务部门不认可。

公司买进了部分股票，入账时归入以公允价值计量且其变动计入

① 日后事项指财务报表截止日至财报批准发布日之间发生的事情，例如年报截止日是12月31日，但财报批准发布日可能是下一年度的4月某日。

当期损益的交易性金融资产。买入成本500万元，目前市价660万元，产生应纳税暂时性差异160万元。即公司财务算了160万元利润，认为应该纳税。但税法规定目前没有卖出，不计算盈亏，等待卖出实现利润时再缴税。

公司有个官司，财务根据管理层估计计提了诉讼准备200万元，税法要求费用发生时计算，这里产生可抵扣暂时性差异200万元；

公司收到政府专项补助300万元，属于免税收入。该项补助形成的资产，以后计提的折旧也不可用于税前抵扣。

公司本期未发生以前年度所得税调整事项。

那么，整个所得税费用的计算过程如下：

（1）应纳税所得额 = 5000 − 35 + 50 − 160 + 200 − 300 = 4755（万元）

（2）应交所得税 = 4755 × 25% = 1188.75（万元）

（3）递延所得税资产期末值 =（50 + 200）× 25% = 62.5（万元）

（4）递延所得税负债期末值 =（35 + 160）× 25% = 48.75（万元）

（5）递延所得税费用 = 48.75 − 62.5 = −13.75（万元）

（6）当期所得税费用 = 1188.75 +（−13.75）= 1175（万元）

（7）净利润 = 5000 − 1175 = 3825（万元）

如何观察利润表

2015年工商银行税前利润3632.35亿元，减去所得税费用855.15亿元，就等于净利润2777.2亿元，其中归属于少数股东的净利润为5.89亿元，剩下的就是归属于上市公司股东的净利润了，合计2771.31亿元。[①]

① 根据银监会年报，2015年，我国商业银行整体实现税后利润1.6万亿元，同比增长2.4%，资本利润率14.98%，比年初下降2.61个百分点；资产利润率1.1%，比年初下降0.13个百分点。

以上营业收入、营业支出、营业外收支、所得税及净利润的内涵全部搞明白以后，为利于观察历年变化，以及进行同行对比，投资者可以将表格中的数据折算成百分比表，观测各项的构成及变化。例如，图 14 - 2 为收入构成，图 14 - 3 为成本构成。

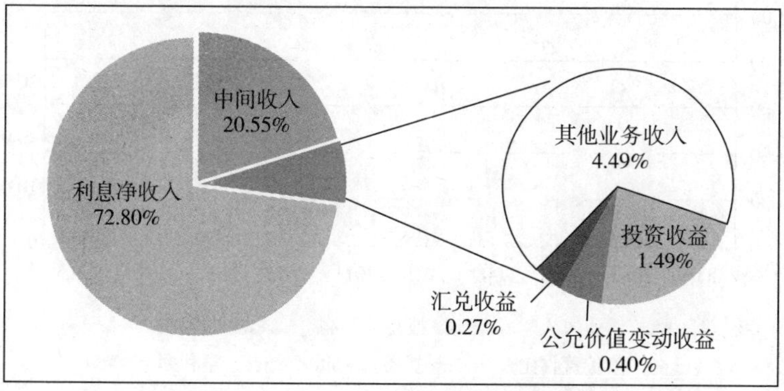

图 14 - 2　2015 年工商银行收入构成

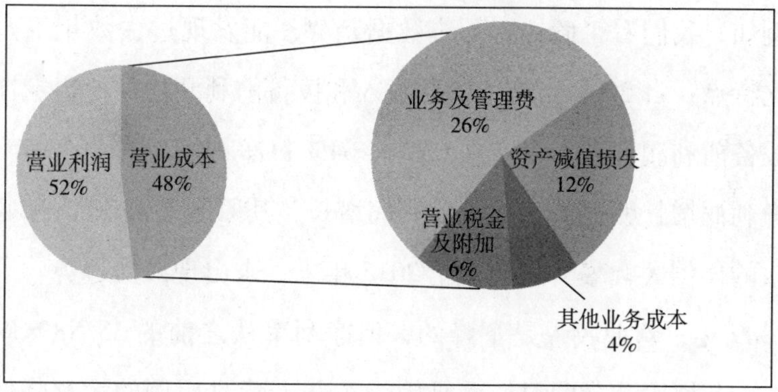

图 14 - 3　2015 年工商银行成本构成

当年的饼图，可用于同业间对比。还可以制作多年趋势图，用于趋势观察和同业间对比。其中比较重要的几个数据，除了前面已经谈过的净利息收入比、中间收入比、成本收入比之外，还可以用营业收入趋势、净利润趋势以及无法直接采用的重要利润数据——拨备前利润，即在营业利润的基础上，加回资产减值损失，用于分析忽略各银行不同的拨备政策情况下的盈利能力。

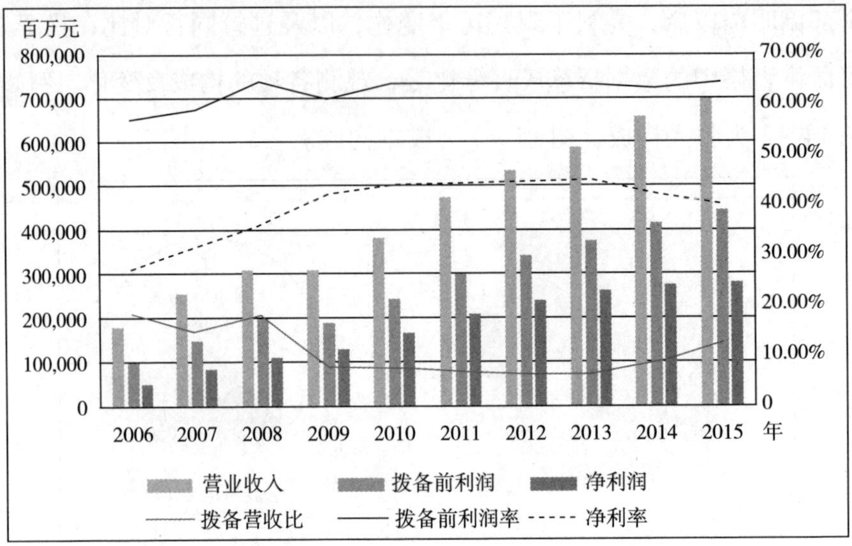

图 14－4　2006—2015 年工商银行重要经营指标变化

例如，我们看工商银行历史数据趋势，能发现过去数年工商银行的变化特点：自 2009 年起，营业收入和拨备前利润均保持稳定增长态势；拨备前利润率基本稳定在 63%～64%；净利润率自 2013 年下滑，导致净利润增长明显弱于拨备前利润增长，其原因是自 2013 年起拨备占营收的比例大幅攀升，且截至 2015 年末，未出现减缓趋势。

2009 年，营业收入是下降的，但净利率从之前的 35.88% 飙升至 41.8%。其原因非常明显，就是因为拨备占营收比例的大幅降低，从 2008 年的 17.92%，直接降低为 2009 年的 7.5%。回忆 2009 年发生了什么，我们能够更好地理解银行的利润变化规律：四万亿，四万亿刺激计划。面对 2008 年波及全球的次贷危机，中国政府推出了四万亿刺激计划。该计划的推出，使银行大幅调整了贷款的预期损失率，从而大幅降低了拨备计提，推高了银行的净利率，在营收下降、拨备前利润下降的情况下，依然保持了利润高达 16% 以上的增长。

这代表四万亿一出来，银行的经营情况立刻就有改观了吗？显然不是。仅仅是银行“预期”未来不良贷款率将下降，因而有了更多的腾挪空间来“安排”当前贷款里潜在的损失，银行的财报便会出现巨大变化。2009—2013 年五年间，便是“发展中解决问题”（营收增长中化解隐藏不良）的典型实例。今天，四万亿刺激政策中，为达刺激目的而放宽条件的贷款，又到了需要在发展中解决问题的时刻了。目前的不良贷款率究竟有多高？这恐怕正是当前银行股估值低迷的核心因素。

然而，当我们看懂 2009—2013 年的银行营收、拨备和净利润的变化以后，完全可以想象出未来几年银行不良率的变化情况。这里用两张示意图来表达这种变化，如图 14－5、图 14－6 所示。

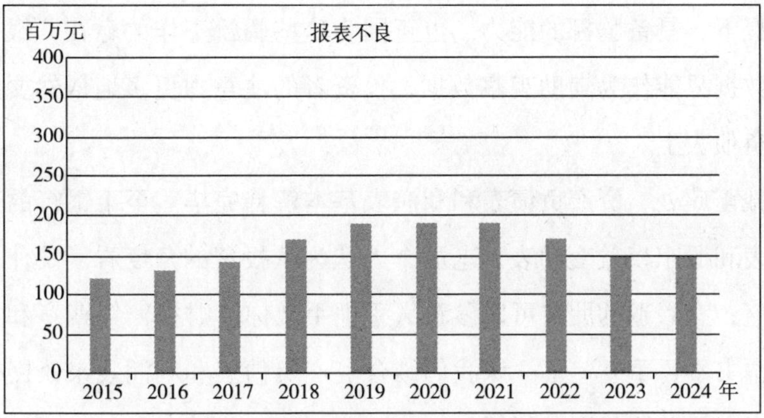

图 14－5　财报披露的近于平稳变化的不良数据

图 14－5 和图 14－6 展示的“报表不良”与“实际不良”，总数额是完全一致的（数字仅用于示意），差异是它们在不同年份里完成了披露。银行之所以能够把“实际不良”的先多后少，腾挪成“报表不良”的大体平稳，是因为银行业是经济活动的枢纽，它不可能也无法通过停业来清算所有资产和负债，同时，银行体系也不会缺“钱”

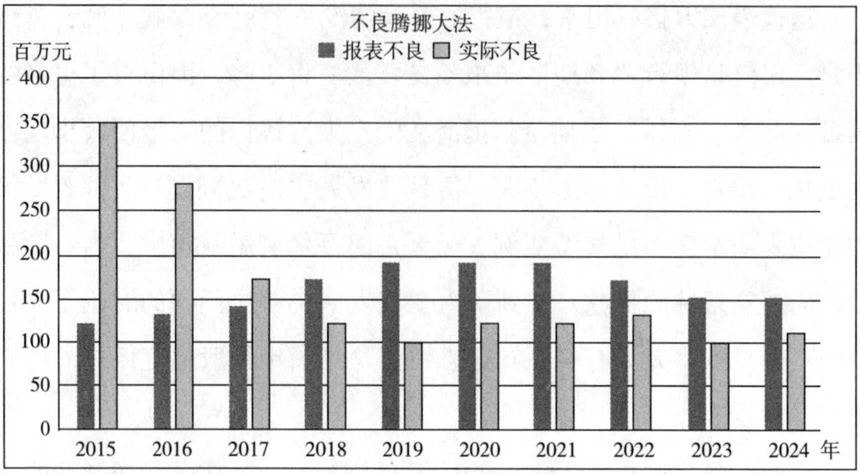

图 14－6 实际不良数据及其变化

（最多是买钱的价格提高），因而，在经营持续和现金流不会断裂的两大前提下，具备腾挪的能力。也正因为这些腾挪工作的存在，银行利润表数据只能作为辅助观察数据，投资者的注意力更多地依然要放在资产负债表上。

截至此处，资产负债表和利润表基本解释完毕。至于银行的现金流量表和股东权益变动表，老唐个人认为从投资的角度看，没什么阅读价值，有兴趣的朋友可以参看《手把手教你读财报》第四章和第六章，本书不再重复。下一课我们结合资产负债表和利润表来谈银行股投资者需要关注的财务指标。

第十五课　重要的财务指标

截至上节课，银行资产负债表和利润表说的是什么，我们就基本搞懂了。然而，这么多会计科目，投资者究竟应该将注意力放在哪些数据上面呢？这节课谈银行财报中重要的财务指标。

有一份公开的权威数据，投资者可以直接参照，用来大略地排序各上市银行的经营能力和竞争力。这份权威数据是：国际权威金融媒体——英国《银行家》杂志每年发布的“全球银行 1000 强”榜单。该杂志通过对商业银行的资本实力、经营规模、盈利能力、经营效率和经营稳健性等几个方面做出评估，排出银行界世界前 1000 强名单，这一排名一直被视为世界银行业最具权威性的竞争力评估结果。

除了这份一年一度的榜单以外，巴塞尔委员会、中国人民银行、中国银监会，针对银行经营过程中的所有要点，都已经提出过监控指标。我个人不认为在监测银行经营质量上，普通股市投资者会有什么高于监管机构专业人士的洞见。所以，建议普通投资者老老实实理解监管思路，认认真真学习监管指标足矣，无须自行发明数据或财务指标。

监管体系

国际上比较成熟的银行监管体系是美国的“骆驼评价体系”，它是美国金融管理当局针对商业银行及其他金融机构的业务经营、信用状况设计的一套规范化、制度化和指标化的综合等级评定制度。

这套评价体系关注5个关键角度，取其首字母合并成为“CAMEL”，和英文里骆驼一词相同，故称为“骆驼评价体系”。这五个角度是：资本充足性（Capital Adequacy）、资产质量（Asset Quality）、管理水平（Management）、盈利能力（Earnings）、流动性（Liquidity）。骆驼评价体系通过对上述五个方面打分汇总，来评价银行的经营管理水平，其中一级为最高，五级为最低。

20世纪末，美联储又给这只骆驼接了一条长尾巴——S（Sensitivity to market risk），即市场风险敏感性，变成一群骆驼（CAMELs）了，但大家还是沿袭习惯叫“骆驼评价体系”。

我国银监会结合骆驼评价体系和《巴塞尔协议Ⅲ》的新规定，于2010年推出更适合我国银行业监管需求的“腕骨监管体系”，它包含七大监管要素，分别是：资本充足性（Capital adequacy）、资产质量（Asset quality）、风险集中度（Risk concentration）、拨备覆盖（Provisioning coverage）、附属机构（Affiliated institutions）、流动性（Liquidity）、案件防控（Swindle prevention & control），同样取其首字母合并，得到CARPALS，和英文腕骨相同，称之为“腕骨监管体系”。除此之外，银监会还保留有限的自由量裁权，算是中国特色的监管吧！

腕骨监管体系的核心精神，体现在银监会的《商业银行风险监管核心指标（试行）》里。这份文件将商业银行风险监管分为三个层次：

风险水平、风险迁徙和风险抵补，分类及解释都非常清晰，基本可以直接引用。

风险水平类指标

风险水平类指标包括流动性风险指标、信用风险指标、市场风险指标和操作风险指标，以报表日数据为基础，属于静态指标。

表 15－1　风险水平指标

指标类别	一级指标	二级指标	指标值
流动性风险	1. 流动性比例		大于等于 25%
	2. 核心负债依存度		大于等于 60%
	3. 流动性缺口率		大于等于 -10%
信用风险	4. 不良资产率		小于等于 4%
		4.1 不良贷款率	小于等于 5%
	5. 单一集团客户授信集中度		小于等于 15%
		5.1 单一客户贷款集中度	小于等于 10%
	6. 全部关联度		小于等于 50%
市场风险	7. 累计外汇敞口头寸比例		小于等于 20%
	8. 利率风险敏感度		
操作风险	9. 操作风险损失率		

流动性比例

计算公式：流动性比例 = 流动性资产/流动性负债 × 100%（本外币口径分别计算），监管要求≥25%。

流动性资产包括：现金、黄金、超额准备金存款、一个月内到期的同业往来款项轧差后资产方净额、一个月内到期的应收利息及其他应收款、一个月内到期的合格贷款、一个月内到期的债券投资、在国内外二级市场上可随时变现的债券投资、其他一个月内到期可变现的资产（剔除其中的不良资产）。

流动性负债包括：活期存款（不含财政性存款）、一个月内到期的定期存款（不含财政性存款）、一个月内到期的同业往来款项轧差后负债方净额、一个月内到期的已发行的债券、一个月内到期的应付利息及各项应付款、一个月内到期的中央银行借款、其他一个月内到期的负债。

核心负债依存度

计算公式：核心负债依存度 = 核心负债/总负债 × 100%（本外币口径分别计算），监管要求≥60%。

核心负债包括距到期日三个月以上（含）定期存款和发行债券以及活期存款的50%；总负债是指资产负债表的负债总额。

流动性缺口率

计算公式：流动性缺口率 = 流动性缺口/90天内到期表内外资产 × 100%（本外币口径分别计算），监管要求≥ -10%。

流动性缺口为90天内到期的表内外资产减去90天内到期的表内外负债的差额。

不良资产率

计算公式：不良资产率 = 不良资产/信用风险资产 × 100%（本外币口径分别计算），监管要求≤4%。

信用风险资产指银行资产负债表表内及表外承担信用风险的资产。主要包括：各项贷款、存放同业、拆放同业及买入返售资产、银行账户[①]的债券投资、应收利息、其他应收款、承诺及或有负债等。不良资产指信用风险资产中分类为不良资产类别的部分，不良贷款为

---

① 银行账户，银行的资产按照监管要求要分别以交易账户和银行账户分类。简单的理解，交易账户就是放置那些以短期交易目的持有的、以公允价值（或估值模型）计量的金融资产和衍生工具（不包含套期的有效部分）。除此之外的资产，归于银行账户，银行账户主要用历史成本计量。

不良资产的一部分。

不良贷款率

计算公式：不良贷款率 =（次级类贷款 + 可疑类贷款 + 损失类贷款）/贷款总额 ×100%（本外币口径分别计算），监管要求≤5%。

次级类贷款、可疑类贷款、损失类贷款合称“不良贷款”。

单一集团客户授信集中度

计算公式：单一集团客户授信集中度 = 最大一家集团客户授信总额/银行资本 ×100%（本外币口径分别计算），监管要求≤15%。

最大一家集团客户授信总额是指报告期末授信总额最高的一家集团客户的授信总额。

授信是指商业银行向非金融机构客户直接提供的资金，或者对客户在有关经济活动中可能产生的赔偿、支付责任做出的保证。包括贷款、贸易融资、票据融资、融资租赁、透支、各项垫款等表内业务，以及票据承兑、开出信用证、保函、备用信用证、信用证保兑、债券发行担保、借款担保、有追索权的资产销售、未使用的不可撤销的贷款承诺等表外业务。

单一客户贷款集中度

计算公式：单一客户贷款集中度 = 最大一家客户贷款总额/银行资本 ×100%（本外币口径分别计算），监管要求≤10%。

最大一家客户贷款总额，是指报告期末各项贷款余额最高的一家客户的各项贷款的总额。客户是指取得贷款的法人、其他经济组织、个体工商户和自然人。

全部关联度

计算公式：全部关联度 = 全部关联方授信总额/银行资本 ×100%，

监管要求≤50%。

全部关联方授信总额，指银行全部关联方的授信余额，扣除授信时关联方提供的保证金存款以及质押的银行存单和国债金额后的净额。关联方按照《商业银行与内部人和股东关联交易管理办法》定义执行。注意，分母是“银行资本”。

累计外汇敞口头寸比例

本指标计算外币口径数据。计算公式：累计外汇敞口头寸比例 = 累计外汇敞口头寸/银行资本 ×100%，监管要求≤20%。

累计外汇敞口头寸为汇率敏感性外汇资产减去汇率敏感性外汇负债的余额。

利率风险敏感度

计算公式：利率风险敏感度 = 假设利率上升 200 个基点对银行净值的影响/银行资本 ×100%（本外币口径分别计算）。用以测算利率变动对银行净值造成的影响，无规定指标值。

操作风险损失率

由于内部程序不完善、操作人员差错或舞弊以及外部事件造成的的损失，与前三期净利息收入加上非利息收入平均值之比。指标值待定。

风险迁徙类指标

风险迁徙类指标衡量商业银行风险变化的程度，表示为资产质量从前期到本期变化的比率，属于动态指标，无规定参照指标值。

表15－2　风险迁徙类指标

指标类别	一级指标	二级指标	指标值
正常类贷款	10. 正常贷款迁徙率	10.1 正常类贷款迁徙率	
		10.2 关注类贷款迁徙率	
不良贷款	11. 不良贷款迁徙率	11.1 次级贷款迁徙率 11.2 可疑贷款迁徙率	

正常类贷款迁徙率

计算公式：正常类贷款迁徙率＝期初正常类贷款向下迁徙金额/（期初正常类贷款余额－期初正常类贷款期间减少金额）×100%。

期初正常类贷款向下迁徙金额，是指期初正常类贷款中，在报告期末分类为关注类/次级类/可疑类/损失类的贷款余额之和。

期间减少金额，指报告期内由于贷款正常收回、不良贷款处置或贷款核销等原因而减少的贷款。

关注类贷款迁徙率

计算公式：关注类贷款迁徙率＝期初关注类贷款向下迁徙金额/（期初关注类贷款余额－期初关注类贷款期间减少金额）×100%。

期初关注类贷款向下迁徙金额，是指期初关注类贷款中，在报告期末分类为次级类/可疑类/损失类的贷款余额之和。

次级类贷款迁徙率

计算公式：次级类贷款迁徙率＝期初次级类贷款向下迁徙金额/（期初次级类贷款余额－期初次级类贷款期间减少金额）×100%。

期初次级类贷款向下迁徙金额，是指期初次级类贷款中，在报告期末分类为可疑类/损失类的贷款余额之和。

可疑类贷款迁徙率

计算公式：可疑类贷款迁徙率＝期初可疑类贷款向下迁徙金额/

（期初可疑类贷款余额 - 期初可疑类贷款期间减少金额）×100%。

期初可疑类贷款向下迁徙金额，是指期初可疑类贷款中，在报告期末分类为损失类的贷款余额。

风险抵补类指标

风险抵补类指标衡量商业银行抵补风险损失的能力，包括盈利能力、准备金充足程度和资本充足程度三个方面。

表15 -3　风险递补类指标

指标类别	一级指标	二级指标	指标值
盈利能力	12. 成本收入比		小于等于35%
	13. 资产利润率		大于等于0.6%
	14. 资本利润率		大于等于11%
拨备	15. 拨备覆盖率		大于等于150%
	16. 拨贷比		大于等于2.5%
资本充足率	17. 资本充足率（大于等于9.7%）	17. 1 一级资本充足率	大于等于7.7%
		17. 1 核心一级资本充足率	大于等于6.7%
		17. 3 杠杆率	大于等于4%

成本收入比

计算公式：成本收入比 = 业务及管理费用/营业收入 ×100%，监管要求≤35%。[①]

成本收入比是成本控制和经营效率的综合体现，指标越低说明银行每单位营业收入对应的营业成本越低，其控制营业成本支出的能力越强，经营效率越高。

资产利润率

计算公式：资产利润率 = 净利润/资产平均余额 ×100%，监管要

① 该指标在文件原文中表述为“不应高于45%”，文件附件里表述为“小于等于35%”，据业内人士分享，实践的是35%。

求≥0.6%。

净利润指利润表中的税后净利润。资产平均余额，指资产负债表中期初资产和期末资产总和的算术平均。资产利润率是资产运用效果的评价，指标值越高，单位资产收益水平越高，说明银行在拓展收入渠道、提高产品收益水平、控制负债成本等方面越有效。

资本利润率

又称净资产收益率（ROE），计算公式：资本利润率＝净利润/所有者权益平均余额×100%，监管要求≥11%。

所有者权益平均余额指资产负债表中所有者权益期初余额与期末余额之和的算术平均。从投资者角度看，资本利润率反映银行资本的增值能力，是正向指标，当然越大越好。重要的事多说一遍：监管规定，银行的净资产收益率不可以低于11%。

拨备覆盖率

计算公式：拨备覆盖率＝（贷款损失专项准备金＋贷款损失特种准备金＋贷款损失一般准备金）/（次级＋可疑＋损失类贷款），监管要求≥150%。

拨贷比

计算公式：拨贷比＝贷款损失准备/各项贷款余额，监管要求≥2.5%。

资本充足率

计算公式：资本充足率＝资本净额/风险加权资产总额×100%，资本充足率、一级资本充足率、核心一级资本充足率指标的监管要求，见第三课“监管资本”。

资本充足率是银行持续存在和经营的核心指标。资本充足率在强制标准之上的多寡，指明了该银行未来年度业务扩张的方向、营业收入可能增速的大小。

资本充足率逼近监管红线的银行，无论能吸收来多少负债（只要肯支付代价，一家正常经营的银行不会缺“钱”），也无法扩张风险资产总量，只能偏向于配置低风险权重乃至零风险权重资产。当然，低风险权重资产通常收益率也会偏低，带来的营收增长自然也不会高。

一级资本充足率，计算公式：一级资本充足率 =（一级资本 - 资本扣减项）/风险加权资产 ×100%。

核心一级资本充足率，计算公式：（核心一级资本 - 对应资本扣减项）/风险加权资产 ×100%。

杠杆率

理论上说，零风险权重的资产不需要消耗资本，银行可以用100%的负债来配置此类资产，最终无限扩大总资产。为防止此类情况产生，与资本充足率配套的指标还有一个：杠杆率。

杠杆率 =（一级资本 - 一级资本抵扣项）/调整后的表内外资产余额 ×100%，监管要求≥4%。

杠杆率相当于忽略了表内外所有资产的权重，限制了银行资产负债表扩张的上限，即哪怕全部配置零风险资产，银行表内外总资产的上限也不能超过一级资本净额的25倍。

扩展知识

零风险权重资产包括：（1）现金、黄金、存放央行款项；（2）对我国中央政府及央行的债权；（3）对评级AA -（含）以上的国家或地区的中央政府及央行的债权；（4）对我国政策性银行的债权（不含次级债）；（5）持有的四大资产管理公司为收购国有银行不良资产而定向发行的债券；（6）对多边开发银行、国际清算银行和国际货币基金组织的债权。

央行 MPA 体系

除了上述银监会的各项监管指标，银行还要面对来自中国人民银行 2015 年 12 月 29 日发布的、自 2016 年开始实施的 MPA 体系监管。

MPA，全称 Macro Prudential Assessment ，中文名：宏观审慎评估体系。它可以简单理解为每季度末对商业银行的全部资产进行考核，也称为对广义信贷资产的考核。广义信贷包括信贷、债券投资、股权及其他投资、委托贷款以及对非银金融机构的拆借。考核广义信贷，实现了对借道加杠杆行为的监管，从以前只针对信贷规模的管控，过渡到全资产口径管控。

MPA 体系重点监控资本和杠杆、资产负债情况、流动性、定价行为、资产质量、跨境融资风险、信贷政策执行等七大方面，其中资本充足率是评估体系的核心。央行在上述七大方面设置了 14 个指标，要求比银监会略高。

所有监控指标均规定了具体分值，将所有金融机构分为全国性重要机构、区域性重要机构和普通机构三大类，每季度末打分，分别评出 ABC 三档。七大类指标均为 90 分以上为 A 档，算优等生，回头给糖吃；60 分到 90 分为 B 档，算合格生，不奖不罚，无存在感；资本和杠杆情况、定价行为中任意一大类 60 分以下，或资产负债情况、流动性、资产质量、跨境融资风险、信贷政策执行中任意两大类得 60 分以下为 C 档，算差生，等着吃“央妈”的鞭子。“央妈”的糖或者鞭子，主要是给银行法定准备金存款的利率上下浮动、货币数量工具资格（SLF、MLF、SLO、PSL 等）、发行同业存单许可以及银行间拆借准入资格等。

七大方面涉及指标及分值如下（数据以全国性重要机构举例，区域性重要机构和普通机构指标略有差异）：

表 15－4　两大类指标：一票否决

监控目标	相关指标总分值	标准	得分
资本和杠杆	资本充足率 80 分 备注：6 家系统重要银行指标标准 +1%	≥10.5%	100
		≥8.9%	60
		<8.9%	0
	杠杆率 20 分	≥4%	20
		<4%	0
定价行为	利率定价 100 分	有高息揽储类的利率定价违规行为直接 0 分，否则 100 分	

以上两大类为一票否决项，只要有任何一类总分为 60 分以下，直接归入差生组，C 类。余下的五大类中，任意两大类得分 60 分以下为差生。

表 15－5　五大类指标

监控目标	相关指标总分值	标准	得分
资产负债情况	广义信贷（60 分）（以当年央行 M2 增速目标为标准）	广义信贷增速≤标准 +20%	60
		广义信贷增速 >标准 +20%	0
	委托贷款（15 分）	同广义信贷标准	0 或 15
	同业负债（25 分）	同业负债≤负债总额 ×25%	25
		同业负债 >负债总额 ×25%	15～25
		同业负债 >负债总额 ×33%	0
流动性	流动性覆盖率（40 分）	符合标准（见注 1）	40
		不符合标准	0
	净稳定资金（40 分）（定义见注 2）	净稳定资金比例≥100%	40
		净稳定资金比例 <100%	0
	遵守准备金制度情况（20 分）	都必须遵守，送分项	20

续表

监控目标	相关指标总分值	标准	得分
资产质量	不良贷款率（50分）（以银监会发布的同地区、同类型机构不良贷款率为标准）	不良贷款率≤标准	50
		不良贷款率≤标准+2%且≤5%	30~50
		不良贷款率>标准+2%或>5%	0
	拨备覆盖率（50分）	≥150%	50
		≥100%	30~50
		<100%	0
跨境融资风险	跨境融资风险加权余额(60分)（定义见注3）	不超跨境融资风险加权余额上限	60
		超出上限1个百分点扣2分，扣完为止	
	跨境融资的币种结构（20分）	本币外债占比≥50%（定义见注4）	20
		本币外债占比<50%，每低1%扣0.4分	
	跨境融资的期限结构（20分）	1年期以上外债占比≥50%	20
		1年期以上外债占比<50%，每低1%扣0.4分	
信贷政策执行	信贷执行情况（70分）	信贷政策导向效果评估	0~70
	央行资金运用情况（30分）	期间未使用央行资金	20
		期间使用央行资金	（见注5）

注：

1. 流动性覆盖率=优质流动性资产储备/未来30日的资金净流出量。标准为2018年底前达到100%。2016年前三季度标准为70%，四季度80%；2017年的前三季度80%，第四季度90%；2018年的前三季度是90%，第四季度为100%。

2. 净稳定资金比例=可用的稳定资金/业务所需的稳定资金。

3. 跨境融资风险加权余额上限=核心资本×跨境融资杠杆率×宏观审慎调节参数。其中，跨境融资杠杆率暂定为0.8，宏观审慎调节参数暂定为1。

4. 本币外债，指人民币外债。这是鼓励金融机构吸收境外人民币作为外债来源，以降低汇率风险。

5. 该项评估带有信贷政策导向性质的央行资金使用达标情况，包括支农支小再贷款、再贴现等。根据资金偿还情况、利率、投向等方面综合评估。

按时足额偿还央行资金本息：满分20分，达标20分，不达标0分。

运用央行资金开展业务的利率符合央行要求：满分5分，达标5分，不达标0分。符合央行资金投向要求的业务累放量不低于央行要求：满分5分，达标5分，不达标0分。

以上银监会和央行的监控指标，涉及银行日常经营的方方面面，这些指标均可作为投资者关注银行经营情况的基本指标。它们的达标，意味着在顶级专业人士眼里，风险可控。对于银行业这样一个天天过手天量财富，只要足够保守就可以躺着吃差价的行业而言，没有什么比拥有一个苛刻的“婆婆”更让人放心的了——如果说有，那就是拥有两个比着劲儿苛刻的“婆婆”。作为银行股东，实在应该感谢银监会、感谢央行。

然而，作为投资者，关心的可不仅仅是风险是否可控。我们更关心银行业未来的业绩走向，目前是否是适合投资银行股的时点？如果不是，闪——几千家上市公司，那么多行业，我们不是必须投资银行；但如果是适合投资的时点，我们就需要去判断哪家银行的资产质量更好，增长更快，估值更低了！这些数据，又靠什么指标来判断呢？下节课我们谈投资者需要重点关注的少数指标。

第十六课　银行股的选择（上）

面对银行股，一名投资者需要解决的问题至少有三个，它们之间的关系是层层递进。(1) 银行业是否值得投资。(2) 当前是否是投资银行业的合适时机？(3) 投哪家银行比较好？

银行业是否值得投资

不值得做的事情，就不值得把它做好——这是管理学经典的“不值得定律”。应用在投资上，可以理解为，如果一个行业不值得投资，我们就没有必要浪费时间和精力去关注它。将有限的精力放在值得投资的行业里，这样才会积累越来越深厚，取得对市场其他参与者的局部优势。

银行业是否值得投资？这个问题实际上并非本书的内容，能读到这儿来的朋友，应该都有自己的看法。老唐简单分享个人浅见，仅供参考。

银行业号称“百业之母”，盈利模式简单，就是资金中介服务 +

“伪钞印刷厂”。从现代银行业诞生至今已有300多年，很多行业已经沧海桑田、面目全非，但银行业的主要业务和商业模式并没有什么大的变化。

世界要发展，产业就永远需要资金，而资金所有者也总是需要管理和安放自己积累的财富，这就是银行业永远的生存空间。简单回看过去十年我国货币总量（M2）和银行业总资产数据：货币总量自2006年的约35万亿元，增加至2015年的约140万亿元，复合增速约15%；银行业总资产从2006年的约38万亿元，增长至2015年的约200万亿元，复合增速约18%。我们能够清晰地发现，银行业的总资产始终以略高于M2总量的增速前进着。①

我国银行业背后潜在的国家信用担保，保证了银行业吸收资金的低成本——事实上银行吸收存款的代价，大多数时候比政府自己借钱的价格还低。因而，通过向产业提供发展所需资金，银行总是能从产业的发展中分一杯羹，无论这产业是地产、制药、娱乐或者互联网+。

同时，银行业还有个其他所有行业都没有的优势：央行用国家信用承诺了其最后的流动性。如果我国的上市银行遭遇了流动性危机，几乎可以肯定，它们一定可以从央行手中拿到低于市场利率的资金。这实际上是允许这个企业有低价贷款的特权，其他任何行业都无法享受到这样的优待条件。

正是由于有以上几点优势，银行业从行业整体角度看，无论如何开放，它永远都会存在进入障碍——政府和监管机构不会无限制地提供自己的信用担保和无限流动性便利。这是天然的进入壁垒，保证了产业内部不会演化成恶性竞争。

---

① 实际上，更准确的表述应该是：银行通过扩大自身资产负债表规模，从而创造了M2。相关理论略深，与投资关系不大，此处略过。

综上所述，银行这门生意没有天花板、拥有自己的独特竞争优势且具备一定的进入壁垒，是个值得关注和投资的行业。

那银行股呢？大部分普通投资者，对银行股的印象可能是盘子大、易跌难涨。但站在2016年6月底，简单复权回看过去十年银行股的走势，可能会颠覆很多人的印象。具有十年完整数据（即2006年以前上市）的A股银行一共五家，依照上市时间先后为：平安银行（原名深发展)、浦发银行、民生银行、招商银行、华夏银行。自2006年6月底至2016年6月底的10年跨度中，上证指数自1672.21到2929.61，涨幅75%，落后于同期GDP增速（即股市参与者总体上是财富的输家)；而平安银行涨幅为380%、浦发银行涨幅为598%、民生银行涨幅为461%、招商银行涨幅为313%、华夏银行涨幅为323%，均数倍于大盘指数，遥遥领先GDP增长水平。收益最高的浦发银行，年化复利超过23%，和世界头号投资大师巴菲特水准相当；收益最差的招商银行，年化复利也超过15%，依然可以媲美世界一流投资大师水准。

可以说，无论从生意本身定性，还是从股价涨幅观察，银行业都是个值得投资的行业。

关于时机

假设我们认同银行业是个值得投资的行业，那么接下来面临的问题就是：现在是投资银行业的合适时机吗？

经济，起起落落，繁荣衰退交替前行，这起落影响着银行业的利润水平。因而，关于时机，投资者首先需要大致知道目前处于经济周期的什么位置。这方面很多经济学和金融界人士都提出过许多颇有见地的观测指标，然而大部分都涉及复杂的模型或公式，对普通投资者而言，无论数据获得或者结论参考，都不太容易。倒是其中有位银行业分析师提出的一个简单的观察角度，老唐个人比较喜欢，介绍给大家。

前东方证券银行业首席分析师王剑曾提出过一个思路，即从“银行利润/产业利润”变化的角度预测银行股价走向。该方法逻辑经得起推敲，结论也简单粗暴：“银行利润/产业利润”与银行股价呈反向关系——即该比值上涨，银行股价将会向下；反之，该比值下降，银行股价将会上涨。

这一理念背后的逻辑大致是这样的：宏观经济蒸蒸日上的时候，市场需求旺盛，谁能搞来资本扩大再生产去满足需求，谁就能获取更大的利润。因而，企业争先恐后讨好银行，保持绝对的信用良好形象，以求及时获取贷款、扩大投资。伴随着大部分企业产能的不断扩大，供应能力超过了需求增长，经济下滑周期来到。

下滑周期里，企业减少投资，收缩过冬。情况好点的企业归还贷款后不再续贷，情况不好的企业归还贷款本息困难，甚至只还利息也困难。

由于银行利息的刚性，导致银行盈利变化会滞后于企业盈利的变化。比如，在经济衰退初期，企业和个人心存幻想，以为会和以前繁荣期的小回调一样，坚持一下就过去了，即便产业已经无利润甚至亏损的情况下，依然坚持还本付息。此时，企业的“息后利润”会减少甚至变成亏损，银行吃掉了企业绝大部分乃至超过100%的息前利润。而此时，银行报表体现为按时收回利息，“银行利润/产业利润”指标值变大。

此时，市场看到企业不断缩水的息后利润，预期企业下一步将付息困难甚至还本困难，从而把经济恶化状况传达到银行资产负债表上去。这些企业所在的行业，由于繁荣期扩大资本投入带来的过剩产能，导致商品或服务不仅单价不断杀低，产出数量也超过了潜在消费能力。部分企业库存积压，现金流锐减乃至枯竭。对产业恶化情况感知灵敏的部分资本，以及市场内其他先知先觉者，开始卖出银行股，银行股价下跌。股价下跌本身会触发趋势投资者不再追涨，转而杀跌离场。于是，股价明显体现为与“银行利润/产业利润”的反向运动。

随着经济恶化加剧，企业还本付息出现违约，各类媒体上企业的违约报道、破产报道层出不穷，银行报表中也不断爆出不良资产的增长。不良增长，导致计提拨备的增加，银行利润增速下滑，而此时的银行股价，基本已经跌得一塌糊涂了。

实体经济一片萧条之下，掩盖着春天的生机。大量企业减产、停工甚至破产，过剩产能被消灭或重组。活下来的企业库存压力减轻，甚至低价吃下同行的产能，降低生产成本。供应和需求重新匹配，产销顺畅，经济进入复苏期，对资本的需求悄悄抬头，新的经济周期轮回出现。

由于全国产业利润数据不易取得，投资者可以变通以 GDP 数据替代：GDP 可以视为所有产业（含银行业）的利润总和。这样，每年银监会发布的银行业利润总和与国家统计局发布的 GDP 数值，就可以形成一个指标：银行业利润/GDP，我们就暂且把它简称为“银 G 比”吧！

由于 A 股 16 家上市银行中，包括工、农、中、建、交五大行在内，有 11 家银行都是在 2006 年大牛市之中或之后上市的，可用于观测的有效数据相对缺乏，这个指标和股价的对应关系，从统计关系上说，证据并不充分。暂时只能从逻辑上考虑，它会领先股价：银 G 比占比上升，预示着银行股价可能下跌；银 G 比占比下降，则预示着股价可能回升。之所以说可能，是因为股价所受影响因素其实很多，即便有足够的数据，该指标也不可能和股价一一对应——事实上，这世界可能根本没有能和股价一一对应的简单指标，但它给我们提供了一个观察和思考的角度。

如果认同这个指标背后的逻辑，那么，可以预见的是：2016年的GDP预计增幅可能在6%～7%之间，加上CPI后的名义增幅预计会在8%左右。而银行业整体利润增幅，基本共识是持平或微增。总体而言，银G比确定会下降，即2016—2017年银行股价大概率是上涨的。资本市场走势结果是否会与银G比指标指向一致，我们一起来静待时间验证！

银行的差异化之路

当我们确认银行业值得投资，且当前是进入的合适时机后，接下来面临的问题就是：投哪家银行？

投哪家银行？这个问题既涉及定性——谁好，也涉及定量——谁性价比高。投资者恐怕至少会给出16个以上的答案（答案数量取决于有多少家上市银行）。老唐谈谈个人浅见，仅供参考。

我国银行业迄今为止，同质化情况依然比较严重。得益于牌照、存贷款利率及资本外流等方面的管制，我国资金投资渠道相对缺乏，企业融资依赖于银行，存贷款利差模式长期在法定保护的温室大棚环境下生存。银行一边"印制伪钞"满足经济高速增长下旺盛的贷款需求，一边收下居民及单位无处可去的财富积累，稳定地赚取着存贷款利差。

然而，以2015年10月央行宣布取消存款利率浮动上限为标志，宣布我国利率管制时代的终结，存贷款利率均实现了市场化。利率市场化一方面允许提高存款利率、竞争资金来源，一方面允许降低贷款利率、竞争资金去处。

他山之石可以攻玉。依据学者对德国、日本、韩国等国家利率市场化进程的资料研究，在利率市场化进程中，普遍存在的特点是：贷款增速加快；存款利率先上升随后趋稳；贷款利率先下滑，随后趋稳；短期内存贷利差普遍收窄；净利息收入减少。

未来我国的银行业，一言不合就打价格战，完全可能是常见的竞争手段，付息成本提高是大趋势。面对成本的提高，存贷利差的收窄压力，促使银行寻找高收益业务来消化成本，而高收益常常又对应着高风险，银行的风险管理能力将承受考验。可以预计，单靠做大贷款规模、稳赚利差的陈旧经营模式，必将越来越困难。在资本的逐利特性推动之下，当过去所依赖的存贷差模式面临巨大竞争时，银行必将试图利用已经积累起来的优势，发展和深挖其他业务，使银行出现差异化竞争，争夺更细分的市场。

在利率市场化条件下，还能真正算得上是银行业护城河的东西，可能也就是进入壁垒和转换成本了。进入壁垒指开立银行仍然需要牌照审批和严格的资本及专业人员要求，这是监管层帮着挖的护城河，是所有现有银行共同享受的保护；转换成本用通俗的语言说，可以表达为：麻烦。银行有越多符合你需求的产品和服务被你使用，你更换一家银行就越麻烦。银行差异化竞争的目的，就是为了让客户使用更多本行的特有产品，增加客户更换银行的“麻烦”。这方面，全球市值最大的银行——富国银行是我国银行业学习的榜样。富国银行始终坚持把“向老客户销售更多产品”提到战略高度上来，特别强调交叉销售，要让每一位客户用到 8 种以上的富国银行产品。正是依赖这种不断增强的黏性，富国银行才从 8000 多家美国银行中脱颖而出，成为全球第一大市值商业银行。

利率市场化并非银行业面临的唯一挑战。当前的银行业，至少还有以下四大挑战需要面对。在这个过程中，差异化慢慢就会显现出来了。

挑战之一：银行资产规模快速扩张难以持续

过去十年，银行业资产规模从2006年初的37.47万亿元扩张到2015年底的199.3万亿元，十年扩张了五倍多。伴随中国经济基数的扩大，经济增速无可避免地下滑，银行的资产规模高速扩张必将无法持续。事实上，这种扩张减缓的态势在2009年之后，趋势已经非常明显了，如图16－1所示。

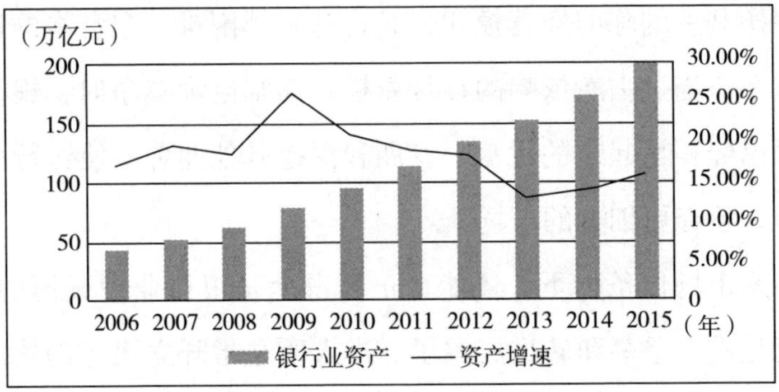

图16－1 2006—2015年银行业总资产

资料来源：银监会年报

挑战之二：金融脱媒现象加剧

所谓金融脱媒，主要指大型企业越来越偏向于利用债券直接融资，从而抛开银行这个资金中介（媒婆）。这一变化在2015年非常明显。据央行发布的《2015年金融市场运行情况》，2015年债券市场发行各类债券规模达22.3万亿元，较2014年增长87.5%。规模增长的同时，发行利率也大幅下降，以2015年12月发行的固定利率企业债券为例，加权平均发行利率仅为4.06%，远低于银行贷款基准利率。

2015 年，债券和股票等直接融资占社会融资规模的比重上升为 24%，较 2014 年提高了 6 个百分点，较 2008 年上升了 11.3 个百分点。直接融资比重上升，挤压间接融资规模，这是银行必将面对的金融脱媒大趋势。

越来越多的大型企业转向利用债券或股权市场解决资金问题，意味着银行将要越来越多地面对信用评级较低、资金需求较小、还没有达到可以利用资本市场的地步、数据透明度不够、急于扩张的中小型企业。

这对习惯于“吃大户”的银行，尤其是五大国有行而言，将是个艰难的转变方向。对大型企业贷款，主要参考财务报表、企业信用评级和担保抵押，而对中小型企业则更多需要依赖税务信息（企业经营纳税情况）、法院信息（是否有官司、是否有查封）、公安系统信息（企业及企业主是否有涉案信息）、环保系统信息（企业是否有环评一票否定的危机）、海关报关及物流信息，以及水表、电表等多种间接信息，去了解和掌握企业经营状况。虽同样是放贷，工作性质、工作方法和工作难度完全无法同日而语。这个难度可以从银监会专门发文（2010 年）强制要求“两个不低于”窥见——容易做的事儿，哪里还需要监管部门下文件强逼呢（2015 年初又强化成三个不低于：小微企业贷款增速不低于各项贷款平均增速，小微企业贷款户数不低于上年同期户数，小微企业申贷获得率不低于上年同期水平）！

挑战之三：互联网金融冲击传统银行业务

蓬勃发展的互联网金融，既有主要以互联网技术服务金融的电子银行、金融产品互联网销售平台（网络销售保险、基金、理财产品、贵金属等）和第三方支付（网上支付、移动支付、跨境支付等），也有以互联网技术抢夺银行业务的新金融，如 P2P 网贷、大数据金融和众筹融资等。

电子银行、金融产品互联网销售平台属于比较容易与银行现有业务对接的技术，银行也正在积极发展。例如，电子银行，目前主要上市银行电子银行业务替代率已接近或超过80%，即每100笔业务，仅有20笔左右是在物理网点办理的。据工商银行前行长杨凯生2014年文章披露，传统柜台每笔业务平均成本3.06元，而电子银行每笔业务平均成本是0.49元，降低成本高达84%。银行对于利用互联网技术改造现有业务流程，是有利益、有动力的，因而互联网技术服务金融，是传统金融和互联网结合的最好的领域。

以支付宝、微信支付等为代表的第三方支付，则成功利用了银行业之间的竞争，将最宝贵的客户资金流底层数据扣在了支付公司手中。不仅拦截了传统银行的转账汇款支付服务，还顺带挟积少成多之威，成功地抬高了银行获取资金的成本，实现了由银行支付成本的互联网理财：100元买银行理财产品，银行没空搭理你，而100万个100元，则可能享受银行的高息定制服务。第三方支付平台利用互联网聚集100万个100元，就可以达到拉走银行存款，而后无风险切割银行利润的效果。

至于网贷、大数据金融（如电子商务小额贷款、阿里花呗、京东白条等）、众筹融资，则直接侵略银行的小企业和个人金融业务。可以预见，部分大型网络服务商、电信营运商，如中国电信、中国移动等，也可能利用其拥有的超过全球任何一家银行的庞大客户群，提供支付、存贷、转账业务；或者一些大型零售商，如沃尔玛、京东、苏宁、国美这类，可能利用其客户群体大，网点多，低成本占有供货商资金的优势，以低利率或配套商品打折抢夺银行的信用卡和消费贷款业务；甚至耐用消费品生产厂商，如海尔、格力、汽车厂商这一类大型制造商，也会利用集团财务公司，向客户提供大额的、长期的消费品信贷及衍生保险和投资服务……这些都是互联网金融侵袭银行业务的现实可能。

挑战之四:混业经营的挑战

混业经营指银行、保险、证券、信托、基金等金融机构，都可以进入对方领域多元化经营。金融混业经营是世界金融发展的大趋势，也是中国金融改革的最终目标之一。目前已经有多家银行或其控股股东，以各种不同形式进入证券、保险、信托、基金等行业，其中光大、平安、中信步伐更大一些，已经初步具备金融控股集团的架构。以国内外的实践情况看，混业经营一方面节约成本、获得规模经济效应，另一方面也增加了银行的风险种类和交叉感染的可能性，对银行的风控水平提出更高的挑战。另外，考虑到当前银行门槛的降低，互联网金融的兴起，加上混业经营可能带来的人才需求，大大地增加了银行员工的职业选择。这种员工高流动性里，也可能潜藏未知的操作风险。

全球著名金融机构资深顾问、国际金融管理学会创立者、无卡移动银行 Movenbank 的创始人兼 CEO、未来学家 Brett. King 在其著作《银行 3.0：移动互联网时代的银行转型之道》一书中提出：“未来的银行不再是一个存在，而是一种行为。”刚刚卸任的中国银行家、前工行董事长姜建清也持相同的看法：“银行不再是一个场所，而是一种服务需要。”中外两位银行家表达的观点类似，银行必将被移动互联网所改变。未来的银行比拼的将不是网点，不是渠道，不是规模，而是客户获取、金融产品设计、互联网营销及服务能力。

面对这样一个伟大的变革时代，以五年或十年为单位，你心中哪家银行能够挺立潮头？是工商银行布局互联网金融的战略？是招商银行的大零售战略？是“同业之王”兴业银行的大投行战略？或者是北京银行的创新交易银行定位？……这部分，眼下没有标准答案，财报里也读不出来，需要的是投资者的商业眼光。

作为老唐个人，在五大国有行中比较看好经营水平和各项指标领先的工商银行和建设银行；在股份行里比较看好大零售战略、以中间服务产品产生黏性的招商银行，以小微业务和大事业部为特色的民生银行，以及可能和母公司平安集团产生更多交叉销售机会的平安银行；对于城市商业银行和农村商业银行，老唐个人抱有戒备心，比较担心产业偏集中、区域偏集中、客户群体偏集中等因素产生黑天鹅事件——再次强调：个人看法，仅供参考。

第十七课　银行股的选择（下）

上节课主要谈从宏观和战略的角度去思考银行业的未来。这节课我们谈谈普通投资者如何通过少量重点指标，从微观角度快速观察和判断一家银行的经营情况。强调一下：本课可能是全书最没有营养，错谬最多的一篇，因为它全部是未经一个以上完整经济周期考验的个人经验，请审慎阅读。

重点观察指标

对于券商或基金的银行业研究员而言，经常需要对研究对象做出经营数据预测。他们一般会先以期初资产负债表负债总额为基数，做一个负债增长率假设，得到本期末负债总额；接着，加上净资产，得出银行负债与股东权益合计，知道了本年内银行可使用资金总数；然后，按照法定准备金、同业资产、客户贷款与垫款、投资等资产的期初数及预计增速（大部分是拍脑袋），将可使用资金一一“花”掉。

得出各项资产数据后，就可以估算出这些资产在本年度即将产生的收入和营业税金；然后毛估业务及管理费用支出，并根据监管指标要求，推算出期末资产所需对应的拨备总额，减去期初拨备，得到当期需要计提的拨备数，这样营业利润大致就出来了；最后，按照历史所得税率，得出税后利润，一键生成长相专业、数字精确的未来数年财务报表 Excel 版，搞定。当然，必不可少的，是再拍一次脑袋给出一个略高于现有市场估值的市盈率倍数，得出强烈推荐、推荐、买入或增持的结论。

如果不是以写研报为生，老唐一般建议无须做这类精确计算，只需将关注重点放在两个角度即可：一是经营效益，二是资产质量。当然，每个角度需选择少量具体财务指标。通过这两个角度，可得出经营是否正常、资产质量是否可信的结论。有了这两个结论，结合上一课的定性内容，就已经足够展开估值（估值方法见第十八课），做出投资决策了。

经营效益

对于资本市场而言，最关心的永远是企业的经营效益。在经营效益问题上，老唐习惯从营业收入开始看，重点关注收入结构、资产利润率和净利息收益率三大块。

收入结构

银行的利润，可调节性太强，而且几乎永远无法说清楚业绩真假，但营业收入可靠性就强多了。在面临同样的市场环境下，营业收入同比增速是高于同行还是低于同行——最好是同一级别的银行对比，例如工、农、中、建对比，股份行放一起对比，这可以观测到银行相对强弱的变化。同行营业收入增速 5%，你的营业收入增速 10%，说明在新蛋糕里你不仅占了自己该有的那份，还额外多抢了一块，自然比较牛，更值得关注。

与收入结构相关的财务指标，除了营业收入以外，主要还有净利息收入比、中间收入比、成本收入比。分母都是营业收入，分子分别是净利息收入、手续费及佣金净收入、业务及管理费。

净利息收入比

一般来说，净利息收入比越大的银行，未来可能面临的转型压力越大。我们可以在同一级别银行中选择进行数据对比，如表 17－1 所示。

表 17－1 四大国有商业银行净利息收入比与营收份额

净利息收入比	2007	2008	2009	2010	2011	2012	2013	2014	2015
工商银行	87.8%	84.9%	79.4%	79.8%	76.3%	77.8%	75.2%	74.9%	72.8%
农业银行	87.9%	91.8%	81.7%	83.4%	81.3%	81.0%	81.3%	82.5%	81.3%
中国银行	84.0%	71.4%	68.4%	70.1%	69.5%	70.2%	69.6%	70.4%	69.3%
建设银行	87.8%	84.1%	79.3%	77.7%	76.7%	76.7%	76.6%	76.7%	75.6%
营收份额	2007	2008	2009	2010	2011	2012	2013	2014	2015
工行/四大行	30.56%	30.47%	30.01%	29.95%	30.11%	30.07%	29.96%	29.86%	30.16%
农行/四大行	21.44%	20.77%	21.56%	22.84%	23.93%	23.63%	23.50%	23.61%	23.18%
中行/四大行	21.76%	22.45%	22.52%	21.77%	20.79%	20.50%	20.70%	20.68%	20.50%
建行/四大行	26.25%	26.31%	25.91%	25.44%	25.16%	25.80%	25.84%	25.85%	26.16%

通过表 17－1 净利息收入比数据，可以看到农业银行净利息收入比相对较高，在依赖资产规模扩张的旧模式遇阻时，可能面临更大的转型压力。同时，通过营收份额对比，可以看到四大行发展差距并不大，这也是银行经营同质化的佐证之一：工行营收维持 30%、建行维持 26%，倒是农行上市后抢了中行一点市场份额，从垫底升级为老三。

当然，如果我们加上其他上市银行的数据统计后对比，会发现相对稳定只是四大行内部，而四大行和其他上市银行的市场力量对比，过去十年发生了很大改变。这部分统计分析，各位朋友可以自己做。

中间收入比

再看中间收入比，我们从四大行和股份行里各拿两家来进行对比分析，如图 17－1 所示。

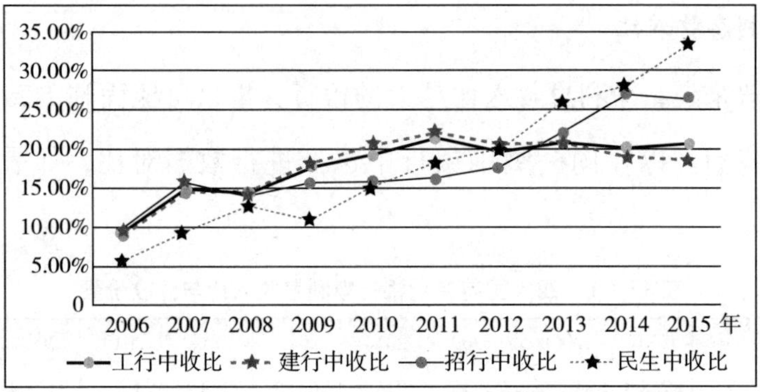

图 17－1　2006—2015 年四大商业银行中间收入比

十年前，这四家银行的中间业务基本都是“鸡肋”状态，中间收入创造的手续费和佣金收入占营业收入的比例均在 10% 以内。经过十年的竞争，两家股份行的中间业务在整个收入中的占比，已经显著超过了依赖资产规模吃轻松饭的工行和建行。中间业务可能是未来银行最靠得住的护城河。就我个人而言，同等估值水平下，中间业务收入占比较高的银行，我会优先选择。

成本收入比

成本收入比是业务及管理费与营业收入之比，是衡量银行取得一个单位的营业收入所需要花费的成本，是评价银行成本控制和经营效率的指标，可以在所有银行之间横向比。一般来说，该指标越低越好，但事实上成本的控制总是有限度的，过度减少薪资或日常支出，并不是最优做法，毕竟企业经营目的并非成本最小化。因而该指标需要一个稳定的区间，不要大起大落（粉饰财报嫌疑），不要高过同行太多

(成本控制不力),也不要低过同行太多(不太合理)即可。

资产利润率

资产利润率(ROA),也叫平均总资产回报率,计算公式:资产利润率=净利润/资产平均余额,监管要求≥0.6%。其中资产平均余额指期初资产和期末资产总和的1/2。

$$资产利润率=\frac{净利润}{资产平均余额}=\frac{净利润}{营业收入}\times\frac{营业收入}{资产平均余额}=净利润率\times资产利用率$$

因而,资产利润率的高低取决于两个因素:一是盈利性资产的收益能力,二是资产利用率,即生息资产(或产生投资收益的盈利资产)在总资产中所占比例。

资产利润率是资产运用效果的评价,指标值越高,单位资产收益水平越高,说明银行在拓展收入渠道、提高产品收益水平、控制负债成本等方面越有效。例如,我们看到工行的资产利润率走势,如图17-2所示,会发现从2012年起出现了停滞,2013年之后更是出现了明显的下挫。

此时,我们就需要分析资产利润率的下降,究竟是分子(净利润)的原因,还是分母(生息资产)的原因,原因出在哪个环节,提示我们警惕什么?

与资产利润率相关的指标,还可以看一个“风险加权资产收益率”,分子同样是净利润,分母是期初风险加权资产与期末风险加权资产之和的平均数,这个指标同样是越大越好。当它和资产利润率波动方向和幅度出现不一致的时候,就预示了银行业务出现了重大调整。此时就需要仔细阅读报表资产配置部分,来揣摩管理层为何会这么做?这代表他们对未来的看法发生了什么改变?

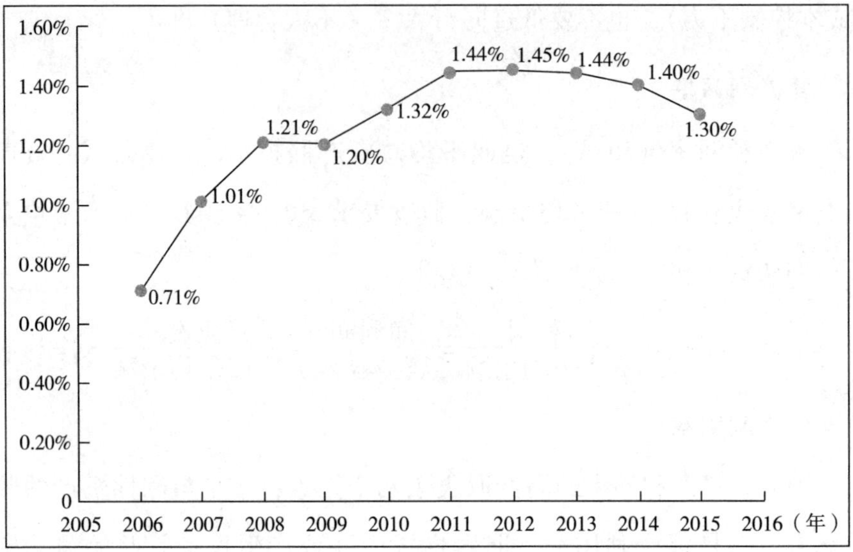

图 17－2 2005—2016 年工商银行 ROA

净利息收益率

净利息收益率 = 利息净收入/生息资产日均余额，很多书籍和论文也将之称为“净息差”（这个称呼很容易误导人，下文细说），英文缩写 NIM，指净利息收入与平均生息资产的比率，用以衡量银行生息资产的获利能力。它是评价银行生息资产收益能力和风险定价能力的关键指标，指标值也是越大越好。

生息资产指银行以收取利息为条件，对外融出或存放资金形成的资产，包含类似“零息债券”这种虽然票面无利息，但却隐含利息条件的资产。概括来说，所有能在利润表里产生利息收入的资产都是生息资产，主要包括：存放中央银行款项、存放同业款项、各项贷款、拆出资金、债券投资、买入返售资产以及其他能够产生利息收入的资产。

银行总资产中，除生息资产之外的是非生息资产。非生息资产是银行经营过程中不直接带来利息收入的资产，主要包括现金、各种应收及暂付款、固定资产及在建工程、递延资产及无形资产、免息期内的信用卡透支额，以及不能给银行带来利息收入的不良贷款等。

生息资产和非生息资产的数据在银行财报的“财务报表分析——净利息收入”章节有披露。例如，工商银行2015年财报的22页（注意，这个数字是日均余额，和报表的年末余额数据有差异是正常的）。

项　目	平均余额
资产	
客户贷款及垫款	11,607,327
投资	4,333,202
非重组类债券	4,136,085
重组类债券	197,117
存放中央银行款项	3,161,562
存放和拆放同业及其他金融机构款项	1,448,398
总生息资产	20,550,489
非生息资产	1,515,899
资产减值准备	(273,612)
总资产	21,792,776

净利息收益率反映银行运用生息资产的效率，其高低既取决于生息资产的收益能力，也取决于对应的资金成本高低。指标值高，要么证明商业银行有能力对生息资产定出高价，要么证明银行吸收负债成本低，或者干脆两者兼而有之。通过对比不同银行的净息差数据，投资者可以发现一个分析银行竞争优势的入口。

有个指标与净利息收益率很像，叫“净利息差”（NIS），很多书籍和论文喜欢将其称为“净利差”。名称和英文缩写都非常容易和“净息差”混淆，让初次接触银行业的投资者头痛不已，这里老唐来做个区分。

净利差NIS，指银行生息资产和付息负债的利率差。如果用投资者熟悉的指标来帮助记忆的话，净利差近似存贷款利率差（假设用且只用全部存款发放成贷款的话，净利差就是存贷款利率差），是个“利率之差”；而净息差是个“收益率”，表达的是资金运用的结果。两者的关系可以用公式表达如下：

净利差 = 净息差 +（利息支出/生息资产日均余额 - 利息支出/付息负债日均余额）

推理过程如下：

净利差 = 利息收入/生息资产日均余额 - 利息支出/付息负债日均余额

= （利息净收入 + 利息支出）/生息资产日均余额 - 利息支出/付息负债日均余额

= 利息净收入/生息资产日均余额 + 利息支出/生息资产日均余额 - 利息支出/付息负债日均余额

= 净息差 +（利息支出/生息资产日均余额 - 利息支出/付息负债日均余额）

付息负债是所有以支付利息为条件，或隐含利息条件（即虽不支付利息，但价值受实际利率影响，如零息债券）融入或吸收资金形成的负债。所有在利润表里能产生“利息支出”的项目，都算付息负债。包括各种存款、向中央银行借款、同业存放款项、同业拆入资金、存款证、卖出回购款项、存入保证金、应付债券以及其他产生利息支出的负债。

从上面的公式可以看出，净利差和净息差之间的关系，主要看（利息支出/生息资产日均余额 - 利息支出/付息负债日均余额）的值——下面简称 X 值——为正数还是负数。

当生息资产日均余额 > 付息负债日均余额的时候，X < 0，净利差 < 净息差；

当生息资产日均余额 = 付息负债日均余额的时候，X = 0，净利差 = 净息差；

当生息资产日均余额 < 付息负债日均余额的时候，X > 0，净利差 > 净息差。

由于银行的生息资产可以粗略地看作付息负债 + 自有资本 - 非生息资产，而非生息资产一般规模较小，所以，X 值一般为负数，银行的净利差（净利息差）通常小于净息差（净利息收益率），如工商银行过去十年的情况，如图 17 - 3 所示。

图 17 - 3　2006—2015 年工商银行净利息差与净利息收益率

当然，如果银行更多地向投资银行方向发展，越来越多的资产并不配置为生息资产，而是成为产生投资收益的资产（可简单理解为赚差价的资产，例如交易性金融资产），那么也可能会出现“生息资产日均余额 < 付息负债日均余额”的情况，导致“净利息差 > 净利息收益率”的情况。

这两种数据，在财报开始的“财务概要——财务指标”里都有披露，如工商银行 2015 年财报 11 页。

	2015	2014	2013
盈利能力指标（%）			
平均总资产回报率	1.30	1.40	1.44
加权平均净资产收益率	17.10	19.96	21.92
扣除非经常性损益后加权平均净资产收益率	16.93	19.86	21.83
净利息差	2.30	2.46	2.40
净利息收益率	2.47	2.66	2.57
风险加权资产收益率	2.16	2.26	2.45
手续费及佣金净收入比营业收入	20.55	20.11	20.75
成本收入比	25.49	26.75	28.03

净利息收益率是衡量资产盈利能力的极好指标，但对于指标值及其变化，有必要进一步分析。当指标值比较高的时候，投资者需要层层递进思考以下几个问题：

（1）它是来源于低成本负债，还是高收益资产？

（2）如果是低成本负债，银行是如何做到的？什么因素导致了其他银行没有（或无法）模仿？

（3）如果是高收益资产，是因为银行满足了某种独特需求，还是因为承担了更大的风险？

（4）如果是某种独特需求，其他银行有模仿条件吗？如果有条件模仿，那么该独特需求市场会因为参与者越来越多而变得更大，还是市场是一定的，竞争者进入只是分食蛋糕？

（5）如果是因为承担了更大风险，拨备计提上体现出该因素了吗？

这个指标的作用，就是引导我们思考上述几个问题，使我们对银行的竞争优势产生更深刻的认识，从而帮助我们做出正确的投资决策。

资产质量

除了经营效益之外，作为银行股的投资者，更应该关注的是资产质量。资产质量方面，老唐个人主要看资本充足率、不良与拨备两大块。

资本充足率

资本充足率是银行业首要监管指标，投资者主要观察银行资本充足率高出监管标准多少，推测银行有没有急迫的再融资需求，有没有高比例分红的可能，新的一年里资本所能允许的最大规模扩张是多少。这个比较简单，前面谈过，此处不再详述。

不良与拨备

不良是拨备的母体，而拨备则是银行利润表的减项，降低当期利润。不良与拨备是理解银行报表的核心部分。一家银行拨备充足，意味着利润含金量高，意味着未来经济情况如果好转，不仅利润本身会增长，而且会出现拨备反哺利润的叠加效应；反之，如果拨备不足，不仅当前利润质量差，净资产总额值得怀疑，而且即便未来经济好转，带来的利润增长也有可能被拿去平滑现在所掩盖的坏账，使利润增长情况落后于经济回暖程度。

拨备是否充分，涉及两个概念，一个是不良率（尤其是不良贷款率）数据的可信程度，一个是拨备覆盖率数据的大小，前者是后者的基础。不良率可信，直接可以看拨备覆盖率。若不良率不可信，不能直接看拨备覆盖率，而需要先想办法尽可能地让不良率接近真相。

验证不良数据是否可信，老唐个人喜欢从逾期 90 天以上贷款/不良贷款、逾期不良差、贷款迁徙率这几个指标去看。

逾期 90 天以上贷款/不良贷款，这个数据正常而言应该小于 1。因为从五级贷款的分类标准看，逾期 90 天以上的贷款，应该归入不良贷款。但不良贷款里除了因逾期 90 天以上划入的贷款，还有因为其他因素划入的。所以，这个比值如果大于 1，意味着有部分逾期 90 天以上的贷款并没有被归入不良贷款，该银行的五级分类很可能就有问题。五级分类有问题，不良贷款数据自然也成了无源之水，可信度降低。

（逾期贷款－不良贷款）/贷款余额。鉴于逾期贷款比较刚性，只要本金或利息逾期1天就是逾期贷款，没什么调节空间。因而，这部分差额——多数是逾期1天~90天的——大体上可以看作不良贷款的预备队，属于潜在风险较大的贷款。该比例的变化可以用来观察银行资产质量变化的趋势。

贷款迁徙率，主要看关注类贷款迁徙率和次级类贷款迁徙率两组数据，其指标意义和计算公式在第十五课的风险迁徙类指标中有介绍，具体数值财报中有披露，直接引用即可。例如，工商银行2015年财报第95页。

主要监管指标

项目	监管标准	2015	2014	2013
流动性比率（%）	人民币≥25.0	35.5	33.2	30.2
	外币≥25.0	98.1	91.1	61.0
贷存款比例（%）	本外币合计	71.4	68.4	66.6
流动性覆盖率（%）	本外币合计≥100.0	145.1	142.4	—
最大单一客户贷款比例（%）	≤10.0	4.2	4.8	4.2
最大十家客户贷款比例（%）		13.3	14.9	16.2
贷款迁徙率（%）	正常	4.4	2.7	1.7
	关注	29.6	17.2	9.7
	次级	38.9	37.4	43.9
	可疑	10.5	5.2	9.5

关注类贷款是出现了某种不好的苗头，但银行依然认为可以全部收回本息的贷款。因此，我们通过对“关注类贷款迁徙率”数据的历史统计，可以观察这些“银行预计可以全部收回本息的贷款”，最终有多少变成了不良贷款。从而看出该银行将出现变坏苗头的贷款放在

关注里（而不是划为不良贷款）是否可信。该指标数值越低，意味着较少的关注贷款变成了不良贷款，说明银行的“预计”可信，五级分类标准比较严格，资产质量值得信赖。

例如，我们选 A 股最大和最小的两家银行来对比，统计该项历史数据可以得到图 17 - 4。很明显，工商银行的关注类贷款恶化成不良贷款的比例相对稳定，且总体较小。相对于宁波银行而言，工行的五级分类标准更值得我们信赖一些。

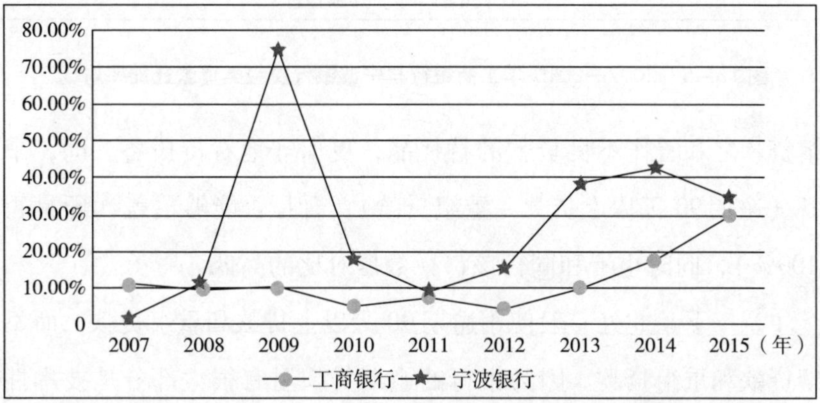

图 17 - 4　2007—2015 年工商银行与宁波银行关注类贷款迁徙率对比

同样，还可以观测次级类贷款迁徙率。逻辑上说，已经归入了不良贷款，再行美化的必要性下降，恶化数据相对靠谱。观察其一年内变成可疑类贷款和损失类贷款的概率，该指标值越低，说明次级类贷款的质量相对较好，在一年时间里恶化成可疑类和损失类的贷款比例较小。如图 17 - 5 所示，宁波银行起伏比较极端，在不足 5% 和近 80% 之间大幅波动。而工商银行则相对稳定，基本上在 30% ~40% 之间窄幅波动。这一者是规模的因素，贷款规模越大，受个案影响就越小，越接近市场平均水平；二者也体现了贷款分类的可信程度。

验证过数据可信度后，就可以看拨备是否充足了。拨备是否充足，可以直接看拨备覆盖率的指标值，也可以变通将逾期 90 天以上贷款和

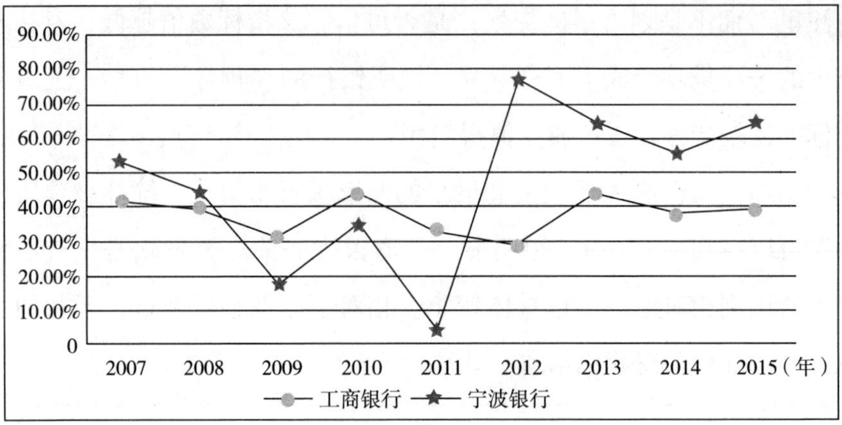

图 17－5　2007—2015 年工商银行与宁波银行次级类贷款迁徙率对比

重组贷款之和看作不良贷款的替代品，更保守地看待拨备。即，采用拨备/(逾期 90 天以上贷款＋重组贷款)，看是否能够覆盖（即是否大于 100%），同时也看和同行该口径数据对比的高低。

注意一下，此处一般使用逾期 90 天以上贷款和重组贷款，而不是逾期贷款和重组贷款。因为银行的逾期贷款里有很大部分是技术性逾期。简单地说，就是信用卡透支人或者企业个人贷款客户在应还款当日，忘记保持账上留有足够的活期存款，或者企业资金没衔接好，刚好差那么几天。在银行报送监管的数据里，逾期 90 天以内还会分成更细的几部分。依照工行的数据说，大约有 30% 的逾期贷款是逾期 10 天以内的技术性逾期。

不良的样本

接下来就是看不良率（主要是不良贷款率）的变化趋势了。通过财报里的不良贷款余额及不良贷款率数据构建曲线，观察不良率的方向和趋势。以工商银行为例，如图 17－6 所示。

观察工行的不良状况，2015 年工行的不良虽然距离 2006 年的 3.79% 的高度，还有很远的安全距离，但依然呈明显加速暴露态势。

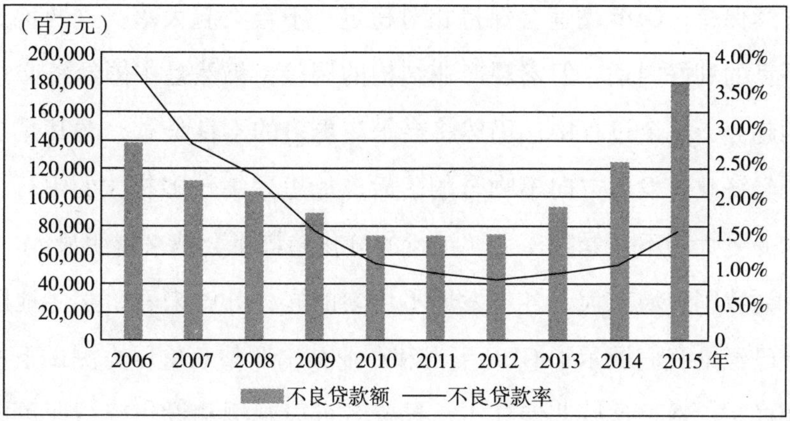

图 17－6　2006—2015 年工商银行不良贷款

未来的不良率，何时重新出现持平乃至扭头向下，是银行股投资者需要密切关注的数据。

总体来说，不良率变化的趋势，除了银行自身的风险控制以外，还取决于三个方面。

一是 GDP 增长速度，GDP 增长越快，产生的新蛋糕越大，银行的日子就相对好过；反之，GDP 增速下滑，部分企业的经营就会恶化，不良会越来越多地暴露。

二是宏观产业调整。宏观产业调整，必将对某些产业产生釜底抽薪的作用，促使其产生不良资产。

三是货币政策。宽松的货币政策导致市场利率下降，减轻企业债务负担，增加企业生存和获利的可能，从而减少银行潜在损失；宽松货币政策产生通货膨胀，债务人名义债务不变的情况下，真实债务下降，偿还的可能增加；宽松的货币政策导致企业获取新贷款或者利用其他融资手段获得资金的可能性增加，从而使资金链断裂的可能性减少，利于降低银行不良率。

上述三个角度，站在 2016 年中，可以预见的是，宽松的货币政策将继续保持，GDP增速会保持相对稳定，不会大起大落，这两项是银行不良的利好因素。但宏观产业结构的调整，仍然是中国经济必须面对的趋势，这个过程中，仍然将会暴露更多的不良贷款，尤其是在与中央经济政策发展方向不吻合的落后产能里聚集较多贷款的银行，必将承受更大的不良暴露压力。银行的分化趋势将会越来越明显。

沾我国地域广大、各省发展不均匀的光，分省来看，某些地区实际上已经给我们展示了GDP下滑和产业结构调整双重压力测试下的银行业样本。透过这些悲惨样本，投资者可以观测和设想银行业可能遭遇的最坏情况。

案例分析：面对极端悲观情况银行会如何？

例如，以本次产业结构调整中受伤相对严重的山西省为例。由于山西没有上市银行，老唐拿2009年2月28日成立的、总行位于山西太原、主要服务于山西企业的非上市银行"晋商银行"的数据来对比。之所以选它，实在是因为它太过典型：一是经营范围位于本次供给侧改革中受伤最严重的山西省，全省GDP增速从2010年的13.9%一直跌落至2015年的3.1%，堪称断崖式、高空跳水；二是晋商银行这个"倒霉鬼"成立于2009年初，正好赶上四万亿"大放水"的刺激政策，然后立刻赶上供给侧改革，相当于成为了现实中的压力测试实验室。看晋商银行的财报，完全有一种"人生大起大落，实在是太刺激了"的感觉。

样本太有价值，老唐下面直接给出晋商银行的经营数据表。

表17-2 晋商银行经营状况 （单位：亿元）

年份	2010	2011	2012	2013	2014	2015
全国GDP增速	10.6%	9.5%	7.7%	7.7%	7.3%	6.9%
山西GDP增速	13.9%	13.0%	10.1%	8.9%	4.9%	3.1%
晋行营业收入	12.29	21.10	29.23	34.45	43.35	43.94

续表

年份	2010	2011	2012	2013	2014	2015
晋行营收增速	56.76%	71.68%	38.53%	17.86%	25.83%	1.36%
晋行本期计提	1.87	3.03	4.73	3.64	14.68	12.01
晋行税后净利	2.65	6.11	10.1	13.29	10.31	10.85
晋行净利增速	80.27%	130.57%	65.30%	31.58%	-22.42%	5.24%
晋行不良贷款率	1.30%	1.06%	0.87%	0.81%	1.67%	1.87%
晋行本期核销	1.38	0	0.19	0.33	1.78	6.19
晋行拨备覆盖率	182.11%	289.75%	407.79%	411.22%	287.41%	211.67%

上述数据，首先我们可以看到的是山西 GDP 增速从 13.9% 跌落至 3.1% 的过程中，晋商银行的营业收入和税后净利，如图 17-7 所示。

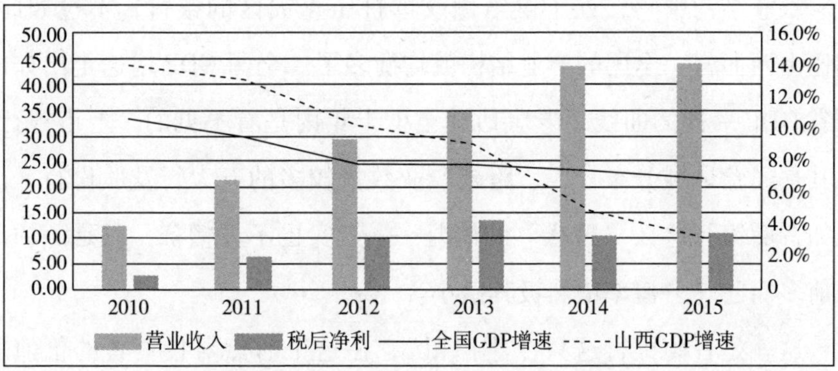

图 17-7 2010—2015 年晋商银行营业收入与税后净利

表 17-2 和图 17-7 的最大作用是帮助我们分析：假设悲观情况下，全国 GDP 走势如同山西省 GDP 一样，从目前的 6.9% 滑落向 3.1%，银行会怎样？会亏损，会破产？

晋商银行给出的答案是：营业收入保持稳定，净利润增速会出现高达 22% 的下滑。下滑的主要原因是当期为了应付翻倍暴露的不良贷款率，而实施的高达 300% 以上的拨备计提。然而，最终结果我们看得见，依然是——保持稳定盈利！

当然，代价是即便通过大力核销手段——2014 年和 2015 年的核销额分别是2013年核销额的539%和1875%，拨备覆盖率也从400%+跌落至200%+。如果2016年拨备覆盖率监管指标不下调的话，库存拨备可供腾挪的额度已经不多，依然需要本期计提额来填补新的不良暴露。但可以推测，即便山西省的GDP继续恶化，短期内晋商银行出现亏损的概率依然很低——当然，有些朋友喜欢谈，如果不是借新还旧等腾挪手段，情况一定比这个糟糕得多！但，很遗憾，银行业的腾挪手段过去存在、现在存在、未来也将存在，且将被永远使用，它本就是银行业优势的构成部分。所谓“无腾挪、必悲惨”的假设，如同“不呼吸、一定死”的假设一样，对投资而言，正确但没有意义。

产业结构单一，处于供给侧改革打压重灾区的银行，不过如此。相比山西而言，全国的产业结构就均衡多了。全国GDP增速走出如山西省GDP一样的曲线，老唐估计至少十年内是看不见的。上市银行，尤其是经营地域分布较广、跨越产业数量较多的五大行及股份行，出现如晋商银行这么“糟糕”的情况——其实也不算糟糕，只是赚的没以前多而已——概率依然极其微小。

这就是晋商银行这只“小白鼠”，在这个时点对投资者的价值所在。此时，监管层给出的银行业总体结论是：信贷资产质量总体可控；银行业利润增长趋缓；银行业整体风险抵补能力稳定；针对信用风险计提的减值准备较为充足。未来是否如此，我们可以观察和验证。

第十八课　估值与财报使用流程

不知不觉到本书的终点了。最后这节课我们分两部分，先简单谈谈银行股的估值方法，然后完整回顾一下，拿到一份银行财报后的阅读流程。

估值方法

之所以说简单谈谈，一者由于本书主要谈如何阅读银行财报，估值不是本书的主题。对银行股估值有兴趣深入研究的读者，老唐推荐两本书：一是现任央行副行长潘功胜的《上市银行价值分析》，二是杰恩·德米内教授的《银行估值与价值管理》。二者 A 股银行可信的经营数据，也就过去十年，而这十年恰恰是我国银行业盆满钵溢的黄金十年。截至目前，任何关于我国上市银行的估值模型，都尚未经历过一个完整周期的检验。从这个意义上说，我们和所有的专业人士一样，都处于用常识和理性去摸索的时期。也许经得起验证的估值模型会出现在接下来的数年里？你做好理解它并顺带实现财富大幅增长的准备了吗？

估值方法有很多种，但总体来说可以划为两大类：相对估值法和绝对估值法。

相对估值法

所谓相对估值，简单地说，就是给你要估值的目标公司找一家可比公司做参照物，依照市场给可比公司的市值与某因子X之比，得出一个系数。然后用目标公司的X乘以这个系数，得出一个目标公司值多少钱的结论。

这个因子X有很多，常见的有：市值/净利润，得出市盈率PE；市值/净资产，得出市净率PB（港台习惯叫“市账率”，市值与账面净资产的比值）；市值/销售额，得出市销率PS；市值/经营现金流净额，得出市现率PC；市值/息税折旧摊销前利润（英文简称EBITDA，但查理·芒格曾说EBITDA是坨屎）之比，得出“市屎率”，等等。

总之一句话，你可以选择可比公司市值与它的任何财务因子X相比，得出一个可比公司的PX，然后用这个PX乘以目标公司的该项因子，得出目标公司的估值。然后与现有市值相比，来表达低估或高估。

就这么简单？对，就这么简单！相对估值法的理论依据是：市场既然给张三这个价钱，一定有他的道理；李四跟张三长得很像，也应该值这么多钱。

因此，相对估值法起效需要一些支持条件，例如，（1）市场给张三这个价格，背后真的有它暂时未被理解的可信逻辑，而不是一时的无厘头；（2）李四跟张三真的长得很像，而不是你眼花了，误拿貂蝉的PX配给张飞，即你需要确认可比公司真的“可”比；（3）你的估值说辞，别人乐意信，乐意信的原因可能有很多，可以是逻辑有说服力，可以是文章很出彩，也可以是你个人具备市场影响力，或者哪怕是正好某人或某集团需要一个故事，等等。

以上三个条件满足任意两条，相对估值法就会起效。在 A 股市场里，这种估值法很有市场。最常见的就是所谓板块联动效应，即他为什么涨，我不知道；但他家挖煤，我家也挖煤，他涨我凭什么不涨？

绝对估值法

绝对估值法，指现金流折现估值法。它是唯一能在逻辑上说得通的估值方法。简单理解就是一家企业值多少钱，要看从现在到它消失的全部时间段里，我能从中拿回多少钱，而这些未来可以拿到的钱折合成现在的钱价值多少。

举个简化的例子，假如有一个 100% 确定 3 年后还本的债券，年息为 5%，面值为 100 元，如果想获得 7% 的回报率，这个债券多少钱你会买？这就是一个最简单的现金流折现估值法模型。

怎么算呢？第一年末，你会得到 5 元；第二年末，你又会得到 5 元；第三年末，你会得到 105 元；这个债券总共回收的现金是 5 + 5 + 105 = 115 元。如果要价 115 元，你会买吗？当然不会，拿今天的 115 元换未来三年陆续拿回来的 115 元，这属于脑袋进水的征兆。

多少钱才值得买呢？首先因为是 100% 确定 3 年后还本，所以我们不考虑风险问题。在你期望获得 7% 的年回报的情况下，第一年末的 5 元值多少钱呢？值 $5 \div (1 + 7\%) \approx 4.67$ 元。这个计算的含义是，如果现在给我 4.67 元，然后假设银行有个 7% 利率的一年期存款，我存进去，一年后我就可以连本带息得到 5 元，因而在 7% 的收益率要求下，一年后的 5 元等价于现在的 4.67 元。

同样，第二年末的 5 元，就等于 $5 \div (1 + 7\%) \div (1 + 7\%) \approx 4.37$ 元。原理是将第二年末的 5 元，折为第一年末的 4.67 元，然后再将第一年末的 4.67 折为现在的 4.37 元；如此算来，第三年末的 105 元，就等于 105÷(1+7%)÷(1+7%)÷(1+7%)=85.71 元。

综上所述，如果我想获得 7% 的回报，这张债券我最高出价只能是 4.67+4.37+85.71=94.75 元。这个计算过程，就叫现金流折现，而这个 7% 就叫折现率。它的逻辑非常清晰，这张债券全部生命周期里（三年），带给我的全部现金流是 115 元，按照 7% 的折现率计算，它现在的价值就是 94.75 元。估值结束。

绝对估值法在股市中的困难

然而，股市里可没有这么纯正的投资品。首先，公司股票没有到期还本之说；其次，公司经营利润可不一定和债券利息一样，全是白花花的现金，有些利润可能是会计做账做出来的，是水中花、镜中月；再次，即便是含（现）金量十足的利润，公司也不能像债券利息一样全部给你，它可能还需要投钱维持或扩大生产能力；最后，公司每年能赚多少钱，可没人给你打保票。

这四个难题，就造成了股票无法像债券那样清晰地计算出来一个准确的价值，这才是“估值”的“估”字的含义。怎么解决呢？

首先，公司股票没有到期还本一说，我们的“本”就得依赖下一位接盘侠出价才能拿回来。接盘侠在什么价格水平“一定”会来，这是股市里首先要考虑的问题，这个一定会来的价格，主要由市场无风险回报的高低决定。

其次，公司利润要区分是真金白银还是账面数字。如果只是账面数字，你还得估算它何时变成钱，能变成多少钱。

再次，含金量十足的利润，因为扩大再生产的需要，也不会全部分给股东。这些再投入，我们还要区分哪些是维持现有获利能力必须耗费掉的钱。对于维持现有获利能力的必须投入，股东只能将它看作一种费用（就叫维持费吧）。每年流进公司的现金流净额里，减去维持费，剩下的才是股东可以获得的自由现金流。它又可以有两种用途，一种是作为股利分给股东，一种是作为资本投入到再生产当中去。

每年能创造出来的自由现金流，加上未来接盘侠对剩余净资产获利能力的出价，按照你想要的回报率（折现率），分别折现后加总，就得到了这个公司的估值。估值打个折扣，就是你可以下注的出价了，大师们的习惯一般是 4 ~7 折出手。

银行股的相对估值法

相对估值法落实到银行股上，一般是用 pe 估值或 pb 估值，其中 pb 估值使用更广泛。但由于 A 股上市银行数量有限，同质化严重，相对估值差异并不大，无法准确反映各银行的差异，基本上属于随着市场整体起落，实际操作意义并不大。

老唐个人喜欢将相对估值法换一种思路使用。理论依据参看哥伦比亚大学商学院会计系主任斯蒂芬·彭曼教授对估值模型的解释。他说：

一个估值模型的关键问题，不是计算出“正确”的价值是多少，而是模型是否能够帮助投资者更好地理解隐含在市场价格中其他投资者的想法，并对此进行质疑。投资者在同市场价格“谈判”的过程中，其责任不是要提出预测或者完成价格估算，而是理解那些能解释市场价格的预期信息，从而决定是否接受市场的报价。

因此，我尝试用 pb 估值法去聆听市场的声音，然后根据自己的理解去判断市场是否犯了明显的错误。在这样的理解基础上，老唐在 2015 年 11 月至 2016 年 3 月间，曾在雪球分别发表过这样的帖子，可以作为 pb 估值法运用的简单演示（由于老唐个人只持有招行 H 和民生 H，因此原帖是以民生 H 举例的）。以下为部分发帖内容，有兴趣的读者可以查阅老唐的雪球个人主页。

我个人认为，读银行财报，不是以“假设报表数字为真，则其价值为X”为方法，而是寻找市场给予银行低估值的理由，寻找究竟有多大概率真有市场看待的那么糟，寻找真的有那么糟、我将承担的损失（金钱或时间损失）的极限，这是我认为分析银行财报的意义所在。

……

股价反映市场对银行的坏账预期，例如民生H，约0.75的市净率，其代表的含义大约是去除当前已经暴露的不良资产，其他未暴露的大约已经占了民生银行净资产的35%～40%，即另外还有1000亿～1100亿元坏账等着银行股东承受。

简单粗暴计算方法：假设没有坏账的干净民生银行，值1.15pb～1.2pb（获得一家银行牌照，然后进行业务布局直至产生盈利的过程，需要付出一定的成本），列方程1.15（净资产－隐藏坏账）＝市值，民生净资产3000亿元，按H股股价计算，总市值约2250亿元，得知市场先生目前估算民生银行另外还有隐藏的坏账约1050亿元出头。按照民生银行目前约2万亿元贷款，考虑抵押品折扣之后，按照不良贷款产生50%的损失估算，1050亿元隐藏不良，意味着市场目前大约对民生银行隐藏不良率估计约11%（包含报表上的，大概就是总不良率约13%的样子吧）。

然后，作为投资者，需要判断市场用出价表达的看法“民生银行约有13%的不良率”是不是一个明显的错误。如果是，那就是我们考虑买进的时候。这是老唐个人认为相对估值法在银行股上的合理应用。

银行股的绝对估值法

绝对估值法，需要对一家企业的未来自由现金流进行估算，但由于银行业的特殊行业性质，无法区分新投入资金究竟是维护现有获利能力还是扩大再生产。因而，保守的投资前辈们对现金流折现做了变形，将其演化为“股利折现法”。

股利折现法，说透也不复杂，就是假设每年拿到手的股利是自由现金流。净利润里除去股利，剩下的就算公司进行扩大再生产的资本投入。由于资本投入的扩大，会带来利润的增加，在分红比例不变的情况下，也会带来股利的增加。这样，对现在至N年这段时间里的股利进行折现，可以得出价值A；然后，对于N年之后可能赚到的总利润，也折现一个总价，得到价值B；最后A+B得到该银行的价值。对于价值B，若不太理解如何将某年之后的利润总和折现，也可以简单地理解为将第N年的净资产卖掉（卖的价格可能高于、低于或等于净资产，取决于当时的无风险回报水平高低）。

如果我们拿工商银行来举例，假设我们现在是站在五年前的2011年中，回看工商银行上市五年的数据，得到表18－1。

表18－1 工商银行上市五年经营回顾 单位：百万元

年份	2006	2007	2008	2009	2010
净利润	49,436	81,990	111,151	129,350	166,025
净资产	471,804	544,252	607,138	678,934	821,657
ROE	10.48%	15.06%	18.31%	19.05%	20.21%
分红额	34,083	44,425	55,113	56,783	64,220
分红比例	68.94%	54.18%	49.58%	43.90%	38.68%

此时，投资者要运用股利折现法对工商银行进行估值，那么他可以按照以下步骤操作。

（1）保守估计一个ROE（净资产收益率）和一个分红比例。

（2）根据前一年净资产基数，以及估计的ROE，得出次年的净利润。

（3）将次年的净利润分成两部分，一部分为股利，另一部分滚进净资产里。

（4）重复以上步骤，得出之后N年（假定为5年）的分红数额及N年后的净资产数据。

（5）将历年所得分红分别折现相加得出价值A，再将N年后的净资产价值给一个可能的市场售价，得出价值B。

（6）将A、B相加，得到工商银行当前价值。与目前市值对比，做出是否可以投资的决定。

例如，投资者老唐认为2011年至2015年五年间，综合考虑中国GDP增速和M2增速，认为银行ROE不可能在高达20%的基础上继续保持过去五年持续增长的趋势，更可能稳定甚至逐步下降。那么此时可以做出两种假设：乐观的假设未来五年银行ROE稳定为过去三年的均值19%，悲观的假设每年降低1个百分点。分红比例则武断地按照30%估算。

根据：（1）2010年净资产×ROE＝2011年净利润；（2）2011年净利润×分红比例＝2011年分红额；（3）2011年净利润－2011年分红额＋2010年净资产＝2011年净资产，可以粗略估算出表18－2（这里忽略了其他综合收益对净资产的部分影响）。

表18－2　乐观假设　　单位：百万元

年份	2010	2011	2012	2013	2014	2015
净利润	166,025	156,115	176,878	200,403	227,056	257,255
净资产	821,657	930,937	1,054,752	1,195,034	1,353,974	1,534,052
ROE	20.21%	19.00%	19.00%	19.00%	19.00%	19.00%
分红额	64,220	46,834	53,063	60,121	68,117	77,176
分红比例	38.68%	30.00%	30.00%	30.00%	30.00%	30.00%

乐观估值：将五年的分红额分别以某折现率（如7%）折现后加总，得到五年分红总额的折现值A＝2461.87亿元（第几年的分红额就除以几个1.07后加总即可）；将最后2015年的净资产按照1.15倍pb价格（重置成本。获得一家银行牌照，然后进行业务布局直至产生

盈利的过程，需要付出一定的成本）出手，将所得也折现，得到五年后接盘侠出价的折现值1.26万亿元；将A、B加总得出工商银行的价值约1.5万亿元。

这代表着如果你在工商银行总市值1.5万亿元之下买入，五年后的企业情况如你所料或者比你所料更好，则你可以获取年复合收益7%以上。为了给自己的估值留下一定的安全边际，或为了获得更好的回报，投资者通常会对自己的估值打一定幅度的折扣，然后确定自己的买入价——大师们一般的经验是在4~7折之间买入，即6000亿~10500亿元。当然，要求折扣越大，回报率也就越高，但也越有可能买不到——这部分是投资活动中更近于艺术的部分。

表18-3　悲观假设　　单位：百万元

年份	2010	2011	2012	2013	2014	2015
净利润	166,025	156,115	167,569	178,200	187,676	195,652
净资产	821,657	930,937	1,048,235	1,172,976	1,304,349	1,441,305
ROE	20.21%	19.00%	18.00%	17.00%	16.00%	15.00%
分红额	64,220	46,834	50,271	53,460	56,303	58,696
分红比例	38.68%	30.00%	30.00%	30.00%	30.00%	30.00%

同样，我们还可以依据ROE逐年下降的悲观假设，以同样方法，得出一个悲观估值约1.4万亿元，依然按照4~7折买入价，约为5600亿~9800亿元。

因为我们是站在2016年8月底回看，是预知了未来，我们此时可以看看工商银行市值在2011年至2016年间的真实变动：以复权价粗略计算，低点有三处，分别是2012年9月10160亿元，2013年6月10230亿元，2014年3月9630亿元；高点出现在2015年7月20100亿元，当前0.85pb，市值16100亿元。

提请注意：以上计算，仅为演示股利估值法的计算过程，并非投资推荐，请勿据此买卖。重要的是，通过这个例子，理解股利折现法的逻辑，理解估值中的假设。在投资者理解目标银行并对其估值时，无论对ROE或是未来接盘侠出价，都能采用相对保守的态度。使投资在相对保守的估计下，很难造成亏损，这就立于了不败之地。如果能够遇到牛市2倍甚至3倍以上pb时刻离场，可以当作意外收获。

以上介绍了两种有代表性的银行股估值法，至于采用其他因子的相对估值法或绝对估值法，有兴趣的投资者可以阅读老唐推荐的两本关于估值的书籍继续学习。

银行财报的阅读流程

一份银行财报，厚达数百页，从头到尾读一遍当然好，但如果希望短时间内直达要点，只关注必须关注的内容，应该怎么读呢？在本书的结尾，老唐归纳了自己习惯的阅读顺序，供朋友们参考。

第一步，直接翻到审计意见（如工行2015年财报179页）瞄一眼是否有“公允反映了×××”字样，即必须是会计师事务所出具无保留意见审计报告（本条仅适用于年报，季报和半年报不要求审计）。当然，我国上市银行尚未出现过会计师出具其他意见的情况。真要出了，那绝对是人咬狗的重大新闻，满世界扑进你眼里，想不知道都不行。所以，这条纯属谨慎本能，是可以省略的。

第二步，翻开随后的资产负债表，将资产负债表变成百分比表，即用每一个科目的数字除以总资产数字（均指本集团数据），得出一个百分比，也可以比较简略地仅将数字较大的几项列出百分比。例如2015年工商银行财报，既可以全部转化（参看第六课），也可以只转化七位数和八位数的科目，忽略千亿以下的“小目标”，得出表18-4。

表 18－4　简化资产负债表　　单位：百万元

项目	2015	占比	2014	占比
资产部分				
现金	3,059,633	13.78%	3,523,622	17.10%
贷款与垫款	11,652,812	52.47%	10,768,750	52.25%
可供出售	1,444,195	6.50%	1,188,288	5.77%
持有至到期	2,870,353	12.92%	2,566,369	12.45%
负债部分				
同业存放	1,788,267	8.05%	1,106,776	5.37%
客户存款	16,281,939	73.31%	15,556,601	75.48%
股东权益	1,800,519	8.11%	1,537,304	7.46%
总资产	22,209,780	100%	20,609,953	100%

这一步的主要作用是迅速发现本年度内变化较大的资产和负债科目是什么，引导自己发现财报变化的重点。例如通过表 18－4，能够迅速发现的是工商银行本期“现金及存放央行款项”占比和绝对数均大幅减少；客户存款绝对值上升但占比大幅下降；同业存放绝对数和比例均出现大幅上升；净资产增加 2600 多亿元。

然后去寻找原因，比如现金占比降低是因为央行降准受益；存款占比减少和同业存放上升，体现了工商银行发力同业业务，对比可供出售和持有至到期，发现增加的同业主要配置在了投资上……这些数据，能够让投资者立刻轮廓性地明白工商银行过去一年在忙些什么。当然，最初最好是全部科目都做一次百分比计算调整，多看几年财报后，再搞这种简略版的。

对工行而言，战略变化不是很大。但有些银行，通过这个简略百分比表，能发现银行的资产配置和资金来源发生了巨大的变化，例如各位可以操作一下 2015 年兴业银行的百分比表，看看发现了些什么。

第三步，看存款结构和付息率，观察银行获取资金的能力是加强了，还是变弱了。存款及存款结构的统计和分析，参看本书第四课存款部分；付息率直接看银行财报“讨论与分析——利息支出”部分，如工行2015年财报26页；记录数据并对比同行，看趋势是否统一，目标银行在同样的市场环境下，增幅或降幅大于同行还是小于同行。

第四步，看净利息差和净利息收益率，看息差在扩大还是在缩小，净利息收益率是提高还是降低，生息资产规模是扩大还是减少。再对比同行，看息差的变化和同行是否同向，或增幅/降幅是大于还是小于同行；影响息差的因素是什么，未来该因素将继续影响或是已经结束？

第五步，分析贷款质量。这一步是重心，不仅需要历史对比，还需要同行对比。既需要阅读报表附注中关于贷款与垫款的构成，也需要阅读拨备的细节，阅读要点和统计方法参看本书第七、八、九课。

主要关注指标是：不良贷款率、拨备覆盖率、拨贷比、当年计提/贷款余额、拨备前利润、（逾期+重组）/贷款余额、当期新增逾期+重组、当期新增不良（报表新增不良贷款+当期核销转出）、当期新增关注、90天以上逾期/不良贷款以及公司贷和个人贷占比变化、公司贷行业和地区分布。

通过本集团数据统计，观察上述指标的变化趋势是维持还是反转，设想宏观经济好转或恶化情况下，以上相关数据会对新年度资产及利润产生什么样的影响；通过与同行对比，警惕目标银行出现拨备不足、新增逾期或关注过快、在其他行不良高企的行业或地区汇报出不正常的低不良率等情况。如果有这些情况，则可能是下一年损害贷款质量及营业利润的潜在地雷，必须对其按照同行较坏数据测试，看目标银行的资产和利润数据会发生什么变化。

第六步，看利润表。同样，把利润表“营业利润”科目之前的科目做成百分比表，以营业收入为分母，依然是本集团数据。看各科目占比有什么变化，尤其是净利息收入/营业收入、手续费及佣金收入/营业收入、业务及管理费/营业收入、资产减值损失/营业收入四大项。前三项阅读和统计方法，参看本书第十三和十四课，后一项参看第八和九课。

第七步，看财报开头的“财务概要”里的相关监管指标。重点是总资产回报率、资本充足率和风险加权资产占总资产比率。关注目标银行总资产回报率的变化趋势。与同行对比，看总资产回报率处于偏高、偏低还是市场平均水平。若是偏高或偏低，探寻一下高或低的原因是什么。看目标银行的资本充足率及核心一级资本充足率，是否足以支撑银行下一年度的规模扩张或有没有紧迫的融资需求。看看风险加权资产占总资产比率的变化趋势，是处于用更多资金配置高风险权重资产的进攻态势，还是配置低风险权重资产的退守态势。与同行对比，看大家都是同样策略还是有分歧。如果有巨大分歧，你更偏向于哪种看法？

第八步，拷问思考结果。以上数据阅读过后，投资者头脑中应该已经形成了自己的一些认识和看法——也许起初，这些看法和认识都很朦胧和简单。没关系，随着你阅读越来越多的银行业财报，形成越来越多朦胧和简单的认识后，判断能力会不知不觉大幅提升的，那代表你越来越“懂”银行业了。

带着这些认识和看法，阅读银行财报的“董事长致辞”“行长致辞”及“讨论与分析”三部分。阅读中，不断对照自己的看法和该银行财报中展示出来的结论之间是否有差异。如果有，差异是什么？由什么原因造成？自己对还是错？如果无法想透谁对谁错，记录下来，通过未来的现实去对比和验证。

第九步，估值。如果是已经持有该银行股票，此时要做的是确认通过本期财报的阅读，银行的经营情况和未来预期与当初买入时的情况和预期相比，是发生了重大不利变化，还是维持预料中的轨迹，从而决定继续持有或是重新考虑；如果是没有持有的，此时就可以对其进行估值，按照本课所说的相对估值法或绝对估值法，对银行价值做大概的估算，看是否具备明显的利润空间，然后做出买入或继续等待的决策。

参考文献

中国银行业从业人员资格认证办公室．中国银行业从业人员资格认证考试教材：公共基础[M]．北京:中国金融出版社,2013.

中国银行业从业人员资格认证办公室．中国银行业从业人员资格认证考试教材：公司信贷[M]．北京:中国金融出版社，2013.

中国银行业从业人员资格认证办公室．中国银行业从业人员资格认证考试教材：风险管理[M]．北京:中国金融出版社，2013.

中国银行业协会．解读商业银行资本管理办法[M]．北京:中国金融出版社，2012.

杨军．风险管理与巴塞尔协议十八讲[M]．北京:中国金融出版社，2013.

李斌,伍戈．信用创造、货币供求与经济结构[M]．北京:中国金融出版社，2014.

潘功胜．上市银行价值分析[M]．北京:中国金融出版社，2011.

杰恩·德米内．银行估值与价值管理——存贷款定价、绩效评估和风险管理[M]．于东智,译．北京:中国金融出版社，2014.

曹国强．管理会计也时尚：商业银行管理会计理论与实务[M]．北京：中信出版社,2013.

杨凯生．银行改革攻坚：热点·难点·重点[M]．北京：中信出版社,2015.

朱小黄．价值银行[M]．北京：中信出版社,2014.

李洁怡．银行非标资产交易：解读与案例[M]．北京:中信出版社,2015.

连平,等．利率市场化:谁主沉浮[M]．北京:中国经济出版社, 2014.

李海峰．智慧银行:银行互联网+[M]．北京:中国经济出版社, 2016.

范俊林．货币信贷与人口周期影响下的中国经济转折点[M]．北京:中国经济出版社, 2015.

庄毓敏．商业银行业务与经营[M]．北京:中国人民大学出版社,1999.

巴曙松, 金玲玲, 等．巴塞尔资本协议Ⅲ的实施：基于金融结构的视角[M]．北京:中国经济出版社, 2014.

黄志凌．风险经营：商业银行的精髓[M]．北京:人民出版社,2015.

国家税务总局．企业所得税管理操作指南：银行业[M]．北京:中国税务出版社,2009.

王胜春．中国上市银行年报分析(2016)[M]．北京:经济科学出版社,2016.

关新红．新会计准则下金融企业会计实务[M]．北京:电子工业出版社,2015.

李杨,张晓晶,常欣,等．中国国家资产负债表2015——杠杆调整与风险管理[M]．北京：中国社会科学出版社,2015.

(美)理查德·柯瓦希维奇,约翰·斯坦普．富国之道：富国银行董事长写给股东的信[M]．王礼,译．广州:广东旅游出版社,2016.

后　记

2016年9月22日午时，小雨轻风。老唐点击了确认键，把本书初稿发给了编辑燕丽丽博士。当时的心情，就和窗外扭腰摇臀的雨丝一样轻快。

从动笔到完成初稿，耗时约150天，刷新了过去10年里老唐连续做一件事的极限时间。如同上本书一样，这150天里，有时下笔如有神，一口气熬到半夜三四点，写出七八千字；有时数日徘徊，写了删、删了写，毫无进展。写作的过程，也是一次系统整理学习笔记、整理过往所思的过程。书完成了，关于投资银行股的思路也更加清晰了，这让我非常开心。同时，想到还会有许多读者因为这本书，可以节约大量的学习时间，增加对一个行业的理解，更是让我有了一点小小的成就感，仿佛“宅”在家中的自己也挤进了“劳动者”的行列。

非常荣幸，出版方邀请了中央财经大学中国银行业研究中心主任、著名经济学家郭田勇教授对本书进行了审读。郭教授是银行业界知名专家，能得到郭教授的审阅，本人深感荣幸，在此向郭教授致以深深的谢意！

感谢《手把手教你读财报》的读者，若非你们的鼓励和支持，作为非专业人员，老唐实在不可能壮起胆子去写一本关于银行业的书籍。谢谢大家！

感谢好友杨天南兄百忙之中撰写推荐序。天南兄是北京金石致远投资管理有限公司CEO，他不仅是一位具有24年成功投资经验的金融投资家，还致力于财务健康投资理念的研究和传播，著有《规划财富人生》《一个投资家的二十年》，以及译著《巴菲特之道》。天南兄以其诗歌一样的行文风格，耀眼的长期投资业绩，被业内称为“投资界写文章最好的人”，他优美的序言为本书增色不少。感谢天南兄！

感谢东博老股民周玉龙老大哥。老大哥是网络知名的资深银行业投资者，对银行业的研究和理解深度，曾引发民生银行董事史玉柱先生的感叹和佩服。史玉柱先生曾在2011年6月4日发微博公开赞扬老大哥：“价值投资的理解在我之上，研究深度在著名分析师之上，顿生敬意。每周都会去他博客看看。”老大哥有一颗乐于分享的慈悲心，常常将自己的研究成果毫无保留地分享给广大网友。受益于老大哥的网络读者有很多，老唐也在其中。这本书能得到老大哥的指点和推荐，老唐深感荣幸。谢谢老大哥！

感谢好友徐大为兄对本书的推荐。徐兄是私募工场自由之路基金的基金经理，特别擅长低风险套利，同时也乐于分享。汇集了他投资理念与方法的《低风险投资之路》一书，引导了很多朋友在市场里“捡钱”。徐兄很少投资具体企业，但对宏观经济有着独特认识。老唐送这本书给徐兄审阅时，也是希望徐兄从宏观经济的角度对本书做出指正。感谢徐兄读后给出的高度评价！

感谢本书编辑燕丽丽博士。燕博士热爱出版事业，有着和老唐一样的轻度偏执症状，做事追求完美，是一位非常认真负责的编辑。上本书的畅销有燕博士很大的功劳，且若非她的鼓励、调侃和激将，这本书也可能不会诞生。谢谢燕博士！

最后，要特别感谢妻子小琴，感谢她 25 年的陪伴，感谢她 25 年的鼓励和信任。在本书写作过程中，她无微不至的照顾和无处不在的鼓励，使老唐觉得每一次敲击键盘，都有着无穷的乐趣。这里老唐要对妻子说：遇到你是我人生最大的幸运！

让我引用周玉龙老大哥的一句话作为本书的结尾，老大哥在 2014 年雪球嘉年华活动中演讲时说："能力大于理念！"老唐深表认同。投资的理念并不复杂，几分钟就可以说透。但研究具体企业却需要踏踏实实读财报，仔仔细细核数据，没有任何捷径可走，没有投机取巧的空间。老唐始终相信：深度研究创造价值！希望这本书能够在您对银行业展开深度研究的时候，起到一点点帮助作用。

老唐既非银行业从业人员，也非金融专业出身，关于银行业所有知识，均是在投资过程中摸索学习而得，因此内容难免存在错漏，还望读者谅解，也希望得到专业人士的指教。若有指正可以发邮件到 yesvalue@163.com，或者通过公众号"唐书房"（微信号：clouds70）面对面探讨。谢谢各位！

祝各位投资顺利！

唐 朝

2016 年 12 月 27 日

于成都

理财不用懂太多

那一水的鱼　著

你的一个决定，等于人生一半的努力！

富在思维，对穷忙说 NO！

读懂银行股

那一水的鱼　著

价值投资无法忽视的领域！

详解银行股背后的投资逻辑。

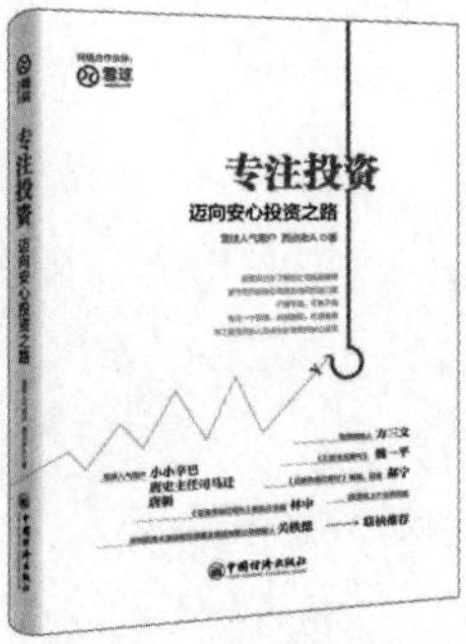

专注投资：迈向安心投资之路

西点老 A　著

投资自己不了解的公司就是赌博。

股市生存的核心是建立自己的能力圈，不懂不做，不熟不做。

投资的本源：稳健均衡投资策略

宋　军　著

优质公司的股权是世界上最好的投资品种。

我们的目标是找到它们，用合理的价格买入，并长期持有。